中国建筑业改革与发展研究报告(2008)

——秉承辉煌与迎接挑战

住房和城乡建设部工程质量安全监管司
住房和城乡建设部政策研究中心 编著

中国建筑工业出版社

图书在版编目(CIP)数据

中国建筑业改革与发展研究报告(2008)——秉承辉煌与迎接挑战/住房和城乡建设部工程质量安全监管司，住房和城乡建设部政策研究中心编著. —北京：中国建筑工业出版社，2008

ISBN 978-7-112-10306-5

Ⅰ. 中…　Ⅱ. ①住…②住…　Ⅲ. ①建筑业-经济改革-研究报告-中国-2008②建筑业-经济发展-研究报告-中国-2008
Ⅳ. F426.9

中国版本图书馆 CIP 数据核字(2008)第 131047 号

中国建筑业改革与发展研究报告

(2008)

——秉承辉煌与迎接挑战

住房和城乡建设部工程质量安全监管司
住房和城乡建设部政策研究中心　编著

*

中国建筑工业出版社出版、发行（北京西郊百万庄）
各地新华书店、建筑书店经销
北京天成排版公司制版
北京建筑工业印刷厂印刷

*

开本：787×960毫米　1/16　印张：$15\frac{1}{2}$　字数：315千字
2008年10月第一版　2008年10月第一次印刷
定价：**38.00**元
ISBN 978-7-112-10306-5
(17109)

本书由住房和城乡建设部工程质量安全监管司和政策研究中心组织，围绕“秉承辉煌与迎接挑战”这一主题进行编写。具体内容包括成就篇、综合篇、对外承包篇、专题篇及相关附件。

本书对于建筑业企业领导层及管理人员了解国际国内建筑行业宏观发展，确定企业建设管理与改革发展等有重要参考价值。

* * *

责任编辑：王　梅
责任设计：崔兰萍
责任校对：孟　楠　关　健

《中国建筑业改革与发展研究报告》(2008)编委会

编委会主任： 黄　卫

编委会副主任： 王铁宏　陈　重　王素卿　陈　淮　张鲁风

编委会成员：（以姓氏笔画为序）

丁　健　刁春和　万利国　王　宁　王早生　王树平
王　俊　王祥明　田世宇　孙建平　孙维林　刘　灿
刘宇昕　刘翠乔　吕华祥　曲俊义　迟长海　陆红星
吴慧娟　吴　涛　吴晓勤　肖家保　杜　波　陈英松
何　雄　张其光　张　雁　张兴野　张克华　张　桦
张增寿　易　军　周宇琨　武孟灵　郑春源　庞宝根
范集湘　赵如龙　洪　波　修　璐　徐　征　贾衍邦
袁湘江　夏国斌　翁玉耀　高学斌　曹金彪　曾少华
程志毅　谭新亚　戴和根

编著单位： 住房和城乡建设部工程质量安全监管司
住房和城乡建设部政策研究中心

编写统筹： 赵宏彦　李德全　许瑞娟　郑　培

报告统撰： 李德全　许瑞娟

编写说明

继2005、2006、2007版《中国建筑业改革与发展研究报告》之后，《中国建筑业改革与发展研究报告》(2008)在编撰单位的努力和协会、企业、媒体、相关单位的大力支持下，继续得以面世。

本期报告有如下几个特点：

1. **围绕既定主题编写。**本期报告的主题是“秉承辉煌与迎接挑战”。1978～2008，中国走过了30年波澜壮阔的改革开放历史时期，取得了举世瞩目的成就，创造了中国历史上的一段辉煌岁月。中国建筑业在这一时期中，从管理体制、运行机制到产业作用和产业面貌，都发生了巨大的变化，对于这一过程进行回顾和总结，激励我们在已经取得的成就基础上谱写改革开放新的篇章，意义重大。同时，2007～2008年以来，我国经济社会遭遇了一系列困难，国际金融风波冲击，能源价格走高，自然灾害频发，改革发展过程中长期积聚的资源、社会矛盾开始尖锐化，未来时期的不确定性大大增加。以科学、理性、务实的态度应对形势的不确定性和快速变化，是未来建筑业必须面对的客观现实，报告也正视了这一问题，呼吁全行业必须振奋精神，未雨绸缪，积极应对未来的困难和挑战。

2. **报告的框架内容。**围绕主题，报告由成就篇、综合篇、对外承包篇、专题篇四个板块组成，四个板块相互独立又具有内在联系。成就篇回顾、总结、研究了中国建筑业改革开放30年的巨大变化；综合篇全面反映了2007年以来，建筑施工、勘察设计、建设监理等行业的基本情况和新的发展动态，综述了建筑市场、工程质量、安全管理、技术进步、建材价格、抗震救灾的最新情况，概括了行业发展中出现的新情况和对策思考；对外工程承包是我国建筑业近几年发展的一个亮点，报告对2007年我国建筑业对外承包的发展状况继续进行跟踪分析；专题篇试图就建筑业未来发展的道路，介绍一些新的研究成果，报告集中在拖欠工程款的深度分析、设计施工一体化、中国建筑业风险管理等几个问题上，以引起读者的思考。

3. **以广义的工程建设活动为对象。**2008 报告仍然坚持以广义的工程建设活动为对象。建筑业和勘察设计业是两个相互联系，但又分属不同产业分类的领域。为了全面反映我国建筑行业的情况，在本报告中，我们仍然包括建筑业、勘察设计业和相关产业。

4. **以既有课题成果为基础。**以课题研究为基础，仍是本次报告编撰过程中采用的做法。报告的主要内容由住房和城乡建设部工程质量安全监管司、建筑市场管理司组织，住房和城乡建设部政策研究中心、中国对外承包工程商会、清华大学等单位的研究成果为基本素材加以编撰。对于各单位的大力支持，我们表示由衷的感谢。

5. **充分吸收最新的研究成果。**报告还采用了《中国建设报》、《建筑时报》、《建筑经济》、《建筑》等媒体和有关单位的一些信息和研究成果，在引用成果时，署了作者姓名、引文出处和参考文献，在这里也向相关媒体和文章作者一并致谢。

由于时间紧迫，工作量巨大，在编写过程中，难免有一些疏漏和不完善的地方，敬请读者加以指正。

住房和城乡建设部工程质量安全监管司
住房和城乡建设部政策研究中心

目　录

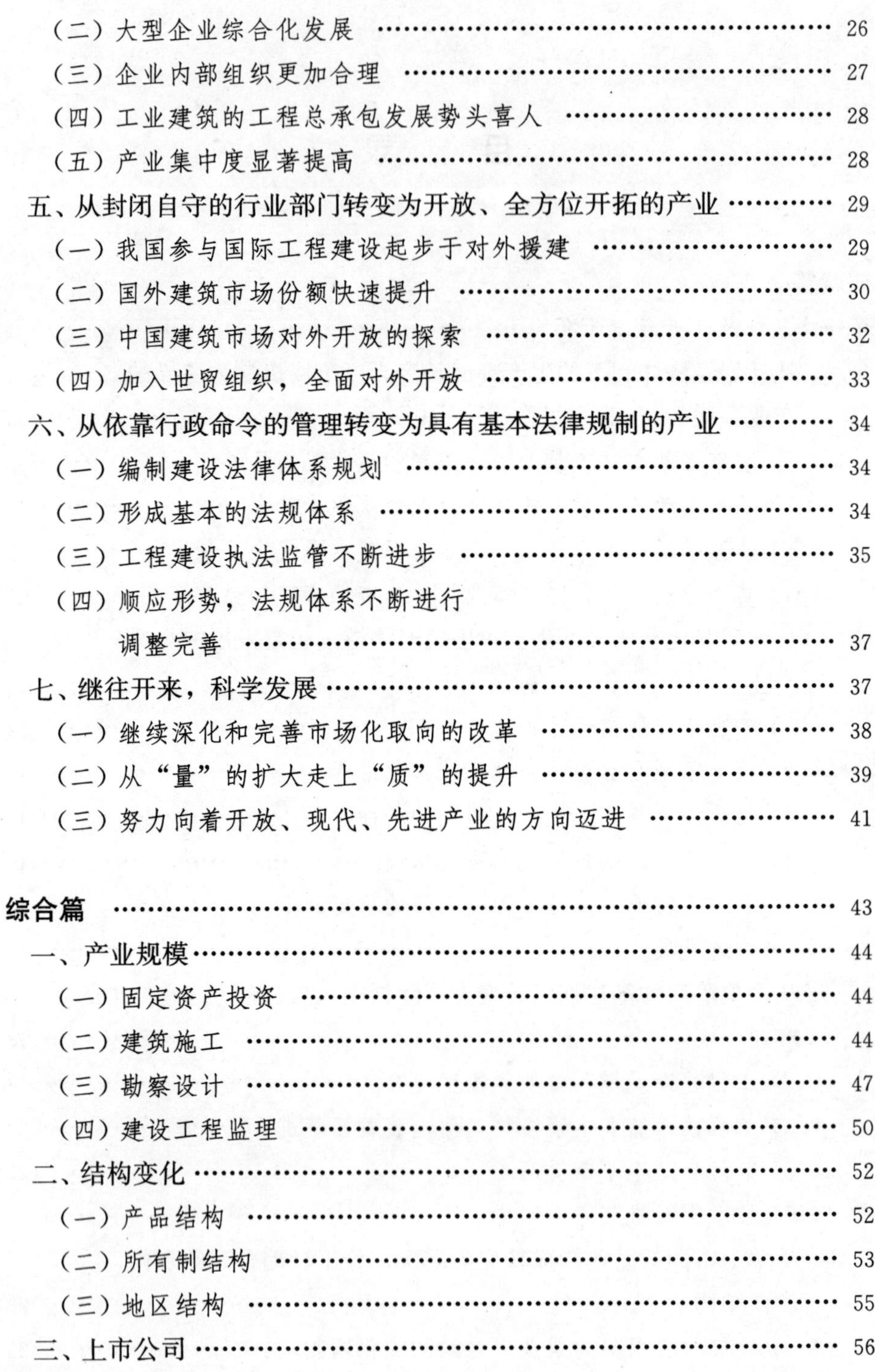

成 就 篇

——建筑业改革开放三十年

1978年，党的十一届三中全会作出了改革开放，集中力量搞经济建设的重大决策，自此，我国经济、社会进入了历史性的伟大转折，走上了长达30年的改革发展时期。在30年的改革发展过程中，中国建筑业的性质和运行方式发生了深刻变化，从计划经济体制下的一个附属部门，转变为基本实现了市场化的重要产业；在规模、技术、建造能力方面大幅度提升，产业结构取得了显著的进步。目前，适应市场经济要求的建筑市场运行机制基本建立，重大工程建设水平居世界领先地位，产业结构愈益现代化并与国际接轨。同时，在我国经济快速发展的30年中，拉动经济增长，奠定物质基础，容纳劳动力就业，为我国经济社会发展作出了巨大贡献，在国民经济中的支柱产业作用日益增强。可以自豪地说，改革开放30年来，建筑业取得了举世瞩目的辉煌成就。

一、从计划经济体制下的生产部门转变为以市场机制为主导的产业

(一) 改革开放之前建筑业管理体制和运行机制的特征

行政隶属，条块分割，任务分派，物资调拨，不搞经济核算是计划经济体制下建筑行业的主要特征。改革开放之前，我国建筑业管理运行体制的显著特点是，为了完成国家的基本建设任务组织建筑业队伍，工程建设管理部门主要是队伍管理和重点工程的直接组织指挥，企业只是政府组织中的一个单位，没有任何自主权和独立经营权，是一种高度集权、政企不分的管理和行业运行体制。

我国于1952年成立中央人民政府建筑工程部，主要任务是统管全国建筑业，承包国家重点工程。全国六大行政区设有工程管理局，省、自治区、直辖市设有当地主管建筑业的工程管理局，设计施工队伍按照自营和承包两个体系设置，分属主管行政系统，建工部也成立了8个直属工程局，每个工业部和中央部门几乎都有自己的直属专业工程承包队伍。这即是以后工程建设管理的条块、专业分割，企业分领域而治、承包范围受局限的体制基础。建筑企业任务由国家分派，经济实报实销，物资统一调拨和分配。在十年动乱以前建筑业也推行过承发包制和施工取费、经济核算，但都未形成制度并发展下去。十年动乱期间，建筑业的发展也受到严重挫折。经济工作中的“左”的错误，在十年动乱以前调整时期有些就未得到彻底纠正，十年动乱开始又泛滥起来。1966年2月，国家建委提出对全国300万人的施工队伍(集体所有制建筑企业除外)分期分批进行整顿和整编，进行军事化试点。建筑业在调整时期建立起来的一整套制度、办法，统统被当作“管、卡、压”进行批判，企业管理陷入瘫痪。同时，废除了承发包制度，取消了施工取费制度，从1967年元旦起至1973年3月底止，实行了经常费制度，即按照大体相同的标准由国家直接给施工队伍发工资和管理费，用超经济手段取代了经济管理，用军队式组织管企业，用军事化方式搞施工，造成企业管理和施工生产的极度混乱。1973年到1976年建工系统企业亏损面达到50%，吃国家财政补贴4.4亿元。建筑业的劳动生产率大幅度下降。

(二)一系列改革开放措施促使行业性质逐步转变

小平同志讲话指明建筑业改革方向。1980年4月2日，邓小平同志同中央负责同志谈关于建筑业和住宅问题。他说：从多数资本主义国家看，建筑业是国民经济的三大支柱之一。这不是没有道理的。建筑业是可以赚钱的，是可以为国家增加收入、增加积累的一个重要产业部门。在长期规划中，必须把建筑业放在重要地位。建筑业发展起来，就可以解决大量人口的就业问题，就可以多盖房，更好地满足城乡人民的需要。邓小平同志的重要讲话，深刻阐明了建筑业的性质、地位和作用，确立了建筑业在国民经济中的重要地位，为我国建筑业的改革和发展指明了方向。

扩大企业自主权，发挥建筑企业经营管理的活力。1979年10月，国家建工总局提出了扩大企业自主权的意见，1980年4月，中央财经领导小组原则通过，1980年5月，由国家建委、计委、财政部、劳动总局、物资总局联合下达扩大建筑企业自主权的初步方案。从当年起恢复国营建筑企业2.5%的法定利润；地方国营建筑企业按预算成本3%收取技术装备费，专款专用；实行降低成本留成。这次调整经济政策虽是初步的，但对纠正经济领域“左”的错误，改变吃“大锅饭”的状况，产生了积极意义。同年发布建筑安装工程包工合同条例，建筑企业与建设单位恢复了承发包制度，对工程预结算办法也作了改进。

树立企业典型，提高企业经济效益。1981年7月25日，万里、谷牧同志对国家建工总局上报的《关于建筑业推行经济包干》的报告作了批示：“可以在报纸上介绍推广”。国家建工总局通知各省、市、自治区建工局及总局直属各单位，结合具体情况宣传推广。《人民日报》7月25日发表辽宁建筑业推行经济包干的经验，并加重要按语。

1981年7月28日，国家建工总局向国家建委和国务院报送邯郸市第二建筑公司调查报告——《一个全面提高建筑经济效益的先进典型》。“邯二”是国营企业，当时的各项经济指标都名列全国前茅。万里同志批示：“还可以再找一些好经验，都要因地制宜地总结推广”。《人民日报》10月9日发表邯郸市第二建筑公司经验。中央领导同志先后到现场看望“邯二”职工，高度评价了他们取得的成就。

1981年12月15日，国家建委、国家建工总局、国家劳动总局联合转发《关于河南省漯河市东风建筑公司经验总结的报告》。东风建筑公司是改革中涌现的集体建筑企业的先进典型，该公司在改革企业管理制度，打破铁饭碗、“大锅饭”，干部能上能下，工人能进能出，工资能升能降方面创造了经验。

“邯二”和“东风”成为两个举国闻名的典型。他们的经验，对于建筑企业加强企业管理，提高经济效益，转变计划经济观念都具有重要意义。

制定建设体制改革思路和政策，指明建筑业市场化改革方向。1984年5月16日，首都各报摘要发表六届人大二次会议上的政府工作报告。报告以大量篇幅阐述改革建筑业和基本建设管理体制的意义、目标、重点和实施步骤，并宣布：在城市各业中，建筑业可以首先进行全行业改革。1984年9月18日，国务院颁布《关于改革建筑业和基本建设管理体制若干问题的暂行规定》，从十六个方面推行建筑业和基本建设管理体制的改革：全面推行建设项目投资包干责任制；大力推行工程招标承包制；建立工程承包公司，专门组织工业交通等生产性项目的建设；建立城市综合开发公司，对城市土地、房屋进行综合开发；勘察设计要向企业化、社会化方向发展，全面推行技术经济责任承包制；实行鼓励承包单位节约投资、提前投产的政策；建筑安装企业要普遍推行百元产值工资含量包干；改革建设资金的管理办法；改革建设材料供应方式，逐步由物资部门将材料直接供应给工程承包单位，由工程承包单位实行包工包料；改革设备供应办法；改革现行的项目审批程序；全民所有制的建筑业，要保留一支技术水平高、战斗力强的骨干队伍，同时允许集体和个人兴办建筑业，允许持有营业执照的建筑队参加投标竞争，承包施工任务，也允许国营建筑企业与集体建筑企业联合承包；改革建筑安装企业的用工制度，除必需的技术骨干外，原则上不再招收固定工；推行住宅商品化，商品住宅应根据不同情况，采取全价出售、补贴出售或议价出租的办法；实行征地由地方政府统一负责的办法；改革工程质量监督办法。《暂行规定》的颁布实施，在基本建设领域开始引入市场经济的做法，开始动摇计划经济条件下基本建设和建筑业管理体制的基础。

推行竞争性招投标。1984年建筑业走上市场竞争的轨道，由原来计划经济体制下的任务分配开始走向市场机制的招标投标，此后，招投标面不断扩大，工程招标投标率明显上升。到1998年招标承包面已由1984年的

20.5%上升到40.1%，并在持续扩大的动态之中。2000年，全国四级以上建筑业企业投标承包工程31.19万个，占全部施工个数的45.82%，其中，国有建筑业企业实行招投标的单位工程个数达到13.91万个，占全部施工个数的53.29%。2005年，实行招标投标的房屋建筑施工面积281103万m^2，占全部房屋建筑施工面积的80.55%。应实行招标的房屋建筑和市政基础设施工程，基本上都已实行了招标投标。招标工程实现了控制投资、缩短工期、提高效益的目的。

适应社会主义市场经济的要求，深化建设体制改革。1998年，建设行政主管部门在近一年的时间里，组织研究单位、大专院校、建筑企业、部内各有关司局、政策研究中心，对改革开放20年来我国工程建设管理和运行的经验、存在的问题，发达市场经济国家工程建设的管理体制、法制和机制进行了认真的研究，于1999年7月向国务院作了汇报，提交了《关于深化建设市场改革的若干意见》，拟从十个方面深化建设市场的改革：改革和完善现行的从业资质、资格管理办法，建立严格规范的建设市场准入制度；改革对不同投资主体的工程按同一模式管理的办法，建立起严格规范的政府投资工程管理制度；改革传统的项目建设组织方式，建立完善的工程咨询设计监理制度；改革和完善现行的政府工程质量监督方式，建立符合市场经济要求和建筑产品特点的政府工程质量监督制度；改革现行的工程造价管理体制，逐步建立通过市场竞争形成工程价格的机制；建立以工程担保和工程保险为主要内容的工程风险管理制度；规范建设工程交易中心(即有形建筑市场)的运作，建立工程管理信息系统；加强建筑工人的职业培训，努力提高队伍的整体素质；加强行业协会、学会的自身建设，充分发挥这些组织在建设市场运行和管理中的作用；实行统分结合的建设管理体制，推动统一开放、竞争有序的建设市场尽快形成。

明确新形势下建筑业发展的方向。2005年7月，建设部等六部委联合发布《关于加快建筑业改革与发展的若干意见》，就加快企业产权制度改革、优化产业结构、发展壮大优势企业、加强技术创新、发展劳务分包企业、完善工程建设标准体系、改革政府投资工程建设方式、创新政府监管体制等方面提出了明确的要求。福建、湖北、山东、湖南、浙江、河南、江苏等地方政府也相继出台政策或颁布建筑业改革发展指导意见，积极推动本地区建筑业的改革与发展。建筑业走上企业更加市场化、市场环境更加规范化、市场体系更为完善化的发展道路。

工程勘察设计咨询业体制改革不断深入。改革开放以前，工程勘察设计单位属于事业性质，任务由国家下达，人员由编制控制，经费由国家财政全额拨款。1979 年，勘察设计咨询业开始进行改革试点，中共中央、国务院中发［1979］33 号批转国家建委党组《关于改进当前基本建设工作的若干意见》指出“勘察设计单位现在绝大部分是事业费开支，要逐步实现企业化，收取勘察设计费”。随后在中央及地方部分勘察设计单位开始了企业化和勘察设计取费试点工作，拉开了改革序幕。1984 年，国务院下发《国务院关于改革建筑业和基本建设管理体制若干问题的暂行规定》(国发[1984])123 号)、《国务院批转国家计委关于工程设计改革的几点意见的通知》，要求国营勘察设计单位实行企业化，增加勘察设计单位的活力，规定“勘察设计向企业化、社会化方向发展，全面推行技术经济承包责任制”。从此，勘察设计单位作为事业单位实行企业化经营，全行业取消事业费，按照国家规定收取勘察设计费，独立核算，自负盈亏，并在全行业推开。

勘察设计行业实行企业化管理取得了显著成效。第一，改变纯事业性质为事业单位实行企业化管理，取消事业费拨款，勘察设计单位实行合同取费制，使勘察设计单位由生产执行型管理向经营决策型管理转变，这是勘察设计单位成立以来最为深刻的一次变革，锻炼提高了进入市场、参与竞争、适应市场经济体制的能力。第二，在总体勘察设计能力大于设计任务的情况下，勘察设计单位改变单一功能，扩大业务范围，实行“一业为主，两头延伸，多种经营”，前头向工程咨询延伸，后头向工程建设监理、工程总承包和工程项目管理延伸。1987 年、1989 年，国家有关部门两次批准了 67 个设计单位进行工程总承包试点，为后来设计单位进入工程总承包市场打下了很好的基础。第三，极大地解放了生产力，调动了勘察设计单位和职工的积极性，勘察设计效率大幅度提高，年度完成任务量成倍增长。第四，工程勘察单位调整结构，实行工程勘察与岩土工程一体化的发展，拓展了工程勘察的业务范围，促进了技术进步与发展。第五，促进了企业内部管理的加强、运行机制的创新，技术进步水平大幅度提升，很多单位把推动技术进步、提高设计水平作为改革工作增强活力的关键环节来抓；促进了对外开放，打破了长期以来的对外封闭局面，以化工和石化行业为代表的一批设计单位，积极进入国际工程市场，承揽任务，引进管理，为我国实施工程项目管理与国际接轨作出了贡献。

1999年12月、2000年10月，国务院办公厅先后下发《关于工程勘察设计单位体制改革的若干意见》(国办发［1999］101号)、《国务院办公厅转发建设部等部门关于中央所属工程勘察设计单位体制改革实施方案的通知》(国办发［2000］71号)两个文件，明确了勘察设计单位由事业单位改为科技型企业、逐步建立现代企业制度的改革方向和目标，并具体规定了体制改革的基本原则、方案、配套政策和组织领导。从此，中央和地方所属勘察设计单位中绝大部分由事业单位改为企业，并加快进行产权制度改革，建立现代企业制度，实现企业制度创新。2000年后，原中央所属工程勘察设计单位基本上完成了与政府主管部门的脱钩，成为市场的主体。

通过改革，工程勘察设计单位的企业性质和经营模式发生了较大的变化，实现了工程勘察设计单位由传统的勘察院、设计院单一模式向工程咨询设计公司、工程公司、设计事务所、企业集团、岩土工程公司等多种模式转变；向国有、集体、合伙、私营、合营、股份合作、有限责任公司、中外合资等不同所有制形式同步发展转变，形成模式多样化、产权多元化的新格局。

(三) 放开搞活，多元产权，企业全面建立现代企业制度

改革开放之初，我国建筑业由三类企业或生产组织构成：全民企业、城镇集体所有制企业和农村建筑队。体制内的主要是全民企业。其他两类企业在任务分配、人员管理、物资调拨等方面大都在计划以外。在改革开放30年中，建筑业竞争性产业的性质得到一致认可，允许各种经济成分进入并蓬勃发展，建筑业企业的所有制结构发生了巨大变化，整个行业和同一企业中的非国有成分大大增加，不同经济成分的企业平等地在市场上竞争。在此基础上，各类企业按照现代企业制度的要求，逐步开始并完成了现代企业制度的建设。

非国有成分建筑企业得到发展。党的十一届三中全会后，从1980年到1991年，全民所有制企业、集体所有制企业数量在三类企业单位总量中都呈增加的势头，全民企业从1980年的1996个，增加到1991年的4638个；城镇集体建筑企业从4608个增加到了9187个。从从业人员来看，国有企业人员所占的比重从49%下降到了35%；集体企业的从业人员比重从

16.9%上升到了23.5%，农村建筑队的从业人员也增加了6个百分点。到1991年底，全国城镇集体建筑企业职工人数达到419.4万人，比1976年的150万人增加了1.79倍，占全国全民和城镇集体建筑职工总数的39.1%。完成建筑业总产值1062.4亿元，占到全民企业完成总产值的50%。农村建筑队发展也很快，1979年至1984年农村建房36亿m^2，其中相当一部分就是由他们完成的。在这支队伍中大约有三百多万人在城镇施工。

20世纪90年代中期到2000年，非国有建筑业企业充分发展，并在建筑业中占有重要地位，多种经济成分并存的多元化发展格局形成。到了2000年，国有企业[1]企业数量、职工人数都呈持续下降趋势，见表1-1和图1-1。“九五”期间，非国有建筑企业累计完成建筑业总产值26625.19亿元，增加值7047.6亿元，分别占全部总产值和增加值的52.84%及51.48%。

国有企业数量及人数变化情况 **表1-1**

年　份	国有企业数量(个)	国有企业从业人员(万人)
1985年	3385	576.7
1990年	4275	621.0
1995年	7531	824.3
2000年	9030	635.6
2005年	6007	480.0
2006年	5555	467.6

注：数据引自《中国统计年鉴》(2007)

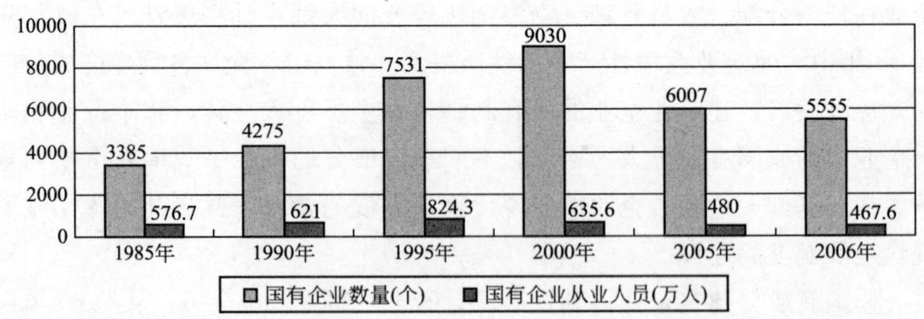

图1-1　国有企业、人数变化图示

注：数据引自《中国统计年鉴》(2007)

---

[1] 国有企业包括国有控股企业，国有企业自身已经融入了其他所有制成分。

至2004年末，第一次全国经济普查统计数据显示，全国建筑业企业法人单位中，国有企业及国有独资公司0.95万个，占7.4%；集体企业1.49万个，占11.6%；私营企业6.69万个，占52.2%；港澳台商投资企业0.08万个，外商投资企业0.08万个，均占0.6%；其余类型企业3.51万个，占27.6%。由此可见，行业和企业的所有制结构调整取得明显进展，私营经济已成为发展最快的重要市场力量。

至2005年，浙江改制企业的比例已达99%，山东、湖北、湖南、内蒙古、云南等地的民营建筑企业占企业总量的比例超过了90%，江苏、河北、天津、福建、宁夏、辽宁、陕西、青海等地改制企业的比例超过了85%。许多地方民营建筑企业迅猛发展，民营企业从数量上在建筑业中已处于主导地位。

近年来，国有及国有控股的建筑业企业数量及在建筑业企业总数中的比重继续呈下降趋势。2005～2007年，国有及国有控股建筑业企业数量分别为9149个、8143个、7855个，占全部有资质企业数量的比重分别为15.57%、13.53%和13.26%[1]。民营建筑业企业数量的大幅上升，使建筑业整体资产得以优化，企业生产经营更为灵活，企业活力、竞争力明显得到加强。

企业普遍建立了现代企业制度。国家1993年通过《关于建立社会主义市场经济体制若干问题的决定》，指出了企业制度改革的基本方向是建立现代企业制度。建筑业全行业按照现代企业制度“产权清晰、权责明确、政企分开、管理科学”的基本要求，进行企业制度改革。1994年8月起，建设部相继确立41家建筑业企业进行建立现代企业制度试点。至1999年，共有9166家企业进行了改制，其中股份有限公司1580家，有限责任公司4952家，股份合作制公司1041家，企业集团270家。在上海和深圳两家股票交易所上市公司11家。

“十五”期间，各地加快建筑业改革步伐，大力推进以产权制度改革为核心的建筑业企业改革，以大中型企业股权多元化、中小企业民营化为特征的产权制度改革全面展开，加速推进。绝大部分地方中小型企业完成了改制；中央企业集团的下属子公司、控股公司的产权制度改革基本完

[1] 依据国家统计局建筑业年度快报的口径。

成，企业内部展开了主辅分离，辅业改制，集中注意力发展自己的优势业务。通过股份制改造、合并、兼并、重组等方式，转换经营机制；通过投资主体多元化、民营化，逐步建立现代企业制度。同时，建筑业企业产权制度改革向纵深发展，构建法人治理结构，完善公司监督和运行机制，对投资控股、参股公司和境外企业进行了股权重组，清理注销亏损企业和项目。有些企业集团整合企业资源，提高资本质量，增强盈利能力，为集团总部战略转型、集团整体上市创造条件。产权制度改革使企业经营机制得到转换，规范了企业的经营行为，进一步增强了企业的市场竞争力。

至2008年年中，全国建筑业企业除了极少数大型中央企业之外，各地区建筑业已经全面建立了现代企业制度。

工程勘察设计行业在改革的进程中，在各级建设行政主管部门的积极领导、推动和配套政策的支持下，中、小型工程勘察设计单位的产权制度改革进展迅速，绝大多数单位完成了产权制度改革，进行了民营化改制，带来了新的生机和活力；一部分原部属大的勘察设计院，不“等靠要”国家政策，努力探索，进行资产重组，改革领导体制，调整隶属关系，积极推进产权制度改革，实现了企业制度创新，加快了企业发展。

大型国有建筑企业整体上市。2006年以来，一些大型企业抓住国资委积极推进中央企业股份制改革、支持具备条件的企业实现整体上市的机遇，加快集团公司范围内资产、业务和人员重组，争取整体上市。通过整体上市深化产权制度改革，建立规范的法人治理结构。2007年，建筑业企业股份制改革步伐加快。由中国铁路工程总公司整体重组设立的中国中铁股份有限公司实现主业资产整体上市。中国建筑工程总公司整体重组改制顺利完成，成立中国建筑股份有限公司。葛洲坝股份有限公司通过吸收合并原控股股东中国葛洲坝水利水电工程集团有限公司，实现中国葛洲坝集团公司主业资产的整体上市。2008年，深沪两市以建筑施工业务为主营业务的建筑公司共32家，其中最大规模的企业年营业额达到1000亿元以上。

国有经济在行业中仍然占据重要地位。尽管国有企业的数量在不断减少，但国有经济在建筑业中仍然占据着主导位置，在企业规模、经营业绩、市场竞争力及科技能力上，国有企业特别是以中央企业为代表的大型国有建筑企业依然主导着国内的建筑市场，在工程尤其是重大工程、城市标志性工程的招投标中拥有更强的竞争力。2007年，在具有资质等级的总承包和专业承包建筑业企业中，国有及国有控股企业为7855个，占全部企业数量的13.26%；国有及国有控股企业从业人员710.47万人，占全国建筑业企业人数的23.03%；国有及国有控股企业签订合同额33949.42亿元，占全部企业的42.29%；国有及国有控股企业完成建筑业总产值17784.83亿元，占全部企业的35.56%。全国建筑业企业按建筑业总产值计算的劳动生产率为137041元/人，其中，国有及国有控股企业为206513元/人。国有及国有控股建筑业企业以较少的企业和从业人员完成了35.56%的产值、42.29%的合同额，充分显示了国有及国有控股企业在建筑业中的骨干作用。

(四) 转变政府职能，实现行业指导、市场管理、公共服务

管理体制不断改革完善。1979年3月，成立了国家建筑工程总局和国家城市建设总局，直属国务院，由国家建委代管。1982年5月，五届人大23次会议决定撤销国家基本建设委员会，成立了城乡建设环境保护部，城乡建设环境保护部在工程建设和建筑业方面的管理职能主要是：负责制订建筑业的发展规划；负责城乡国营和集体建筑勘察设计单位、建筑施工企业的注册登记审查管理工作，农村建筑队进入城镇施工的审查管理工作，平衡调度建工、城建系统的施工力量；负责组织行业内部的经济联合；制订设计、施工的标准、规范、规程以及劳动定额和费用标准。1988年4月，撤销城乡建设环境保护部，成立建设部。1993年，国务院机构改革，在工程建设和建筑业管理方面，取消、弱化和转移的职能主要有：工程建设的地方标准定额，建筑业的百元产值工资含量包干系数、人工费单价的核定等，要求建设部弱化计划管理职能，减少审批事务，取消评优活动和达标升级活动。建设部在工程建设和建筑业方面的主要职责是研究制定工程建设和建筑业的方针、政策、法规以及相关的发展战略、产业政策、改革方案和中长期规划并指导实施。1998年的国务院机构改革确定建设部在工程建设和建筑业方面的主要职责除了上述内容外，增加了进行行业管理以及管理建设行业的对外经济技术合作和外事工作，指导企业开拓国外建筑市场和房地产市场的职能。2008年3月，国家取消建设部，成立住房和城乡建设部，在这次机构改革中，住房和城乡建设部的行业管理、市场管理、建设工程安全质量管理职能继续得到保留。在中央和地方的部门之

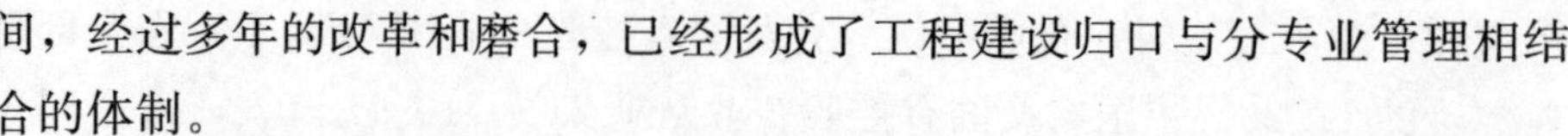

间，经过多年的改革和磨合，已经形成了工程建设归口与分专业管理相结合的体制。

建设管理体制改革的过程，体现了政府主管部门逐步地由微观管理向宏观管理、由直接的企业管理向工程建设综合事务及建筑市场管理，进而向着社会管理和公共服务方向的转变，更加适应社会主义市场经济的要求。

二、从附属基建队伍转变为支撑国民经济持续稳定发展的重要产业

（一）建筑生产规模迅速扩大

1967～1976年，我国建筑业十年累计完成建安工作量1660亿元，房屋建筑面积6.5亿m^2，全国全民所有制建筑业从业人员大约为300～400万人。在这一时期，工程建设总量小，周期普遍拖长，到处是一年施工、多年收尾的“胡子工程”。工程造价提高50%到一倍。工程质量普遍下降，码头滑坡、巷道冒顶、管线断裂、设备爆炸、房屋倒塌等，事故之多为建国以来所罕见。

从1977年到1982年，全国建筑业完成任务大幅度上升。这六年累计完成住宅工程3.8亿m^2，相当于过去24年完成总量4.5亿m^2的84.3%。1983年，全社会建筑业总产值1053亿元，比1976年增长了1.4倍。1981～1990年，建筑业完成总产值1.89亿元，超过前30年的总和。共竣工投产大中型项目1109个。完成城镇住宅12.8亿m^2，是前30年的1.8倍。扣除物价因素，1981～1988年建筑业产值年均增长速度达10.8%❶。“八五”(1991～1995)期间，建筑业完成增加值11547亿元，占同期国内生产总值的6.1%。进入“九五”时期后，由于国家采取积极的财政政策，扩大对高速公路、铁路、电网等基础设施的投资规模，大力推进经济适用住房的建设，为建筑业的发展提供了难得的机遇，建筑业生产稳定增长，生产经营保持较好增长势头，对国民经济的贡献进一步加强。1998年，全国四级及四级以上建筑业企业完成建筑业总产值10062亿元，完成建筑业

❶ 数据来源：《振兴建筑业研究报告》，建设部《振兴建筑业研究报告》课题组，1993年3月。

增加值2783.8亿元；与1980年相比，国有企业建筑业总产值和增加值均增长了19倍以上。

不考虑物价因素，“六五”（1981～1985）计划时期建筑业累计完成总产值5631亿元；“七五”（1986～1990）计划时期建筑业累计完成总产值13305亿元，比“六五”计划时期增加7674亿元，增长1.36倍，在国民收入中所占的比重由“六五”时期的5.4%上升到6.3%。“八五”（1991～1995）期间，建筑业累计完成总产值28271.12亿元，增加值11547亿元，占同期国内生产总值的6.1%。“九五”（1996～2000）时期，建筑业累计完成总产值65431亿元；“十五”（2001～2005）时期，建筑业累计完成总产值118243.56亿元(图1-2)。数据表明，改革开放之后，各个五年完成产值累计比之前五年都呈翻番势头，持续的发展使建筑业的生产规模迅速扩大。

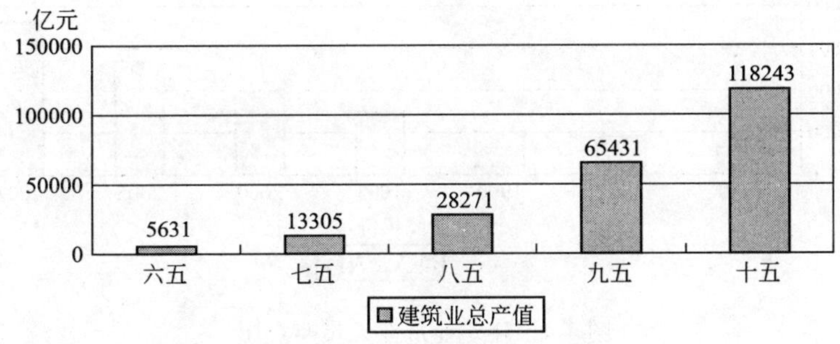

图1-2　建筑业产业规模发展图示(1980～2005)

注：数据依据中国统计年鉴1992；建筑施工企业概况；中国统计年鉴2006。

进入新世纪以后，建筑业呈现出快速发展的势头，作为国民经济的支柱产业，为推动国民经济增长和社会全面发展发挥了重要作用。2001～2004年，建筑业总产值年度平均增长21.7%，建筑业增加值年度平均增长15.4%。2004年，据当年国家统计局统计，建筑业增加值在GDP当中的比重达到了7%，为历史最高水平❶。2005～2007年，尽管受国家宏观调控政策等因素的影响，建筑业的发展在一定程度上受到了抑制，但依然保持了较快的增长，建筑业仍是经济增长的重要拉动力量，在促进经济发展中起着十分重要的作用。2005～2007年，全国具有资质等级的总承包和专

❶ 2004年以后的统计年鉴相关数据有调整。

业承包建筑业企业完成建筑业总产值分别为34552.10亿元、41557.16亿元、50018.62亿元；全社会建筑业实现增加值分别为10018亿元、11653亿元、14014亿元(图1-3和图1-4)。

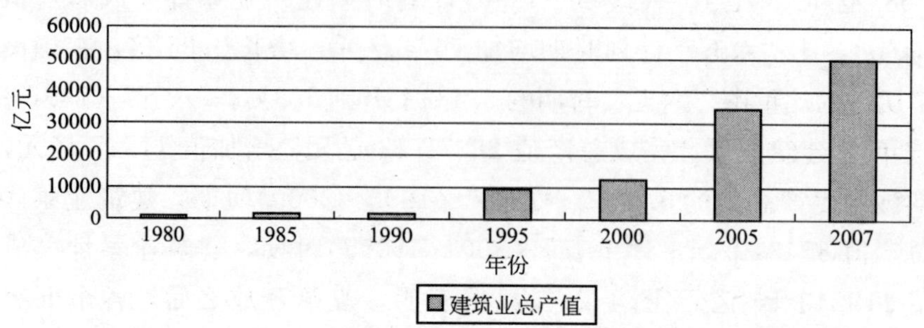

图1-3　建筑业总产值发展时点值图示

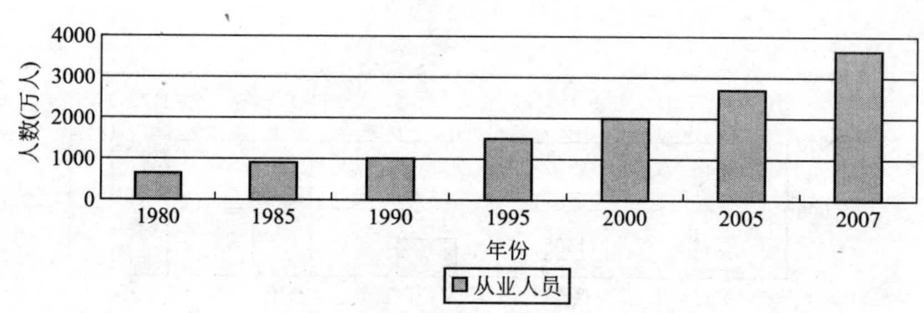

图1-4　建筑业从业人员时点图

注：数据依据中国统计年鉴2006：建筑业企业概况；2007年建筑业企业生产情况统计快报。

从实物量来看，仅就房屋建筑施工面积，1985年全年的房屋建筑施工面积相当于过去六年累计完成的住宅工程面积；2007年的房屋施工面积是1985年的13.34倍，达到47.32亿 m^2(表1-2和图1-5)。

不同时点的房屋建筑施工面积　　表1-2

年　份	房屋建筑施工面积(万 m^2)	年　份	房屋建筑施工面积(万 m^2)
1985年	35491.8	2005年	352744.7
1990年	37923.0	2006年	410154.4
1995年	89862.8	2007年	473287.4
2000年	160141.1		

注：数据引自《中国统计年鉴》(2007)、《2007年建筑业企业生产情况统计快报》。

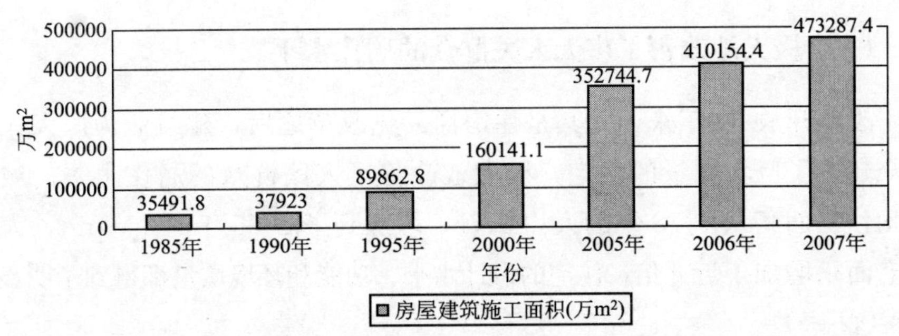

图 1-5 房屋建筑施工面积增长图示

(二) 改善了城乡面貌，保证了城市化进程

改革开放 30 年也是我国城市化推进速度最快的时期，目前我国的城市化率已经达到了 45%，比之 1978 年的 17.92%提高了 27.08 个百分点。在这一过程中，城市数量增加，城市规模扩大，城市基础设施不断建设和完善。1978 年，城市建设固定资产投资占同期全社会固定资产投资的 1.79%，占同期国内生产总值的 0.33%；2006 年，城市建设固定资产投资占同期全社会固定资产投资的 5.25%，占同期国内生产总值的 2.75%。建筑业为我国的城市化进程作出了巨大贡献(表 1-3)。

城 市 化 进 程 **表 1-3**

	1978	1980	1985	1990	1995	2000	2005	2006	2007
城市化率(%)	17.92	19.39	23.71	26.41	29.04	36.22	42.99	43.90	44.90

注：数据引自《中国统计年鉴》(2007)，2007 年数据引自《2007 年国民经济和社会发展统计公报》。

从 1978 年至 2006 年，县级以上城市已从 190 个增长到 656 个，增长 3.45 倍；城市道路长度从 2.69 万 km 增长到 24.13 万 km，增长 8.9 倍；污水处理厂从 37 座增加到 815 座，比 1978 年增长 30.18 倍(表 1-4)。

城市及其主要基础设施建设成就 **表 1-4**

	1978	1980	1985	1990	1995	2000	2005	2006
城市(个)	190	223	324	467	640	663	661	656
城市道路长度(km)	26966	29485	38282	94820	130308	159617	247015	241351
污水处理厂(座)	37	35	51	80	141	427	792	815

注：数据引自《中国城市建设统计年鉴》(2006 年)建设部综合财务司编。

(三) 极大地改善了广大人民群众的居住水平

改革开放30年来，尤其是住房商品化改革之后，建筑业为广大人民群众建造了巨大数量的住宅，极大地改善了人民群众的居住水平。城市人均住房面积从1978年的人均6.7m^{2}增加到了2005年的26.1m^2，人均住宅面积增加了近4倍，住宅的设计水平、功能和环境质量都得到了明显的改善(表1-5)。

住宅建设时点数量 **表1-5**

年　份	住宅投资(亿元)	住宅建筑面积(万m^2)
1985	641.63	90972
1990	1164.48	86289
1995	4736.7	107433.1
2000	7594.1	134528.8
2005	15427.2	132835.9
2006	19333.1	131408.2

注：数据引自《中国统计年鉴》(1992)、《中国统计年鉴》(2007)。

(四) 奠定了国家基础设施的强大基础

在基础设施建设方面，发生了翻天覆地的变化。截至2007年年底，全国铁路营业里程达到7.8万km，里程长度位居世界第三。路网密度81.2km/万km^2。营业总里程比1985年提高了1.5倍。2008年铁路建设计划完成投资3000亿元，比“十五”期间5年投资总额还要多出170亿元；计划完成新线铺轨4415km，相当于“十五”期间年均新线铺轨数量1268km的3.5倍；计划完成复线铺轨3405km，比“十五”期间5年复线铺轨的总和还多373km。铁路的运营时速大大提高，客运专线的运营时速普遍达到200～300km，甚至更高(表1-6和表1-7)。

国家铁路营业里程变化情况 **表1-6**

	1985	1990	1995	2000	2005	2006	2007
国家铁路营业里程(km)	52119	53378	54616	58656	62200	63412	78000

注：数据引自《中国统计年鉴》(2007)及铁道部网站。

铁路运输密度变化情况 表1-7

	1985	1990	2000	2005	2006
铁路客运密度（万人 km/km）	479.4	489.0	753.0	938.0	1002.0
铁路货运密度（万 tkm/km）	1612.0	1986.1	2274	3140	3242

注：数据引自《中国统计年鉴》(1992)(2007)及交通部网站。

截至2007年年底，全国公路总里程达358.37万km，全国公路密度为37.33km/100km^2，全国通公路的乡(镇)占全国乡(镇)总数的98.96%，通公路的建制村占全国建制村总数的88.24%。2006年全国等级公路总里程达228.29万km，比2002年增长65%，其中二级及二级以上高等级公路总里程达35.33万km，比2002年增长41%。国家高速公路网已经完成41.2%，高速公路总里程突破4.53万km，比2002年增长80%，稳居世界第二。

水路运输规划中的港站主枢纽包括20个沿海枢纽港，23个内河港，45个公路站场。经过近10多年的建设和改造，港口逐步多功能化、深水化，码头逐步专业化、智能化。10年间，沿海港口新增深水泊位393个，新增吞吐能力3.2亿t，煤炭、原油、集装箱、散粮、散水泥等运输系统不断完善。上海国际航运中心的功能和作用开始发挥。公路站场逐步现代化、场内交易规范化。

不包括原有民航机场的扩建，仅新建的民航机场，2006年比1985年，即增长了60个(表1-8)。

民航机场建设情况 表1-8

	1985	1990	1995	2000	2005	2006
民用航班飞行机场(个)	82	94	139	139	135	142

注：数据引自《中国统计年鉴》(1992)(2003)(2007)。

(五)促进了就业，支持了国民经济的稳定、快速发展

建筑业的建设规模和成果支撑着国民经济的稳定、快速发展。同时还创造了大量的就业机会，在安置人员就业、尤其是吸纳农村富余劳动力就业方面作用突出，已成为部分地区转移农村富余劳动力、增加农民收入，

实现城乡统筹发展的主渠道。2007年，具有资质等级的总承包和专业承包建筑业企业从业人员为3649.91万人，占到全国就业人员76990万人的4.7%，如果将全社会建筑业从业人员计算在内，建筑业从业人员应当占到5%以上，是国家吸纳劳动力最多的产业之一(表1-9)。此外，建筑业对相关的上下游产业，包括钢铁、水泥、非金属类建材、机械设备制造、家具、家用电器、相关的研发、咨询服务以及各类新型建材产业的发展起着重要的拉动和辐射作用，具有对于经济强大的带动力。在国民经济总量大幅度提升的前提下，2005～2007年，建筑业增加值占GDP的比重还分别达到了5.5%、5.56%及5.68%，是我国快速发展时期当之无愧的支柱产业。

建筑业在国民经济中的作用数据表 **表1-9**

	1978	1980	1985	1990	1995	2000	2005	2007
建筑业增加值占GDP比重(%)	3.8	4.3	4.6	4.6	6.1	5.6	5.5	5.7
建筑业从业人数占社会劳动者的比重(%)	2.1	2.3	4.0	3.7	4.8	4.9	3.5	4.7

注：资料来源：中国统计年鉴2006；2007年国家统计局统计公报。

三、从简单落后的基建部门转变为国际领先、具有强大建造能力的产业

随着我国国民经济的发展和壮大，经过改革开放30年大规模工程建设的锤炼，中国建筑业已经具有卓越的设计、施工建造能力，在许多设计、施工技术领域可以自豪地屹立于世界建筑强国之列，近年来建设和完成的一系列重大工程，是这种能力的集中体现。

(一) 工程建设规模和难度大幅度提升

1985～1990年，即"七五"时期，建筑业的建造能力还比较有限，从建筑业完成的重点建设项目来看，主要有中央电视台彩电中心，年产原煤400万t的矿井，总装机容量271.5万kW的水电站，总装机容量120万kW的火电厂，年产纯碱60万t的碱厂，年吞吐量3000万t的码头，电气化铁路等。

20世纪90年代，中国建筑业完成了各类工业、农业、能源、交通、水利、通讯、文教、科研、军事等基本建设和更新改造项目约40多万个，其中大中型基建项目上千个，包括淮河干流治理工程，齐鲁、扬子、茂名、吉化大型石油化工联合装置，大亚湾、秦山核电站、宝钢二期、京九铁路、南昆铁路、京津唐、沪宁、太旧、广深高速公路、上海南浦大桥、杨浦大桥，广州中天大厦、深圳地王大厦、上海金茂大厦等项目。新建城市和乡村居民住宅47.87亿m^2。长江三峡工程、小浪底水利枢纽工程等世界上也屈指可数的特大型工程开工建设。2000～2007年，即“十五”至“十一五”时期，重点工程的规模和难度都上了一个台阶。适应设计方案的现代化和创新趋势，我国建筑业完成了一批前所未有的复杂结构和采用新型材料的工程项目。代表性的工程项目例如，国家体育场，也被称为鸟巢，可容纳观众9.1万人，有上中下三层碗状看台，主体结构由一系列钢桁架围绕碗状座席区编织而成，使用钢结构4.2万t，且存在大量异型构件，超常外斜柱、高空空间环梁、特殊钢材、膜结构使用等，在结构、使用材料等方面，国际国内都没有施工经验可以借鉴，在工程建设中，完全依靠技术创新来推动，该工程的成功建成，掀开了我国工程建设史新的一页。国家游泳中心，钢结构的设计灵感来源于Kelvin的“泡沫”理论，将水泡的结构放大到建筑结构的尺度。这样的结构形式至该工程建设之前还仅存于自然界，尚未被用于建筑结构模型，承包企业在完成钢结构初步设计后开展了一系列钢结构科研攻关的课题，包括结构体系的几何构成与优化、结构体系的整体分析及延性与抗震设计、各类连接节点的受力性能与实用计算方法、各类杆件的实用分析计算方法等，为工程的顺利实现奠定了基础。中心维护结构的全部ETFE气枕共3065个，达10万m^2左右。是国内第一个ETFE膜结构工程，也是目前国际上建筑面积最大、功能要求最复杂的膜结构系统，通过克服种种技术难题，工程于2008年建成并投入使用。具有防洪、发电、航运等巨大的综合效益的三峡工程，总投资2000多亿元人民币。三峡电站设计装机容量1820万kW，多年平均发电量847亿kWh，右岸地下电站预留6台70万kW机组，总装机容量达到2240万kW。三峡工程两次截断长江，其截流的综合难度在世界截流史上是罕见的，混凝土的高强度连续施工，也创造了混凝土浇筑的世界记录。青藏铁路，全长1956km，其中海拔4000m以上的路段960km，多年冻土地段550km。翻越唐古拉山的铁路最高点海拔5072m，是全球海拔最高和最长的高原铁路。青藏铁路建设者经过4年的不断努力，在破解三大世界性难题：高寒缺氧、多年冻土、生态脆弱方面取得突破性进展，于2007年建成通车。青藏铁路集中体现了中国工程建设的高超技术，英国卫报等国际媒体称青藏铁路是中国奇迹和伟大精神的象征应该是恰当的。东海大桥位于杭州湾口无遮蔽海域，连接远离陆域逾三十多公里的外海孤岛，地处海洋环境，是我国目前最长、也是第一座真正意义上的跨海大桥。大桥北端起始于上海南汇芦潮港，通过沪芦高速公路与市区沟通，南至浙江嵊泗崎岖列岛，通往上海洋山集装箱深水港区。大桥全长32.5km，全桥设5000t级单孔双向主通航孔一处，通航净高40m，主跨跨径420m，桥墩按万吨级防撞能力设计；设1000t级双孔单向副通航孔一处，通航净高25m，主跨跨径140m；设500t级双孔单向辅通航孔两处，通航净高17.5m，主跨跨径分别为120m和160m，设计基准期为100年。这些项目无论是工程规模、工程质量，还是技术难度，都代表着当今世界的先进水平。

可以说，我国建筑业的技术水平已经达到了相当的高度。超高层、大跨度房屋建筑设计、施工技术，大跨度预应力、大跨径桥梁设计及施工技术，地下工程盾构施工技术，大体积混凝土浇筑技术，大型结构与设备整体吊装，大型复杂成套设备安装技术，综合爆破等方面不仅具有中国特色，且普遍达到或接近国际水平。目前中国建筑业在超高层建筑、铁路工程、高速公路工程、大型公用设施方面，都能依靠自己的技术力量独立完成。今天，中国建筑业已经具有国际一流建造能力。

（二）工程技术储备丰富多样，建造装备显著进步

在30年大规模的工程建设实践中，中国建筑业企业注意创造和积累各个领域的施工技术，正在逐步形成不同工程建设领域、不同企业独特的施工技术优势。整个行业在高层和超高层房屋建筑、高耸塔类设计施工技术、大型工业设施设计建造与安装技术、复杂深基坑与深基础处理技术、复杂钢结构体系研究与安装、大江大河截流、混凝土筑坝、大型水电机组安装及大型金属结构制作安装、高速水流隧洞混凝土环向预应力、特种水泥制造、大跨度、长距离桥梁建造、高速铁路建造等技术达到国际领先或

先进水平。钢结构生产企业在新型楼承板、内外墙板、梁柱节点、结构体系、构建形式、防腐防火、施工工法等领域都有一定的技术积累。在工程建设实践中，企业注重多领域多学科集成创新，并且以此为基点，进行了多方位重大的技术突破。

30年来，信息技术从无到有，在建筑业的企业管理、国际工程管理、项目管理、技术管理、财务管理等方面发挥了巨大的作用，正在成为建筑业企业技术角逐的重要组成部分。20世纪80年代，有条件的设计院组织开展计算机辅助设计与绘图技术的培训，并开发了大量的MIS(Management Information System)和CAD(Computer Aided Design)应用软件，勘察设计企业的日常行政管理开始进入信息化的初级阶段；一些较为复杂的工程总平面布置、系统布置、结构设计、工艺设计均可以通过CAD技术进行计算、设计、绘图。20世纪80年代末，勘察设计单位的CAD完成设计工作量占总设计工作量的15%左右，CAD出图率达到10%以上。20世纪90年代，各行业加大自主开发和技术引进力度，又引进诸如Intergraph、Calma工作站及相应的应用软件；随着计算机技术与应用软件技术的发展，CAD技术已在设计行业普及，出图率达100%。目前，大部分工业行业的勘察设计企业均以较高的投入开展信息化建设，正在向“以数据库为中心、以网络为支撑、以项目管理为主线、实现网上三维可视化多专业协同设计和网上多部门多层次管理作业”的方向努力。一些工程公司和大型勘察设计单位的信息集成系统的应用已接近国际水平。

当今建筑业所拥有和应用的机械设备与30年前相比已经发生了翻天覆地的变化，地质雷达探测、土石方工程、地基处理、砂石料生产、混凝土拌合运输与浇筑、金属设备起吊安装等施工设备的自动化、大型化达到较高水平，并为大型工程普遍采用。大型吊装机械、无碴轨道板制造与铺装、高吨位级箱梁制运架设备、轨道板成套专用设备、移动模架造桥机、地铁盾构掘进机等大型施工机械的拥有、制造、自主创新，使中国建筑业的装备有了里程碑式的突破。

(三) 劳动生产率不断提高

1980年，建筑业按照总产值计算的劳动生产率为4427元/人；1991

年，建筑业的劳动生产率为16171元/人；2000年，建筑业的劳动生产率为6.26万元/人；2007年，建筑业企业的劳动生产率为13.70万元/人，其中，国有及国有控股企业为20.65万元/人。即使扣除了物价因素，建筑业的劳动生产率的提高程度还是显而易见的。

从人均竣工面积看，1990年，建筑业人均竣工面积为19m^2；2002年为49m^2；2007年为60.27m^2。

(四) 技术创新机制正在形成

政府积极引导。1987年和1998年，政府有关部门两次制定产业技术政策，指出了我国建筑业技术进步的方向，促进了我国建筑业整体技术水平的提高。2005年2月，建设部印发《关于进一步做好建筑业10项新技术推广应用的通知》，引导建筑企业采用先进、成熟、适用的新技术。为加快建筑业技术进步的步伐，全面提高技术创新能力，2006年7月，建设部印发《关于进一步加强建筑业技术创新工作的意见》，明确了到“十一五”期末，要基本形成与市场经济相适应的建筑业技术创新体系和工程项目组织管理方式；基本形成工程技术咨询体系和知识产权得到有效保护的技术市场体系；在主要工程技术领域达到国际先进水平，企业的研发能力和信息化水平有较大幅度的提高。各地政府也出台政策积极推动技术创新。

企业主动性增强。“十一五”以来，在市场竞争的促进和政府有关部门的引导下，建筑业企业尤其是大型骨干企业对于技术研发水平和技术装备水平更加重视，将技术创新能力提升为建筑业企业核心竞争力的关键要素，坚持制度创新与技术创新相结合、自主创新与引进消化吸收再创新相结合、适用技术与高新技术相结合，在消化吸收引进技术和科研成果工程化方面做了大量的工作，取得了明显成效。目前企业在技术进步方面呈现出的趋势是：针对未来市场需求，前瞻性地进行技术投入和研发，研发投入逐年增加；依托重大工程进行技术研发和积累，建设以技术为主要要素的核心竞争能力；加强自主创新，争取成为相关技术研发的国家前沿。一些公司结合自己的核心业务，建立了国家级技术开发中心和博士后科研工作站；以企业为主导，建立产学研合作体，依托社会力量进行技术研发，增强企业发展后劲。经过多年市场竞争的磨炼，建筑业企业管理正在向标准化、信息化和国际通行模式转变。发展战略管理得到许多企业的普遍重视和应用，企业管理和技术标准逐步丰富完善，工程项目管理水平不断提高，企业信息化水平也有了长足的进步。

四、从单一雷同的企业构成转变为层次、分工日趋合理的现代产业结构

改革开放之初，我国建筑业企业的结构特征是，企业规模、性质雷同，大而全、小而全普遍，企业在工程承包市场上没有层次感，分工协作关系极不发达；普遍采用行政层级组织形式，企业办社会，部门条块分割严重，企业的组织结构与建筑业的特点不相吻合。改革开放之后，通过政府的引导和企业适应市场进行组织结构调整优化，企业组织结构发生明显变化。

（一）政府积极引导建筑业产业结构优化调整

通过实施分类分级的资质管理制度引导企业组织结构调整。建筑业企业资质管理制度发端于 1984 年，1989 年 6 月出台《施工企业资质管理规定》，并于 1995 年、2001 年、2007 年先后根据形势发展进行了修订，成为引导企业组织结构调整的最重要的政策手段。1987 年全国施工工作会议提出了企业组织结构调整的最终目标：形成以工程总承包企业为龙头，以施工承包企业为主体，以专业分包和劳务企业为依托，全民和集体、总包与分包分工协作、互为补充，具有中国特色的建筑业企业组织结构。实施期限为 1994～2000 年的《建筑事业体制改革总体规划》中提出："继续推进产业组织结构的调整。逐步形成以工程总承包企业为龙头、以施工承包为主体、以专业分包和劳务企业为依托的三个层次互助结合、协调发展的产业组织结构。"从 1989 年开始，全国建筑业企业资质管理工作全面铺开，资质管理包括三个部分：制定企业资质等级标准；认证企业资质等级；按照资质等级划定企业营业范围。到 1990 年，共制定了房屋建筑、冶金、化工、煤炭、电力水利、铁道、交通等 20 个大类、41 个专业的资质等级标准，对全国 66458 个建筑业企业进行了资质复查认证，核定了资质等级和相应的营业范围，其中一级企业 1289 个，二级企业 2314 个，三级企业 10387 个，四级企业 18283 个，非等级企业 34185 个。在资质管理制度的

引导下，建筑业组织结构调整初见成效。通过推进经营管理层与劳务作业层分离，开始形成了以总承包或高资质优秀企业为核心、专业化、劳务企业与其协力合作的企业群体，基本上形成了施工总承包、专业分包、劳务分包的宝塔型的企业组织结构。

1980 年，国家建委印发《对全国勘察设计单位进行登记和颁发证书的暂行办法》，这是建国后第一次在全国范围内对工程勘察设计单位进行资格认证。1986 年，国家计委颁布的《全国工程勘察、设计单位资格认证管理暂行办法》规定，我国的工程勘察、设计单位，必须经过资格认证，获得工程勘察证书或工程设计证书，才能承担工程勘察任务或工程设计任务。证书等级分为甲、乙、丙、丁四级。1991 年，建设部颁布《工程勘察和工程设计单位资格管理办法》。1997 年，建设部颁布《建设工程勘察和设计单位资质管理规定》。2001 年，建设部颁布《建设工程勘察设计企业资质管理规定》。2007 年，建设部发布的《建设工程勘察设计资质管理规定》将工程勘察资质分为工程勘察综合资质、工程勘察专业资质、工程勘察劳务资质。工程设计资质分为工程设计综合资质、工程设计行业资质、工程设计专业资质和工程设计专项资质。根据不同资质类别，设立相应等级，例如，工程设计综合资质只设甲级；工程设计行业资质、工程设计专业资质、工程设计专项资质设甲级、乙级。根据工程性质和技术特点，个别行业、专业、专项资质可以设丙级，建筑工程专业资质可以设丁级。这样，确立了勘察设计企业的资质体系，引导企业在相应位置就位，形成行业合理的组织结构。

适应市场要求调整资质管理制度。按照“十六大”提出的形成“行为规范、运转协调、公正透明、廉洁高效”的行政管理体制的要求，2006 年以来，有关部门在资质管理方面贯彻落实《行政许可法》，转变资质审批方式，规范受理程序，完善一个窗口受理制度，并由定期集中受理改为随时受理，限时审批。此外，修订了有关资质标准，对勘察、设计、施工、监理、招标代理等企业的资质标准进行了修订和完善。在标准的修改上，一方面引导企业注重技术创新和管理水平提高，一方面为其创造一个更宽领域的业务发展空间。2006 年 3 月，为推进专业工程总承包的发展，建设部组织制定了建筑智能化工程、消防设施工程、建筑装饰装修工程、设计幕墙工程的设计施工一体化资质标准，推进相关专业工程设计、施工一体化业务和企业的发展。2007 年，主管部门修订了施工总承包特级资质标准，在施工总承包能力、技术水平、管理能力等方面，对于企业提出了更高的要求。随之，陆续展开了对除特级外的其他级别、劳务分包企业资质标准的研究修订，以适应市场要求，促进企业发展。

提倡工程总承包和项目管理。1984 年国务院颁发的《关于改革建筑业和基本建设管理体制若干问题的暂行规定》提出建立工程总承包企业的设想。文件指出，工程承包公司受建设项目主管部门(或建设单位)委托，或投标中标，对项目建设的可行性研究、勘察设计、设备选购、材料定货、工程施工、生产准备直到竣工投产实行全过程的总承包或部分承包。

1987 年国家计委等五部委联合下发《关于批准第一批推广鲁布革工程管理经验试点企业有关问题的通知》，确立了施工管理体制改革的总目标，即有步骤地调整改组施工企业，逐步建立智力密集型的工程总承包公司(集团)。文件批准了第一批 18 家试点企业，并指出："试点企业可对工程项目实行设计、采购、施工全过程的总承包。对于设计能力不适应所承包工程需要的，可采取与设计单位联合或委托设计的方式，共同完成总承包业务"。1990 年 10 月，建设部、国家计委等五部委又下发了《关于进一步做好推广鲁布革工程管理经验创建工程总承包企业进行综合改革试点工作的通知》，将工程总承包试点企业扩大到 50 家。

1992 年 4 月，建设部颁发了《工程总承包企业资质管理暂行规定(试行)》。1993 年 6 月，建设部下发了《关于开展工程总承包资质就位工作的通知》。1995 年 6 月，建设部颁发了《工程总承包企业资质等级标准》，以加快工程总承包企业发展，实现企业组织结构调整。1997 年颁布的《中华人民共和国建筑法》第二十四条提出："提倡对建筑工程进行总承包"，确立了工程总承包的法律地位。2003 年 3 月，为了应对加入 WTO 以后国际工程承包的需要，进一步培育发展工程总承包和项目管理，建设部印发的《关于培育发展工程总承包和工程项目管理企业的指导意见》规定，凡是具有勘察、设计资质或施工总承包资质的企业都可以在企业等级许可的范围内开展工程总承包和项目管理业务。

（二）大型企业综合化发展

施工承包范围多领域覆盖。中央建筑业企业集团（总公司）和一些地方骨干企业，整合内部资源，进行社会资源重组，加强对外合作，突破了单一领域工程承包的辖制，形成了多领域的工程承包业务板块，中国中铁、中国铁建、中国建筑，其工程承包业务范围已经得到显著拓展，专业工程、一般民用建筑、公共工程都有涉足。在产业链方面，大企业普遍从事建设工程总承包、勘察设计、技术装备制造、资源开发、工业、房地产业等。这类综合性拓展可分为三类，第一类是在原承包的范围内向其他承包领域拓展，如原来从事工业、民用工程承包的企业向装饰装修，向交通、工业、能源等专业工程领域拓展，原来从事交通建设的企业向房屋建筑、工业建筑的拓展；第二类是围绕工程承包向上下游产业的延伸，如房地产开发，建材生产，物业管理等；第三类是跨产业的拓展，如机械设备生产、维修、民用工业产品生产开发、设计咨询等服务业的发展。大企业打破单一的承包结构，向综合性承包企业发展，增强了企业抵御经营风险的能力，拓展了企业的市场活动范围和盈利空间。为了取得综合性发展，企业围绕提高核心竞争能力开展企业组织结构调整，强化技术、资金、机制、功能、市场营销等关键竞争要素，打破部门、行业、地区、所有制的界限，在广泛的空间展开了兼并重组和资源优化配置活动，大大提高了企业资源优化和产业结构合理化程度，增强了自身的综合实力特别是工程总承包能力和市场占有能力，在激烈的市场竞争中主动性增强，企业做大做强的趋势日益明显。

勘察设计企业服务功能拓宽。改革后的勘察设计企业不断延伸服务功能，拓展经营领域，业务范围逐步从单纯的工程勘察设计向为工程项目建设的全过程提供服务发展，涵盖了工程项目投资前期、建设准备阶段、实施阶段、生产阶段的咨询，形成了为建设工程提供全过程技术和管理服务的咨询设计服务体系，促进了我国工程建设水平的提高。许多勘察设计企业在搞好勘察设计主业的同时，积极拓展业务范围：纵向方面向投资咨询、城市规划、工程监理、招标代理、设备采购、项目管理、工程总承包延伸；横向方面向多领域、精细化发展，如建筑设计向装饰装修、建筑智能化、设计施工一体化发展；工业设计打破了行业壁垒，改变了过去功能单一的状况。

(三) 企业内部组织更加合理

企业逐步走出行政性组织的模式。大公司正在努力将自己改造成为真正的经济组织，原有的一些公司，其连接纽带主要是行政隶属关系，经过国有资产管理制度的改革和建立现代企业制度的改革，这些公司内部法人之间的连接控制已经改变为资产关系、专业化协作关系、战略一致性关系。大集团大公司内部的大量法人企业之间的关系也从“联合舰队”向“航空母舰”转变，大企业正在加强自己投融资、科研技术开发、总承包、房地产开发和综合经营等经济功能的塑造，大企业的优势正在愈益显现出来。

缩短管理链条，实行扁平化管理。针对企业内部组织机构庞杂、管理成本高、效率低、资源难以优化配置的问题，近年来，企业普遍注重进一步加强企业内部组织结构重组，围绕项目进行管理机构设置。企业的决策层更加直接地面对项目管理层，围绕项目建立职能部门，职能部门面向项目，为项目服务。加大企业内部归并重组力度，减少管理层次、缩短管理链条，使企业内部资源得以优化配置，极大地提高了管理效率及经济效益，增强了市场竞争力。

增强企业区域发展功能。随着企业经营规模的扩大和地区的拓展，企业不断完善区域经营功能，根据市场情况，增加区域经营层次，设置区域经营层适度的经营空间，明确总部对于区域的管控要素和重点，提升区域经营的积极性和效率。

围绕核心竞争力建设重组价值链。企业普遍重视长远发展战略、近期发展规划的制定和实施，发展道路选择更加科学理性、求真务实。目前，大型建筑业企业基本上都制定了企业长远和近期的发展战略规划，理清发展思路，提出发展目标。分析、寻找、培育、建设自己的核心竞争能力，剥离附加价值低的生产环节和组成部分，将资源和精力集中于自己的优势业务，重视经营特色和目标市场的选定，重组自己的价值链，发展自己的核心竞争能力。

(四) 工业建筑的工程总承包发展势头喜人

工程总承包最大的特点是实行设计、施工一体化，在工程项目上实现资源的综合最佳配置，集中专业的技术、管理人才，减少管理环节，减少成本支出，能够提高建设效率，形成先进技术的整合平台，采用先进的项目管理方法，能够在所有的参与建设方之间体现风险与效益、责任与权利、过程与结果的统一，从而带动和促进企业管理水平提高，形成企业高端的核心竞争力和品牌。

自 20 世纪 80 年代中期实行工程总承包试点以来，在政府主管部门强有力政策的推动下，越来越多的建设项目采用工程总承包的模式。一些建筑业企业从开始单一的施工分包、施工总承包逐步发展到采购—施工总承包、设计—施工总承包和设计—采购—施工一体化总承包。20 世纪 80 年代末，我国石化等工业建筑行业就充分认识到工程建设与国际接轨的必要性，积极推行工程总承包，取得了显著的成效，使得许多项目节省了投资，工期大大缩短，工程一次投料试车成功。随着我国经济建设的快速发展，工业建筑尤其是石化工程的工程总承包水平提高迅速，石化行业的勘察设计单位从引进技术到消化吸收，到通过技术创新形成自己的专有工艺技术和专利，工程总承包的发展有了强大支撑，成功地实现向工程公司的改造和转型，这些单位普遍采用了和国际接轨的设计程序和方法，建立了和国际型工程公司相适应的组织结构，不断提升工程公司的各项功能，总承包事业发展很快，核心竞争力大大增强，一些企业的工程总承包营业额和利润都超过本企业设计的营业额和利润。目前，工程总承包和项目管理正在从技术性较强、工艺要求较高的石化、化工行业项目逐步推广到冶金、纺织、电力、铁道、机械、电子、石油天然气、建材、市政、兵器、轻工、地铁、轻轨等行业以及装饰装修、幕墙、消防等专业工程，工程总承包额不断增加，取得了明显的进展。

(五) 产业集中度显著提高

经过 30 年的发展，中国建筑业已经成长出一批综合性强、经营规模大、建造能力突出、带动力很强的大型建筑业企业，产业集中度正在逐步提高。由中国企业联合会和中国企业家协会评选，2007 年 9 月 1 日发布的

“2007 中国企业 500 强”中，建筑业企业有 35 家，排在前 10 位的企业及其经营规模见表 1-10。

2007 年中国企业 500 强中的建筑业企业　　表 1-10

名　次	企 业 名 称	营业收入(万元)
13	中国铁路工程总公司	16359641
15	中国铁道建筑总公司	14936825
18	中国建筑工程总公司	14480421
27	中国交通建设集团有限公司	11499171
34	中国冶金科工集团公司	9076335
73	上海建工(集团)总公司	5020981
89	中国水利水电建设集团公司	4094286
131	中国化学工程集团公司	2959440
154	北京城建集团有限责任公司	2516543
182	北京建工集团有限责任公司	2142548

各地政府也采取积极措施加快培育具有较强竞争力的优势建筑企业，把培育骨干龙头企业作为重点，促使资金、人才和技术等生产要素向工程质量高、市场占有率大、资金和技术管理力量雄厚的企业积聚，着力培育具有国内国际竞争实力的龙头企业，鼓励企业做大做强，提高产业集中度。经过行业结构调整，高资质企业有了较快发展，比例上升，一些地方已形成了一批龙头企业，产值超亿元的企业不断增加，龙头骨干企业的优势已经显现。此外，建筑市场份额进一步向优势地区和优势企业集中，近年来，浙江、江苏、山东、广东、北京、上海 6 省市完成建筑业总产值占全国建筑业总产值的 50%左右。浙江和江苏两省共占到 25%左右。

五、从封闭自守的行业部门转变为开放、全方位开拓的产业

(一) 我国参与国际工程建设起步于对外援建

在改革开放之前，我国的对外工程建设主要以援建项目为主。我国的对外工程建设是从援建项目开始的。1957 年到 1982 年，建工系统共承担了 42 个国家的 415 个经援项目，房屋建筑面积 492 万 m^2，涉及车站、码头、厂房、文化宫、体育馆、办公楼、住宅、医院、学校，以及城市基础

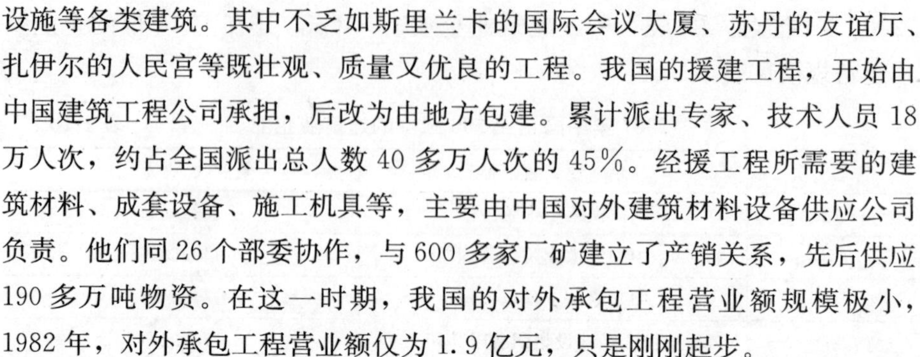

设施等各类建筑。其中不乏如斯里兰卡的国际会议大厦、苏丹的友谊厅、扎伊尔的人民宫等既壮观、质量又优良的工程。我国的援建工程，开始由中国建筑工程公司承担，后改为由地方包建。累计派出专家、技术人员 18 万人次，约占全国派出总人数 40 多万人次的 45%。经援工程所需要的建筑材料、成套设备、施工机具等，主要由中国对外建筑材料设备供应公司负责。他们同 26 个部委协作，与 600 多家厂矿建立了产销关系，先后供应 190 多万吨物资。在这一时期，我国的对外承包工程营业额规模极小，1982 年，对外承包工程营业额仅为 1.9 亿元，只是刚刚起步。

（二）国外建筑市场份额快速提升

我国的对外工程承包事业，在改革开放过程中起步并不断发展，经过 20 世纪 80～90 年代的起步阶段，2000～2005 年的上升阶段和 2006 年以来的快速发展阶段，我国的对外工程承包在业务规模、市场范围、行业分布以及企业竞争实力等方面，都取得了斐然成就。从为国际大承包商提供小型项目的劳务分包到作为总承包商独立承包大型工程项目，从土建项目分包到与国际主要承包商在大型基础设施和工业项目上展开竞争，从市场领域限于发展中国家到进入发达国家，对外工程承包水平产生了质的飞跃。

中国建筑工程总公司在我国对外工程承包方面发挥了领先作用。1982 年 6 月中国建筑工程总公司成立以后，原来中国建筑工程公司的业务并入其中，成为承包各类建设工程的集团性联合企业。至 1999 年，该公司所属分公司、直属工程局和勘察设计院共 42 个单位，已有 31 个单位有了对外经营项目。总公司的驻外机构发展到伊拉克、也门、民主也门、科威特、约旦、阿联酋、利比亚、阿尔及利亚、苏丹、泰国、香港、澳门等十几个国家和地区，营业额在我国对外承包机构中居第一位。又经过近 10 年的发展，至 2008 年，中国建筑工程总公司的对外承包规模、承包覆盖地域、盈利水平又上了一个新的台阶，合同额、营业额都达到上千亿元，2007 年对外工程新签合同额达到 71 亿美元，成为中国最大的国际工程承包商。该公司 2008 年已经通过国家的公司上市审核，为公司进一步发展对外工程承包创造了条件。

对外承包整体推进。近年来，随着国企改革的不断深化，市场开拓经验的丰富，以及国家产业结构的调整和优化，我国建筑业积极实施“走出去”战略，大力开拓国际市场。对外承包工程主体由国有企业为主逐步形成国有企业、股份制企业、民营企业整体推进的局面。在国际承包工程领域，基本形成了一支由多行业组成、能与国外大承包商竞争的队伍，其竞争优势已经不仅仅体现在劳动力成本、价格等方面，而是在技术、设备配套等多个方面充分显示出来。从技术领域看，我国公司在房建、交通运输和电力领域的技术已经居世界前列。从综合能力看，我国公司在资源整合、资本运营和项目管理等方面的能力也在不断提高。海外市场从初期以非洲、中东为主要市场，发展到业务遍及全世界 180 多个国家和地区；原来以国际工程劳务分包、土建分包为主的工程承包方式发生改变，设计施工一体化工程总承包、投资建设经营一体化项目不断增加；承包工程范围不断拓宽，从最初的房屋建筑和交通工程发展到冶金、石油、化工、电力、通信以至航空、航天及和平利用原子能等工业和高科技领域，科技含量和带动国内机电产品出口的能力进一步提升，承揽到的大工程不断增多，2007 年，中国企业签订的最大工程合同额达到 35 亿美元，建筑业的国际竞争能力显著增强。尤其是 2004 年以来，我国建筑业“走出去”战略取得骄人业绩，对外承包工程营业额迅速增长，国际市场占有份额持续扩大，对外承包工程进入快速、良性发展的轨道。2005～2007 年，对外承包工程完成营业额分别为 217.6 亿美元、300 亿美元、406 亿美元，新签合同额分别为 296 亿美元、660 亿美元、776 亿美元(图 1-6)。截至 2007 年底，我国对外承包工程累计完成营业额 2064 亿美元，签订合同额 3295 亿美元。进入国际最大 225 家承包商行列的企业数量和比重都呈上升势头。

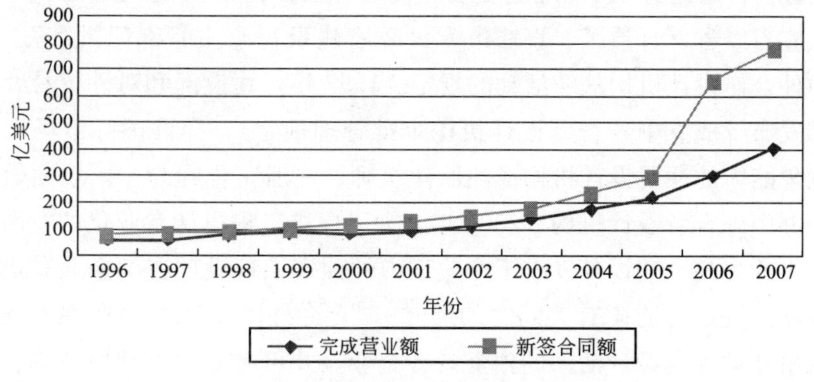

图 1-6　中国对外承包工程发展图示

(三) 中国建筑市场对外开放的探索

率先对外开放。建筑业是我国20世纪80年代实行改革政策后最早开放的行业之一。从1984年开始，我国工程建设领域开始实行招标投标制度，改变了过去的由政府行政分配任务的做法，建筑市场的竞争机制开始建立。工程建设招投标制度在我国的建立和发展，为有竞争实力的境外承包商进入我国建筑市场承包工程提供了条件。云南鲁布革水电站引水隧洞工程是我国利用世行贷款进行的第一个国际招标项目，日本大成公司在该工程的国际招标中依法中标，从此拉开了境外承包商在我国境内承包工程的序幕。

出台规范对外开放法规。随着我国吸引外资的增多，外国企业在工程承包中采取的先进的技术、管理经验、管理方式对我国建筑业形成了很强的冲击，国内掀起了改革工程项目管理方式的热潮，我国政府开始认识到在工程项目承包中吸收借鉴境外企业先进工程项目管理经验的必要性，在允许外方从事工程设计、施工的主体方式、活动范围方面进行了积极的探索，出台了相关的法规和政策。

以规范外国设计机构在中国从事设计活动的主体方式为重心，对外国设计的市场准入作出了以下规定：一是对外国设计机构从业活动的规定。1986年，原国家计委、对外贸易经济合作部发布的《中外合作设计工程项目暂行规定》，明确了外国设计机构在国内设计的项目范围，以及项目主管部门对于外方设计机构的资格审查。2000年，建设部印发《建筑工程设计招标投标管理办法》，规定“境外设计单位参加国内建筑工程设计投标的，应当经省、自治区、直辖市人民政府建设行政主管部门批准”。二是对中外合作设计机构从业活动的规定。1992年，建设部和对外贸易经济合作部发布《成立中外合营设计机构审批管理规定》，允许国际市场上有较强竞争能力的注册设计机构或注册建筑师、注册工程师与中国境内设计单位开办中外合营设计机构。2000年，为了促进工程设计专业化的发展和设计水平的提高，建设部发布了《关于国外独资工程设计咨询企业和机构申报专项工程设计资质有关问题的通知》，允许外国设计机构在中国境内成立从事专项工程设计活动的独资设计企业，并可独立申请建筑装饰、建筑智能化等工程设计专项资质。

围绕外国企业直接承包工程以及设立合资合作企业的方式，作出以下两方面规定：一是关于外国企业直接承包工程的规定。为了规范日益增多的外国企业从业活动，1994年建设部颁布《在中国境内承包工程的外国企业资质管理暂行办法》以及配套实施细则。规定允许外国企业直接进入中国市场承包工程，但承包工程地域以及承包工程范围受到限制，从业活动需取得建设主管部门颁发的《外国企业承包工程资质证书》。二是关于外商投资合资、合作企业的规定。1995年，建设部和对外贸易经济合作部联合颁发《关于设立外商投资建筑业企业的若干规定》以及实施意见。明确规定不允许设立外商独资企业，合资合作企业的注册资本金高于内资企业，并具有承包外资项目的义务。

这些规定推动了建筑业改革开放的进程，对于我国在入世谈判中以稳妥、务实以及积极的态度提出市场准入承诺提供了实践经验。2001年12月11日，我国加入世界贸易组织(WTO)后，以上法规文件废止。

在建筑业对外开放政策的引导下，境外承包商开始进入我国建筑市场。主要表现在以外国企业或设计机构身份在我国境内进行从业活动，同时，涌现了大量中外合资、合作建筑业企业。外国企业承包工程的建设方式和合资合作企业的经营理念，促进了我国工程设计、施工质量水平和管理水平的提高。

(四) 加入世贸组织，全面对外开放

2001年12月11日，我国加入世界贸易组织(WTO)，按照国内外统一市场，国民待遇的原则，国家作出了明确的建筑业入市承诺。

关于建筑设计服务方面的承诺。在市场准入方面：对于方案设计的市场准入没有限制；除方案设计以外的设计要求与中国专业机构合作；允许设立合资、合作企业，允许外方拥有多数股权。中国加入WTO后5年内，允许设立外商独资企业。

在国民待遇方面：外国服务提供者应为在其本国从事建筑、工程、城市规划服务的注册建筑师、工程师或企业。

关于建筑及相关工程服务方面的承诺。在市场准入方面：允许设立中外合资、合作建筑业企业，允许外资控股。中国加入WTO后3年内，允许设立外商独资建筑业企业。但外商独资建筑业企业只允许承包规定的四

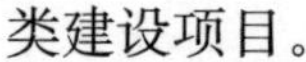

类建设项目。

在国民待遇方面：中国加入 WTO 后 3 年内取消建筑企业注册资本与国内企业的差别要求；取消对合资、合作建筑业企业承包外资工程的义务要求。

加入世贸组织后，我国从区域性开放转为全方位开放，从政策性开放转为制度性开放，从单方的自我开放转为与 WTO 成员的相互开放，从被动接受国际规则转为主动参与规则制订。外资企业可以在更广阔的范围参与各项建设工程活动。

六、从依靠行政命令的管理转变为具有基本法律规制的产业

(一) 编制建设法律体系规划

加强建设法制工作，走上工程建设和建筑活动法制化之路。20 世纪 80～90 年代建筑业改革和发展的研究、探索、实践为日后的建筑活动法制化打下了基础，这些制度主要包括：各类企业的资质管理制度、建设工程监理制度、建设工程招投标制度、质量安全监管制度、施工许可制度等，制度性的改革为完善建设法制奠定了基础。建设部于 20 世纪 90 年代初制定了《建设法律体系规划方案》，按照法律、行政法规、部门规章三个层次，对于整个工程建设和建筑业活动的立法内容提出了全面、科学的规划，形成了我国工程建设和建筑业第一个法律体系规划方案，是我国建筑活动法制化的发端。尽管后来由于我国立法实践中法制建设任务繁重，法律体系规划方案的具体内容作出了一些调整，但实践证明其方向是正确的，规划也是科学合理的。

(二) 形成基本的法规体系

法律法规集中出台。20 世纪 90 年代后期以来，国家集中出台了《中华人民共和国建筑法》(1997 年 11 月 1 日中华人民共和国主席令第 91 号公布)、《中华人民共和国招标投标法》(1999 年 8 月 30 日中华人民共和国主席令第 21 号公布)、《中华人民共和国合同法》(1999 年 3 月 15 日中华人民共和国主席令第 15 号公布)。有关行政法规有：《中华人民共和国注册建筑师条例》(1995 年 9 月 23 日国务院令 184 号发布)、《建设工程质量管

理条例》(2000 年 1 月 30 日国务院令 279 号发布)、《建设工程勘察设计管理条例》(2000 年 9 月 25 日国务院令 293 号发布)、《建设工程安全生产管理条例》(2004 年 2 月 1 日起施行)等。部门规章主要有:《建筑业企业资质管理规定》、《建设工程勘察设计资质管理规定》、《工程监理企业资质管理规定》、《工程建设项目招标代理机构资格认定办法》、《工程造价咨询企业管理办法》、《建筑施工企业安全生产许可证管理规定》、《建设工程质量检测管理办法》、《注册建筑师条例实施细则》、《勘察设计注册工程师管理规定》、《注册监理工程师管理规定》、《注册造价工程师管理办法》、《注册建造师管理规定》等。至 2008 年 6 月,现行有效的有关资质管理、建设工程安全管理、建设工程质量管理等部门规章 32 部,其中,建筑市场管理方面的 21 部,质量安全管理的 10 部,建筑节能方面的 1 部。

《中华人民共和国建筑法》的正式施行,结束了建国以来建筑活动无法可依的局面,为加强对建筑活动的监督管理、维护建筑市场秩序、保证建筑工程的质量和安全、促进建筑业健康发展提供了法律保障。《中华人民共和国招标投标法》对于创造公平竞争的市场环境、约束招投标双方的交易行为、保障国有资金的有效使用、提高建筑工程质量以及建筑业快速发展起到了积极的推动作用。近些年来,一批旨在促进设计、施工总承包、中介咨询企业结构调整、发展担保和保险、加强质量安全管理和工程建设监管的相关规定相继出台。

到目前为止,大部分省市都制定了建筑市场、招标投标和质量管理方面的地方法规,据不完全统计,仅建筑市场管理方面的法规,全国省、自治区、直辖市制定的就有 30 项以上。对于建筑活动的发承包、安全质量管理、建设程序管理都做到了基本上有法可依,基本形成了较为完整的建筑市场和工程建设法律法规体系,工程建设和建筑业管理法制化的水平大大提高。

(三) 工程建设执法监管不断进步

高度重视工程建设执法。改革开放以来,政府对于工程建设的管理主要经历了两个阶段:行政管理和依法管理。依法监管建筑市场一靠法律法规的制定和完善,二靠严格的执法监督和依法惩处,即执法。相对于法律法规建设的快速进展、工程建设法律法规基本齐备的状况,在一段时间中，工程建设执法表现出了相当大的差距，重创制、轻监管、忽视执法，有法不依、执法不严的现象普遍存在。这种状况使得法律法规的作用被大大弱化，建筑市场秩序得不到规范，社会反响强烈，严重影响产业健康发展和工程建设水平的提高。进入“十一五”时期，建设社会主义政治文明，政府转变职能，规范政府行为，建设法制政府，实现和谐社会的目标更加明确，政府工作的重心从创制转向依法监管已经成为社会主义市场经济、法制政府建设进程的客观要求。主管部门组织力量专门研究建筑市场和质量安全管理的执法问题，组织相关执法机关研讨交流，严密科学组织专业执法，加大执法检查的力度。通过执法的加强，遏制了建筑市场的不规范交易，维持了建筑市场的基本秩序。

执法队伍建设取得进展。1995以来，全国工程建设执法力量组织建设取得进展，目前，全国工程建设执法力量组织和队伍建设还没有统一的模式。同时存在着几种情况：职能部门同时负责本专业领域执法任务；专职的执法队伍负责综合的或专业执法；职能部门和专职执法队伍同时进行相关领域的执法。各地的工程建设执法队伍的性质主要有三种类型：第一类是政府系列；第二类是事业序列；第三类是政府授权的临时性机构。在专职执法队伍中，全国24个省、市、自治区大致分为五种类型：行政机关、依照公务员管理、自收自支事业单位、全额拨款事业单位、定向补助事业单位。相当一部分省市建立起了专职执法队伍。从人员数量上来看，省、市、县三级专职执法机构总人数达到3000人以上，取得执法证的人数占到70%以上。建设主管部门也建立了专门的稽查特派员办公室，负责建设领域的综合执法。

不断完善科学的执法方式。在执法方式上，近年来的探索主要体现在本着统一、科学、便利、高效的原则，依法确定执法机构的资格并规范执法。兼顾行政主管部门的统一性、执法的专业性，实现执法范围全面覆盖，相关执法衔接；依照不同的执法对象的客观规律进行执法队伍的设置、划定执法队伍的职责，落实执法责任；按照法定程序进行执法；科学确定执法频率和方式，制定执法计划，根据对象的不同，选择不同的方式方法，保证执法的科学有效；对于执法依据及执法案卷归集评查，设立公开建筑市场社会监督和举报途径；保证廉洁执法、文明执法，落实完善“罚缴两条线”等内容。核心是实现国家合法行政、合理行政、程序正当、高效便民、诚实守信、权责统一的依法行政要求。

探索政府对于工程建设的监管手段。全国地级以上城市普遍建立了有形建筑市场，各地有形建筑市场一方面加强自身建设，拓展服务功能，另一方面积极探索，建立公开信息、公平交易、公正服务的工程建设服务平台，确保了工程交易活动的有序、集中、公开、透明，为保障进场工程招标投标的公开、公平和公正发挥了重要作用，取得了良好的社会反响。

(四) 顺应形势，法规体系不断进行调整完善

展开建筑法等相关法律的修订完善工作。2003 年 7 月至 9 月，全国人大常委会组成执法检查组，对《建筑法》的实施情况进行了检查。检查报告指出，各级人大、政府、法院、检察院对贯彻实施《建筑法》做了大量工作，《建筑法》实施取得了明显成效。但是，应当看到，《建筑法》实施中还存在着建筑各方主体不同程度地存在着质量安全意识不强，存在造成工程质量安全隐患；施工企业拖欠农民工工资和材料款；建设单位与投标单位或招标代理机构串通，搞虚假招标；转包、违法分包、挂靠；一些部门、行业割裂市场，排斥竞争以及地方保护等问题。检查报告建议将《建筑法》修订列入十届全国人大常委会立法规划。

十届全国人大常委会五次会议审议通过了《全国人大执法检查组关于检查〈中华人民共和国建筑法〉实施情况的报告》。2003 年底，《建筑法》修订作为届内审议的行政法类法律草案列入《十届全国人大常委会立法规划》。国务院办公厅责成建设部会同有关部门研究落实。2004～2006 年，国务院将建筑法修订列入国务院立法工作计划，建设部等部门相继展开了研究起草工作，并向国务院报告了法规修订稿，国务院征求了各部门和地方的意见。

适应新形势要求，维护市场公平交易、建筑节能、政府投资工程组织实施管理、村镇建筑市场、质量管理、加强安全生产管理等法规制度制定起步并取得初步成果；配合《行政许可法》的实施和履行入世承诺，建筑业企业的资质管理规定先后于 1995 年、2001 年、2007 年进行了修订。

七、继往开来，科学发展

在改革开放 30 年建筑业取得瞩目成就的同时，也必须清醒地认识到，

建筑业改革发展取得的成就是阶段性的，改革开放的任务还很艰巨，任重道远，建筑市场机制建设的任务仍然繁重，部分企业的盈利水平不断降低，多种因素造成严重的经营困难，整个行业还没有实现依靠科技、管理进步求生存、求发展的内涵道路，距离现代先进企业的管理水平还有很大差距，需要正视并不断地解决行业发展中仍然存在的各种问题，在贯彻落实科学发展观的新形势下，取得持续的进步，获得又好又快的发展。

（一）继续深化和完善市场化取向的改革

更多地发挥市场机制的作用。30 年的改革开放，确立了建筑业市场运行机制的基础，但是，以党的“十七大”关于要深化改革开放，完善社会主义市场经济体制的要求来衡量，当前，建筑业的发展环境存在着一些环节市场化程度不高、市场机制作用发挥不充分、市场作用被扭曲等问题，表现为在工程建设的主体当中，从建设业主到承包方，越是交易链的末端，市场化程度就越高，而前端市场化改革则不够彻底，如公有成分业主的数量过多、政府投资工程管理体系还未完全建立，责权一致的主体缺位。但与此同时，末端的交易主体，如农民工又得不到国家劳动保障制度的覆盖和保护，在市场主体的法律地位和社会保障方面存在着制度性的缺失和不完善。在交易过程中经济制约机制和中介服务组织不发达，交易过程中的风险控制过度依赖建筑市场主体自身和过度依赖政府两个方面，这样，市场对于设计、承包企业的辨识、市场的交易规则和交易纠纷的解决过度依赖政府，影响了市场机制作用的发挥，转包挂靠、拖欠工程款、农民工工资治理难度很大。一些市场化工具，如担保、保险等手段，由于体制滞后障碍，服务技术障碍，企业管理水平的障碍，其正向作用发挥得远远不够。市场机制作用发挥不充分的问题必须高度重视并加以解决。一方面，政府应当逐步发挥市场的力量，让市场起作用，另一方面，在建筑业市场化的进程中，还要通过政府的严格执法，逐渐地使各类市场主体适应市场机制，依赖规范的交易规制办事，依靠市场化的制约机制办事，而不能过度地依赖政府的行政力量。

继续完善市场准入清出制度。在改革开放的 30 年中，企业的资质管理制度形成了社会各方业主对于建筑业企业的辨识系统，对引导和促进行业优化组织结构，按照不同方向健康发展发挥了重要作用。但是，这一制度也逐渐地表现出一些应当注意克服的问题，如，一些企业利用已经取得的高等级资质进行转包、允许挂靠，在对工程项目失去管控的前提下盲目进行承包规模的扩张；一些企业在资质申报过程中弄虚作假；行政部门对企业能力动态变化难以监管；市场需求和企业资质种类的不一致等。未来时期，保留和发挥资质管理制度的正向作用是必要的，在此前提下，逐步承认和允许业主的理性市场选择，采用对于企业经济的制约和评估机制，鼓励建筑企业创造市场承认的、有特定内容的品牌，应当是市场准入清出制度进一步完善的方向。

加快国有企业的改革步伐。明确大型建筑业企业产权制度改革的整体思路，根据企业现状和可能，抓住机遇，改善单一产权和治理结构不完善的现状，解决历史遗留问题，解决由于产权制度问题导致的企业组织问题，以突破制度障碍，取得企业发展的持续动力和机制。大型国有改制企业仍然要建立科学的治理结构，努力提高企业的发展责任感和社会责任感，不断提高企业的整体素质。

（二）从“量”的扩大走上“质”的提升

增强技术创新在产业发展中的作用。30年的改革开放，我们取得了非常辉煌的成就，但是，整个行业从“量”的扩大走向“质”的提升方面，确实还有很大的潜力。企业尤其是大型建筑业企业，必须高度重视技术创新，增强企业的核心竞争能力和发展后劲，否则施工企业的“大”就丧失了其应有的意义。在工程建设实践中进行技术攻关，积累和完善技术，进行技术的应用开发，增加有效科技投入，有意识地瞄准未来的市场需求和企业核心竞争能力的目标进行技术攻关，注意前沿的先进技术动态，不断地引进消化吸收，联合各类、国内外的科研机构进行合作开发等，都能够有效地提升企业的技术含量。

提高各类人员从业素质。建筑业未来发展的瓶颈之一是人才。建筑业短缺的人才不仅仅是综合性的专业人才、技术和管理人才，有技术的一线操作工人也是这个行业的稀缺资源。必须全方位地留住、引进、培养、使用各类人才，按照社会成本和社会承认的方式给予相应的专业地位和待遇。研究企业用人弹性度和企业长远发展的关系，既不能不考虑企业成本，大量养人，也不能完全流动化，没有基本骨干队伍，不能保证企业基本的建造品质，企业必须探求这些方面的平衡，否则，没有高素质的人才，就没有高素质的企业，也就没有高素质的产业。

切实提高企业管理水平。中国建筑业企业在管理水平上较之国外大承包商存在着显著的差距。建筑业企业的管理与其他企业的管理有着明显的不同，多年的实践探索表明，针对建筑业企业流动性大，每个工程项目都具有特殊性的特点，建筑业企业在企业管理和项目管理上必须走标准化、规范化、信息化、精细化的道路，形成企业独特的管理模式，在标准化的企业管理框架下，针对项目的具体情况再作进一步的规范性选择，不能满足于以包代管，粗放管理的状况。

调整优化产业结构。30年的改革开放，建筑业的产业结构取得了明显的进步，但整个行业的结构还带有计划体制下企业的明显痕迹，表现为：其一，与技术含量高的相关的设计咨询服务、工程服务、金融服务、相关制造等深度割裂，即使是在同一企业内部，相关的企业或部门在工程上也存在不能融合或是不能深度融合的状况，这既影响企业提升层次，也影响企业的盈利水平；其二，大企业应有的优势包括资金、科研、盈利能力没有得到充分的体现，大企业的承包服务层次不够高，管控能力不够强，企业层次过多，多层次法人业务、地域雷同，区域管控水平不高等，是我国大企业普遍存在的问题；其三，总分包的连接方式还存在普遍的不健康因素，总包的管理向分包贯彻的量和深度、力度都很有限，高资质企业名义承包、低资质等级企业实际建造的情况大量存在，降低工程成本的目标得不到实现，有时，效果还恰恰相反；其四，建筑劳务与总包过度分离，总包基本上没有自己的劳务队伍，其队伍不稳定、质量无保障的负面作用日益显现。其五，市场需要的工程服务类型得不到发展，工程建设代理、咨询、服务极不发达，其发展受到很多的限制等。未来针对这些问题，进行更深层次的产业结构调整优化，是产业的重要任务。

切实提高工程的节能环保、安全质量水平。如果说改革开放30年为我国经济发展提供了量的基础的话，今后的工程建设应当在质的提升方面上一个台阶。切实克服我国工程建设中存在的设计、建设简陋，万楼同样，千城一面，缺乏技术和文化内涵，缺乏节能环保的全寿命考虑，安全质量水平不平衡，不稳定，住宅通病长期得不到克服的情况。政府主管部门应当切实加强对于工程的节能环保、安全质量水平的管控，提高控制要求和标准，保证全社会建设节能环保、安全质量水平高的建筑，就是最大的资源节约，就是对于科学发展观最好的贯彻落实。

（三）努力向着开放、现代、先进产业的方向迈进

当前，中国建筑业面临着很好的发展机遇，我国无论是基础设施还是居民住宅都有着巨大的需求潜力，国际建筑市场也有极为适合开拓的领域，长期的市场前景仍然看好。面向未来，全行业需要抓住机遇，锐意进取，深化建筑市场监管、深化企业制度、深化结构优化调整、深化投资体制等各个层面的改革，开拓企业发展空间，转变企业增长模式，努力将中国建筑业建设成为开放、现代、先进的产业，争取更加灿烂的辉煌。

（住房和城乡建设部政策研究中心课题组　执笔：李德全　许瑞娟）

综 合 篇

2007～2008 年，在我国遭遇南方冰冻、四川地震等特大自然灾害的情况下，在全球金融市场波动、人民币升值加速、能源及基础材料价格上升、物价出现结构性上涨的环境中，在党中央、国务院的正确领导下，全国人民万众一心，克服种种困难，保持了国民经济平稳健康运行。建筑业在不断变化的市场中，继续上行，保持增长。这一时期，城镇住宅、铁路、公路等交通基础设施，与奥运等重大活动相关的公共工程相继完成，国际市场的快速拓展，成为建筑市场需求的主体和建筑业增长的亮点。与此同时，这一时期，建筑市场需求结构性的变化已经开始显现，大型基础设施、技术难度较大的公共工程的需求增长，一般房屋建筑工程市场出现波动，使得企业呈现健康持续发展、市场前景乐观，及经营困难、几乎没有利润、人员大量闲置两种不同的发展状况。

一、产业规模

(一) 固定资产投资

2007年的固定资产投资继续保持较高的增速。农业、农村、中部地区固定资产投资增速有提高的趋势，2007年全年全社会固定资产投资137239亿元，比上年增长24.8%。分城乡看，城镇投资117414亿元，增长25.8%；农村投资19825亿元，增长19.2%。分地区看，东部地区投资72314亿元，比上年增长19.9%；中部地区34283亿元，增长33.3%；西部地区28194亿元，增长28.2%。在城镇投资中，第一产业投资1466亿元，比上年增长31.1%；第二产业投资51020亿元，增长29.0%；第三产业投资64928亿元，增长23.2%。2008年一季度，国内生产总值增长10.6%，2008年前5个月完成城镇固定资产投资40264亿元，同比增长25.6%。增速依然保持较高(图2-1)。

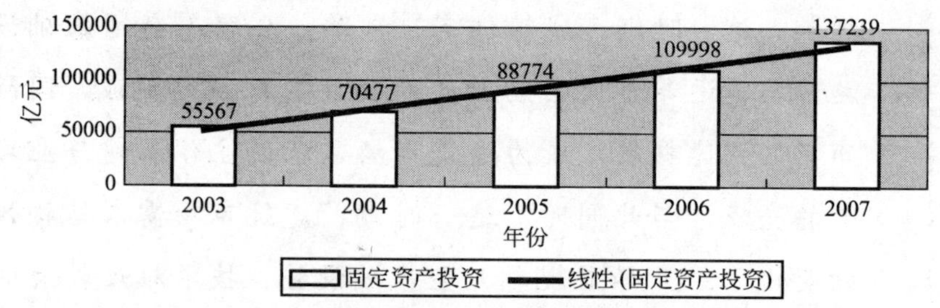

图2-1 固定资产投资增长图

注：数据引自国家统计局2007国民经济和社会发展统计公报

(二) 建筑施工

建筑施工行业总体规模仍处在上升的轨道中。2007年，国民经济的持续平稳较快增长为建筑业发展提供了良好的环境和空间，以国家重点项目建设、基础设施建设、房地产开发、交通能源建设、社会主义新农村建设等为主体的建筑市场继续呈现勃勃生机，建筑业保持快速发展势头。

2007年，建筑业产业规模继续扩大，对国民经济的支柱产业作用继续发挥。全社会建筑业实现增加值14014亿元，占全年国内生产总值246619亿元的5.68%；具有资质等级的总承包和专业承包建筑业企业上缴税金

1661 亿元，增长 18.5%。具有资质等级的总承包和专业承包建筑业企业从业人员 3085.39 万人。

建筑业在促进地方经济发展中也起着十分重要的作用，在相当一些地区已成为当地财政的支柱性财源。浙江省 2007 年建筑业上缴税金超过 220 亿元，同比增长 20%，占全省地方财政收入的 13%。湖南省建筑业实现增加值 540.6 亿元，占同期全省 GDP 的 6%。建筑业还创造了大量的就业机会，已成为部分地区转移农村富余劳动力、增加农民收入的主渠道。如江苏省 2007 年末建筑业从业人员达到 417 万人，同比增长 5%；农民从建筑业获得的收入占农民纯收入的 26%左右。湖南省建筑业吸纳农村富余劳动力 249.3 万人，同比增长 5.1%；创建筑劳务收入 161.4 亿元，同比增长 20.6%，对全年农民人均纯收入增长贡献率达 12.7%。

经济指标再创新高。2007 年，全国建筑业企业完成建筑业总产值 50018.62 亿元，比上年同期增长 20.4%；完成竣工产值 30844.89 亿元，比上年同期增长 9.6%；建筑业企业签订合同额 80274.18 亿元，比上年同期增长 19.5%，其中国有及国有控股企业签订合同额 33949.42 亿元，增长 18.9%；建筑业企业完成房屋建筑施工面积 473287.39 万 m^2，比上年同期增长 15.4%；其中，新开工房屋面积 257092.16 万 m^2，比上年同期增长 11.6%；完成房屋建筑竣工面积 185965.90 万 m^2，比上年同期增长 3.5%(表 2-1、表 2-2、图 2-2、图 2-3)。

2004～2007 年建筑业企业主要经济指标比较　　表 2-1

年　份	2004	2005	2006	2007
建筑业企业个数(个)	59018	58750	60166	59256
建筑业总产值(亿元)	29021.45	34552.10	41557.16	50018.62
建筑业增加值(亿元)	9572.1	10018	11653	14014
利润总额(亿元)	719.25	906.66	1071	1470
税金总额(亿元)	936.19	1159.79	1404	1661
劳动生产率(按总产值计算)(元/人)	107942	117317	131770	137041
产值利润率(%)	2.5	2.6	2.6	2.9
产值利税率(%)	5.7	6.0	6.0	6.3

注：数据引自《中国统计年鉴》(2005)、《中国统计年鉴》(2006)、《2007 年建筑业企业生产情况统计快报》、《国民经济和社会发展统计公报》。

2004～2007 年固定资产投资、建筑业总产值、建筑业增加值等指标增速　表 2-2

年份	固定资产投资增速(%)	建筑业总产值增速(%)	建筑业增加值增速(%)	建筑业利润总额增速(%)	建筑业税金总额增速(%)	建筑业劳动生产率增速(%)
2004	26.8	25.7	8.1	38.4	23.4	24.5
2005	26	19.1	11.9	26.1	23.9	8.7
2006	24	20.3	12.4	18.1	21.1	12.3
2007	24.8	20.4	12.6	23.2	18.5	4

注：数据引自《中国统计年鉴》(2006)、《国民经济和社会发展统计公报》、《2007 年建筑业企业生产情况统计快报》。

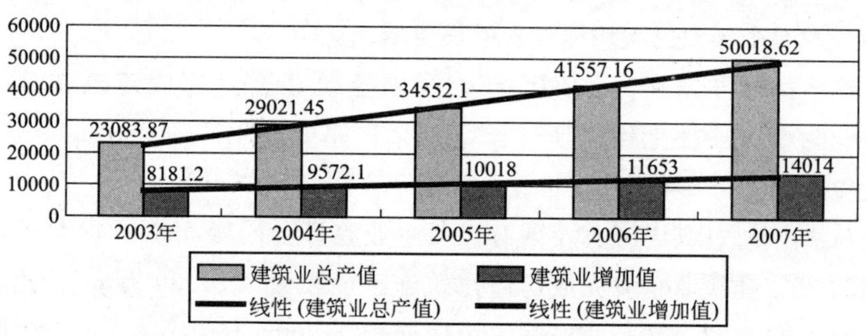

图 2-2　2003～2007 年建筑业总产值、增加值(亿元)增长图

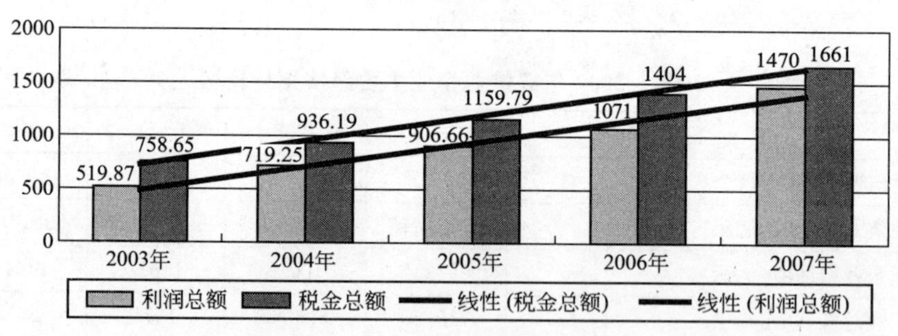

图 2-3　建筑业 2003～2007 年利润、税金(亿元)增长图

2007 年，全社会建筑业实现增加值 14014 亿元，比上年增长 12.6%；全国建筑业企业实现利润 1470 亿元，增长 23.2%；劳动生产率达到 137041 元/人，比上年同期增长 4%；2007 年，建筑业的产值利润率为 2.9%，产值利税率为 6.3%(图 2-4 和图 2-5)。

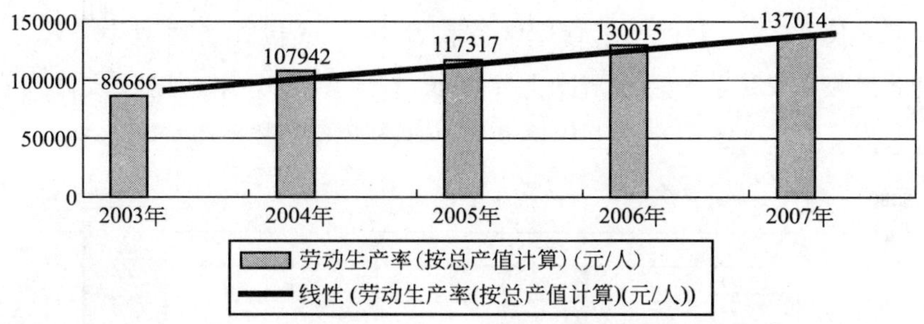

图 2-4　2003～2007 年建筑业劳动生产率图

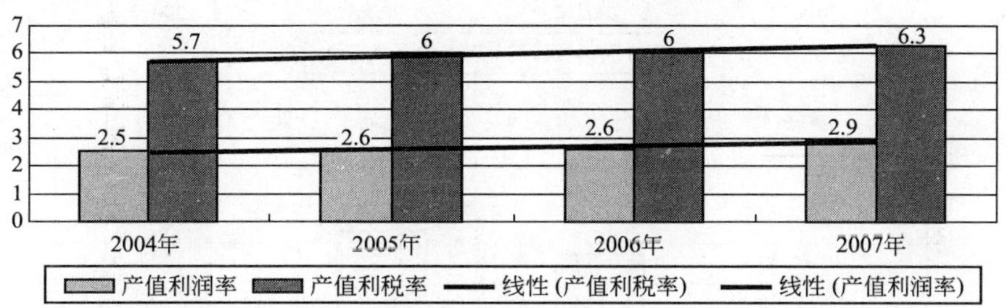

图 2-5　2004～2007 年建筑业产值利润率、产值利税率图

(三) 勘察设计

行业规模继续扩大，利润继续大幅增长。2007 年，得益于固定资产投资规模的高速增长和勘察设计行业自身的进步，勘察设计行业取得了规模、效益双跃升的良好态势。全国勘察设计行业企业数量为 14151 个，比 2006 年减少 113 个。工程勘察完成合同额 270.74 亿元，比上年增长 15%；工程设计完成合同额 1398.52 亿元，比上年增长 18%；工程技术管理服务完成合同额 268.8 亿元，其中，工程咨询完成合同额 72.9 亿元，比上年增长 21%；工程监理完成合同额 37.37 亿元，比上年增长 10%；项目管理完成合同额 140.78 亿元，比上年增长 41%；工程咨询造价完成合同额 7.04 亿元，比上年增长 20%。2007 年，全行业从业人员 117.53 万人，比 2006 年增长 5%，其中，高级职称人员 24.34 万人，比上年增长 1%；注册执业人员 12.81 万人，比上年增长 11%(图 2-8～图 2-10、图 2-12、图 2-13)。

在营业收入的构成中，工程承包收入大幅度增长。2007 年，勘察设计行业营业收入 4684.33 亿元，比上年增长 26%；人均营业收入 40 万元，比上年增长 21%。境内收入 4504.94 亿元，比上年增长 25%。其中，工程勘察收入 276.24 亿元，比上年增长 10%；工程设计收入 1183.02 亿元，比上年增长 23%；工程技术管理服务收入 146.58 亿元，比上年增长 17%；工程承包收入 2363.5 亿元，比上年增长 31%。2007 年，勘察设计行业境外收入为 179.39 亿元，比上年增长 55%(图 2-6、图 2-7)。

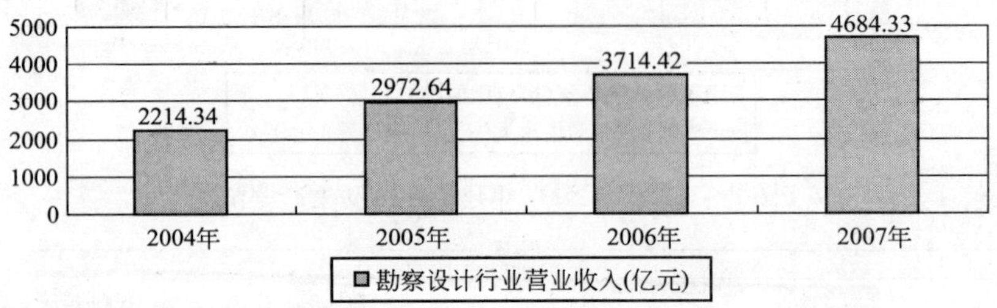

图 2-6　2004～2007 年勘察设计行业完成营业收入图

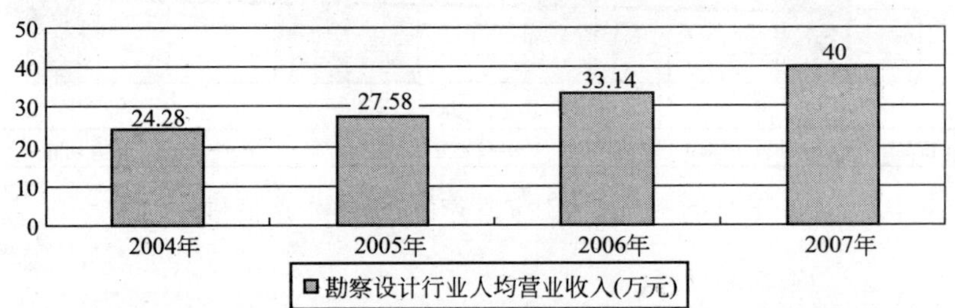

图 2-7　2004～2007 年勘察设计行业人均完成营业收入图

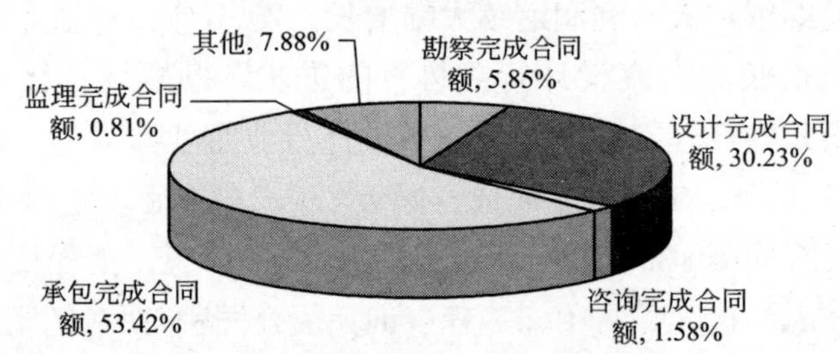

图 2-8　2007 年勘察设计行业完成各类合同额图

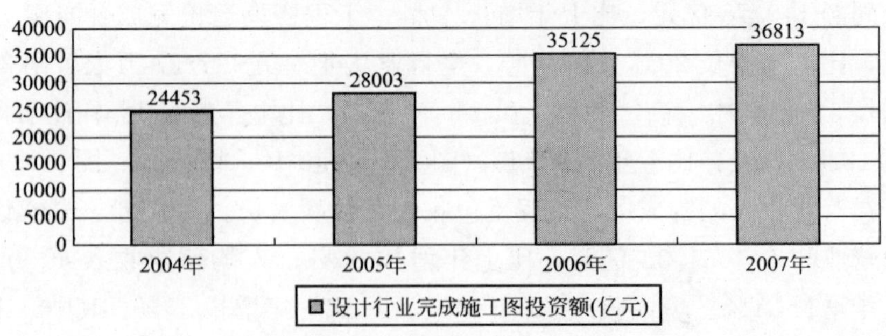

图 2-9　2004～2007 年设计行业完成施工图投资额发展图

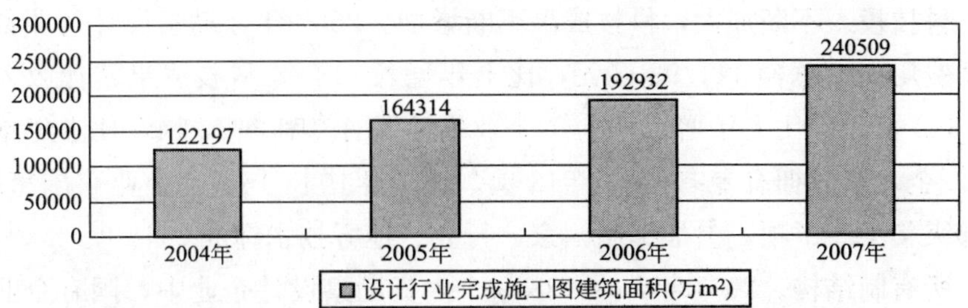

图 2-10　2004～2007 年设计行业完成施工图建筑面积图

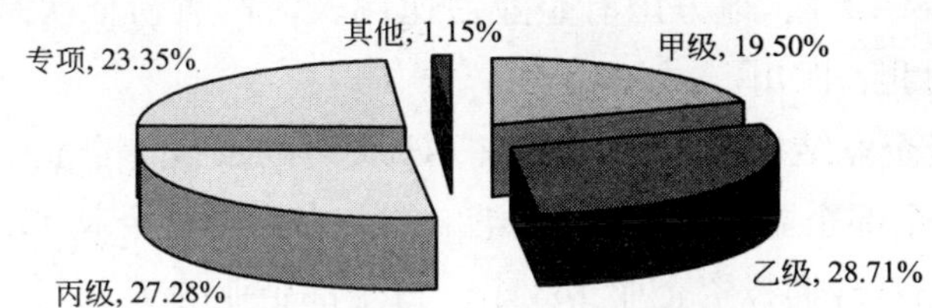

图 2-11　2007 年勘察设计企业资质等级构成图

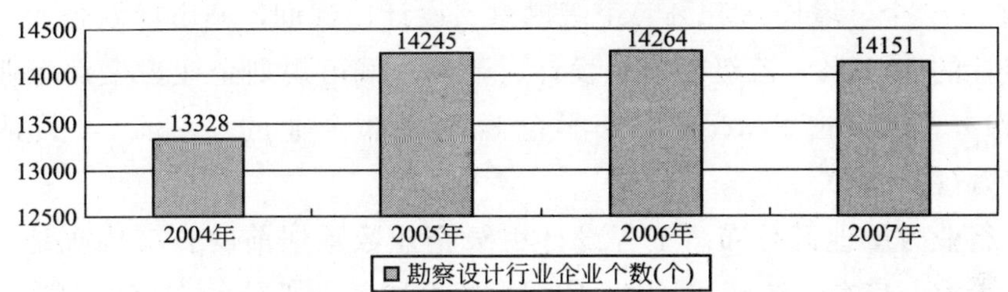

图 2-12　2004～2007 年勘察设计行业企业数图

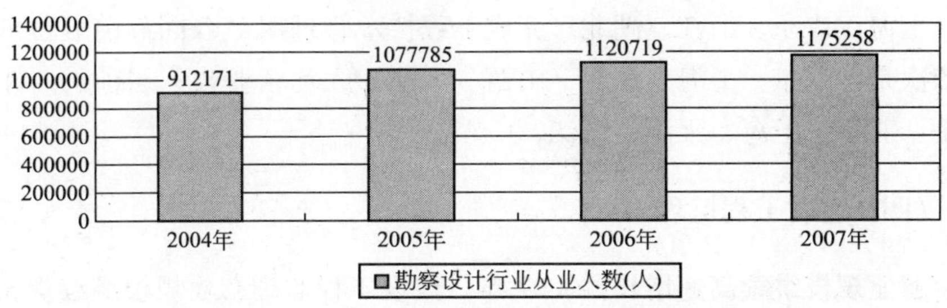

图 2-13　2004～2007 年勘察设计行业从业人数发展图

利润的增长业绩突出。2007 年，勘察设计行业利润总额 436.83 亿元，比上年增长 50％；营业税金及附加额 152.58 亿元，比上年增长 33％；应交所得税 94.52 亿元，比上年增长 47％；实现净利润 329.77 亿元，比上年增长 59％。

科技投入不断加大，科技成果不断增加。2007 年，勘察设计行业科技活动费用支出总额 111.92 亿元，比上年增长 42%。科技成果转让收入总额 33.2 亿元，比上年增长 27%。企业累计拥有专利 9915 项，比上年增长 7%。企业累计拥有专有技术 8548 项，比上年增长 16%。企业获国家级、省部级奖 11547 项，参加编制国家、行业、地方技术标准 2518 项。

所有制结构。2007 年，在 13849 个内资勘察设计企业中，国有企业占 35.75%，集体企业占 3.46%，私营企业占 9.14%，有限责任公司、股份有限公司占 48.42%。地方国有企业占比例较大的省份依次是：山东、广东、辽宁、湖北、四川。

内、外资企业结构。2007 年，在 14151 个勘察设计企业中，内资企业 13849 个，占全部企业的 97.87%；港、澳、台商投资企业 139 个，占全部企业的 0.98%；外商投资企业 163 个，占全部企业的 1.15%。

企业资质结构。2007 年，甲级勘察企业 566 个，增长 1%；甲级设计企业 2176 个，增长 0.14%。甲级勘察、设计、咨询、城市规划企业占全部企业的 19.5%，乙级勘察、设计、咨询、城市规划企业占全部企业的 28.71%，丙级占 27.28%，专项企业占全部企业的 23.35%，其他占 1.15%(图 2-11)。

行业力量地区分布。工程设计甲级企业数量居前的省市依次是：北京、上海、广东、江苏、辽宁。完成勘察合同额前五位的省市依次是：四川、广东、陕西、天津、湖北；完成设计合同额前五位的省市依次是：北京、上海、广东、浙江、湖北；完成工程技术管理服务合同额前五位的省市依次是：北京、上海、湖北、山西、天津。人均营业收入居前的省市依次是：北京、上海、天津、浙江、广东。

(四) 建设工程监理

营业规模继续高速增长。2007 年，建设工程监理营业规模继续保持高速增长。依据住房和城乡建设部的统计，2007 年，全国工程监理企业全年营业收入 526.73 亿元，同比增长 39.89%。其中，工程监理收入 270.09 亿元，同比增长 14.8%；项目管理与咨询服务收入 47.06 亿元，同比增长 38.51%；招标代理收入 9.58 亿元，同比增长 21.3%。

2007 年，工程监理企业承揽合同额 565.17 亿元，其中监理合同额

367.98 亿元，项目管理与咨询服务合同额 55.30 亿元，招标代理合同额 14.76 亿元，工程造价咨询合同额 14.35 亿元，其他业务合同额 112.77 亿元(图 2-14)。

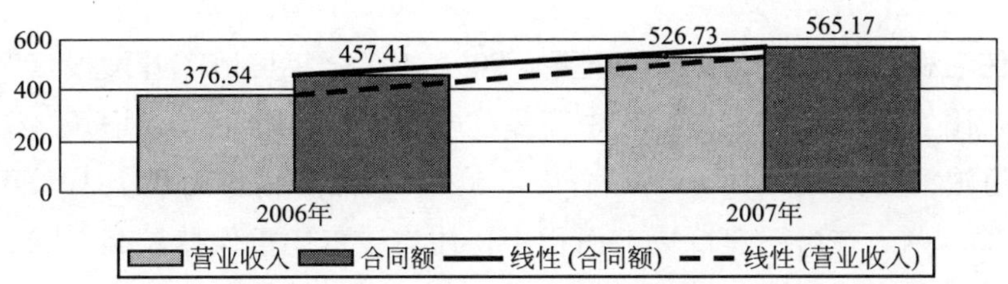

图 2-14　工程监理企业营业收入、合同额(亿元人民币)增长图

业务结构状况。2007 年，在建设工程监理单位营业额中，工程监理收入占到 51.3%；项目管理与咨询服务收入占到 8.9%；招标代理收入占到 1.8%；造价咨询收入占到 1.7%，其他收入占到 36.2 %。除其他收入外，在分类的业务收入中，项目管理与咨询服务收入增幅最大，同比增长 38.51%；招标代理同比增长 21.3%；造价咨询同比增长 17.2%；工程监理收入同比增长 14.8%(图 2-15)。

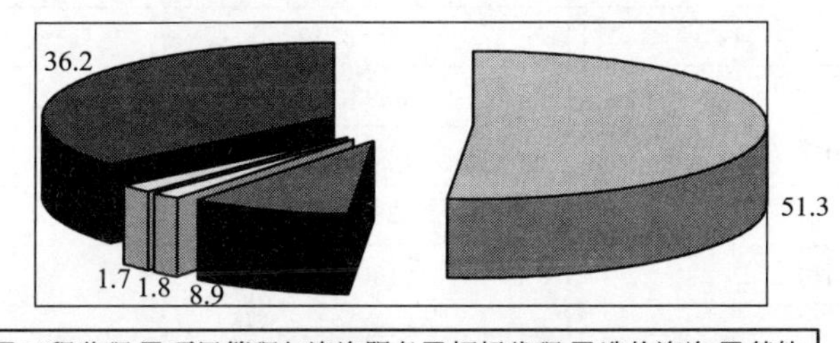

图 2-15　2007 年工程监理营业收入业务结构(%)图

企业结构状况。在建设工程监理企业中，房屋建筑工程监理企业占比重最高，达到 84.8%；其次是市政公用工程监理企业，占到 4.6%；其他专业工程的监理企业数量非常有限。在工商登记类型分布结构上，股份制企业所占比例最高，其次是私营企业，再次是国有企业，表明监理行业基本上是民营化的行业。与其他企业不同的是，建设工程监理企业的人员结构中，专业技术人员占到 90.5%，这是一个对于人员素质要求较高的行业。

二、结构变化

（一）产品结构

住宅和基础设施市场地位重要。 2007年，全年房地产开发投资25283亿元，比上年增长30.2%，其中商品住宅投资18010亿元，增长32.1%。商品房竣工面积58236万m^2，增长4.3%。商品房销售面积76193万m^2，增长23.2%。在房屋建筑竣工面积中，住宅竣工比重保持较高。2007年，建筑业企业房屋建筑竣工面积185965.90万m^2，其中住宅竣工面积108162.40万m^2，在房屋建筑竣工面积中，所占比例最大的依然是住宅，且同比仍有近1个百分点的增长。厂房和仓库、办公用房分别占18.81%、8.22%（表2-3）。

2007年房屋建筑竣工面积构成 表2-3

房屋类型	竣工面积（万m^2）	所占比例（%）
总计	185965.90	100
厂房、仓库	34971.96	18.81
住宅	108162.40	58.16
办公用房	15293.28	8.22
批发和零售用房	4214.08	2.27
住宿和餐饮用房	3036.20	1.63
居民服务业用房	2166.47	1.16
教育用房	7329.23	3.94
文化、体育和娱乐用房	2118.49	1.14
卫生医疗用房	1764.92	0.95
科研用房	612.78	0.33
其他用房	6296.10	3.39

注：各类房屋建筑竣工面积数据引自国家统计局《2007年建筑业企业生产情况统计快报》。

公路建设增速回落。 截至2007年年底，全国公路总里程达358.37万km，比上年末增加12.67万km。全国公路密度为37.33km/100km^2，比上年末提高1.32km/100km^2。全国通公路的乡（镇）占全国乡（镇）总数的98.96%，通公路的建制村占全国建制村总数的88.24%，分别比上年末提高0.69个和1.84个百分点。2007年，全国交通固定资产完成投资7776.82亿元，比上年增加393亿元，同比增长5.3%，增速回落9.3个百分点，比全社会固定资产投资增速低19.5个百分点。2007年，全社会完成公路投资6489.91亿元，比上年增加258.86亿元，同比增长4.2%，增速回落9.4个百分点。农村公路投资持续加快增长。农村公路建设完成投资1835.59亿元，比上年增加238.95亿元，同比增长15.0%，增速提高0.9个百分点。2007年，全国沿海及内河建设完成投资886.48亿元，比上年增加17.29亿元，同比增长2.0%。水运建设投资增速高位回落。

铁路建设方兴未艾。截止2007年年底，全国铁路营业里程达到7.8万km，比上年增加近千公里，里程长度位居世界第三。路网密度81.2km/万km^2，比上年增加0.9km/万km^2。2007年，大规模铁路建设加快推进。全年全国铁路固定资产投资(含基本建设、更新改造和机车车辆购置)完成2520.7亿元，比上年多432.3亿元，增长20.7%(图2-16)。全年铁路基本建设完成投资1772.1亿元，比上年多229.6亿元，增长14.9%。国家铁路和合资铁路路网建设大中型项目完成投资1744.8亿元，其中，复线及扩能完成投资236.4亿元、电气化铁路完成投资59.6亿元、枢纽及客站完成投资148.6亿元、新建铁路完成投资1300.2亿元，分别占13.6%、3.4%、8.5%和74.5%。地方铁路完成投资14.4亿元。其他大中型项目完成投资5亿元。小型项目完成投资7.9亿元。

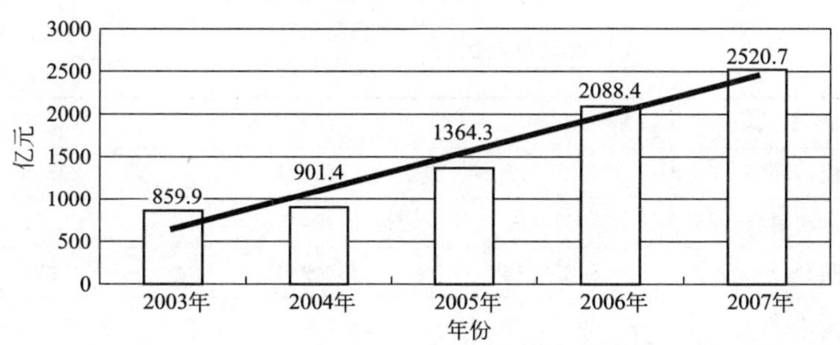

图2-16　2003～2007年全国铁路固定资产投资完成额

(二) 所有制结构

国有企业骨干作用继续发挥。目前市场上比较活跃的国有企业主要由两部分构成：一是中央建筑施工企业，二是地方大中型国有企业。国有企业因资质条件好，技术管理水平高，资金实力强，知名度高、业绩好，在相关市场有较大影响，在专业的工程承包领域具有独特优势，承担了大量的重点工程、国家和地方的标志性工程、技术难度大的工程、海外工程，主要在工程建设的高端市场活动。基于国有企业的这些特点，至今国有企业仍然是中国建筑业的骨干力量。

2007 年，在具有资质等级的总承包和专业承包建筑业企业中，国有及国有控股企业为 7855 个，比上年同期减少 3.5%，占全部企业数量的 13.26%；国有及国有控股企业从业人员 710.47 万人，占全国建筑业企业人数的 23.03%；国有及国有控股企业签订合同额 33949.42 亿元，比上年同期增长 18.9%，占全部企业的 42.29%；国有及国有控股企业完成建筑业总产值 17784.83 亿元，比上年同期增长 20.7%，占全部企业的 35.56%。全国建筑业企业按建筑业总产值计算的劳动生产率为 137041 元/人，其中，国有及国有控股企业为 206513 元/人，比上年同期增长 16.5%。2007 年，国有及国有控股建筑业企业个数和从业人员分别占全行业总数的 13.26%和 23.03%左右，但完成建筑业总产值和签订合同额分别占全行业总量的 35.56%和 42.29%。国有及国有控股建筑业企业以较少的企业和从业人员完成了 35.56%的产值、42.29%的合同额，充分显示了国有及国有控股企业在建筑业中的骨干作用(表 2-4)。

2007 年国有及国有控股建筑业企业主要生产指标占全部企业的比重　　表 2-4

类　别	全国建筑业企业	国有及国有控股建筑业企业	国有及国有控股建筑业企业占全部企业的比重
企业数量(个)	59256	7855	13.26%
从业人数(万人)	3085.39	710.47	23.03%
建筑业总产值(亿元)	50018.62	17784.83	35.56%
签订合同额(亿元)	80274.18	33949.42	42.29%
竣工产值(亿元)	30844.89	8993.77	29.16%

注：企业主要生产指标数据引自国家统计局《2007 年建筑业企业生产情况统计快报》。

2007 年国有及国有控股建筑业企业完成建筑业总产值居前的省市依次是：北京、广东、上海、山东、江苏、湖北。国有及国有控股建筑业企业签订合同额居前的省市依次是：北京、上海、广东、湖北、天津、湖南。反映了这些地方国有企业的产业地位(表 2-5)。

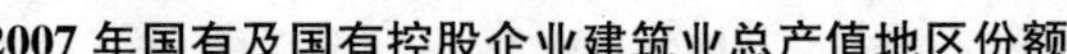

2007 年国有及国有控股企业建筑业总产值地区份额　　表 2-5

国有及国有控股企业建筑业总产值	
地　　区	数额(亿元)
北　　京	1510.71
广　　东	1121.76
上　　海	1110.35
山　　东	1024.08
江　　苏	981.77
湖　　北	955.21

注：企业主要生产指标数据引自国家统计局《2007 年建筑业企业生产情况统计快报》。

(三) 地区结构

强省仍强，中西部趋旺。从地区来看，2007 年建筑业总产值排在前 6 位的省市依次是：浙江、江苏、山东、广东、北京、上海(表 2-6)。上述 6 省市完成建筑业总产值占全国建筑业总产值的 49.27%。浙江和江苏两省分别占到 13.58%和 13.02%。建筑业发达地区继续加大省外市场开拓力度。2007 年，浙江省具有资质等级的总承包和专业承包建筑业企业在外省完成的产值占建筑业总产值的比例为 42.46%，北京为 36.51%，江苏为 33.32%，上海为 25.73%。2007 年，建筑业总产值增速最快的是陕西、内蒙古、河南，分别为 45.5%、42.4%、35.7%。

2007 年建筑业总产值地区份额　　表 2-6

名　　次	建筑业总产值	
	地　　区	数额(亿元)
1	浙　　江	6790.32
2	江　　苏	6511.73
3	山　　东	3301.63
4	广　　东	3037.25
5	北　　京	2580.13
6	上　　海	2425.21

注：数据引自国家统计局《2007 年建筑业企业生产情况统计快报》。

上述情况表明，浙江、江苏、山东、广东、北京、上海既是经济发达地区，又是建筑业发达地区，这些地区的建筑业不仅具有在本地市场的优势，也具有较强的外埠市场开拓能力。且在市场区域调整、产品结构调整方面反应较快，始终在市场中处于主动。此外，西部开发和中部崛起的效应在建筑业的发展方面也有体现，陕西、内蒙古、河南等省区近年来GDP快速增长，投资增速加快，城市改造全面启动，相关产业健康发展，带动了这些地区建筑业总产值的快速增长。

三、上市公司

(一) 总体情况

截止2008年5月，在深沪两地上市的建筑业类上市公司[1]共32家。这些公司中，包括了综合类建筑施工企业、房屋建筑类、水利水电类、公路类、装饰装修类、钢结构、网架类、玻璃幕墙类等专业类别的企业，这些企业的经营业务中也不同程度地存在房地产、工业生产、外经外贸及其他投资业务。中国中铁股份有限公司和中国铁建股份有限公司的上市，使得建筑业上市公司总体经营规模大幅增长。2007年，32家建筑业上市公司共完成主营业务收入4923.98亿元，平均每家公司完成153.87亿元。中国中铁也成为建筑类上市公司中营业额最大的公司。

(二) 经营状况

上市公司经营业绩继续增长。2007年，在国家继续实施宏观调控政策，建筑市场竞争激烈，原材料价格大幅上涨的情况下，建筑业上市企业积极开拓国内外市场，提高市场占有率，加强管理，降低成本，上市公司总体经营业绩继续增长，在32家建筑类上市公司中，有26家公司的主营业务收入实现增长。32家建筑业上市公司平均每股收益为0.342元。除2007年新上市的中国中铁股份有限公司和中国铁建股份有限公司，原有30家上市公司中，18家公司每股收益增长；3家持平；9家下降，其中，1家亏损。主营业务收入前三名是中国中铁股份有限公司、中国铁建股份有

[1] 从上海、深圳证券交易所确定的建筑类股票中剔除了非建筑施工为主营业务的上市公司。

限公司、上海建工股份有限公司。每股收益前三名是中国中材国际工程股份有限公司、苏州金螳螂建筑装饰股份有限公司、中国有色金属建设股份有限公司，这三家公司每股收益分别是1.51元、0.96元、0.87元(表2-7)。

建筑业上市公司2007年年报部分数据 **表2-7**

股票代码	公司名称	每股收益(元)		净利润(万元)		净资产收益率(%)		主营利润率(%)
		2006	2007	2006	2007	2006	2007	
000023	深圳市天地(集团)股份有限公司	0.20	0.15	2829.11	2016.60	10.18	6.84	2.00
000065	北方国际合作股份有限公司	0.09	−0.29	1409.07	−4644.12	2.94	−12.40	6.35
000090	深圳市天健(集团)股份有限公司	0.52	0.57	12194.13	17329.31	6.63	5.48	8.39
000415	新疆汇通(集团)股份有限公司	0.05	0.04	1607.87	1314.88	3.94	3.12	5.97
000758	中国有色金属建设股份有限公司	0.60	0.87	34990.24	50359.13	23.87	30.39	14.50
000797	中国武夷实业股份有限公司	0.10	0.18	3749.40	6977.72	4.17	6.98	9.26
002060	广东水电二局股份有限公司	0.42	0.35	6887.99	7723.14	8.01	8.46	3.92
002062	宏润建设集团股份有限公司	0.50	0.70	6906.49	11581.51	11.61	16.53	3.84
002081	苏州金螳螂建筑装饰股份有限公司	0.93	0.96	6696.37	9041.75	13.21	15.62	4.04
002135	浙江东南网架股份有限公司	0.67	0.29	10055.43	5145.08	25.32	5.69	5.42
002163	深圳市三鑫特种玻璃技术股份有限公司	0.39	0.39	3863.10	4457.84	16.19	8.65	5.00
600039	四川路桥建设股份有限公司	0.04	0.04	1125.53	1204.68	1.48	1.21	2.42
600052	浙江广厦股份有限公司	−0.52	0.23	−27824.12	18266.69	−22.80	16.10	11.34
600068	中国葛洲坝集团股份有限公司	0.14	0.37	23094.25	61762.00	5.65	11.48	5.66
600106	重庆路桥股份有限公司	0.27	0.33	9106.94	11390.90	7.69	8.94	23.79

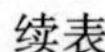
续表

股票代码	公司名称	每股收益(元)		净利润(万元)		净资产收益率(%)		主营利润率(%)
		2006	2007	2006	2007	2006	2007	
600170	上海建工股份有限公司	0.36	0.42	25647.68	30075.49	7.52	8.37	1.04
600263	路桥集团国际建设股份有限公司	0.18	0.21	7177.99	8688.62	4.57	5.29	1.93
600284	上海浦东路桥建设股份有限公司	0.33	0.50	7402.80	11233.72	10.00	13.72	14.61
600477	浙江杭萧钢构股份有限公司	0.10	0.15	2514.95	3629.13	4.50	6.25	1.91
600491	龙元建设集团股份有限公司	0.49	0.49	18877.24	19181.63	14.97	13.64	3.42
600496	长江精工钢结构(集团)股份有限公司	0.37	0.43	6712.32	9988.57	9.01	13.20	3.42
600502	安徽水利开发股份有限公司	0.25	0.14	4241.78	2397.38	6.03	4.37	2.66
600512	腾达建设集团股份有限公司	0.19	0.16	6168.72	5112.82	10.71	9.08	5.18
600528	中铁二局股份有限公司	0.09	0.43	5489.59	37991.66	2.77	10.54	2.16
600545	新疆城建股份有限公司	0.19	0.29	3103.26	5155.75	4.71	5.40	5.46
600546	中油吉林化建工程股份有限公司	0.04	0.02	1219.75	692.63	2.00	1.11	0.24
600820	上海隧道工程股份有限公司	0.21	0.32	12330.38	19034.92	5.92	8.57	2.63
600853	龙建路桥股份有限公司	0.03	0.02	1746.62	1179.74	1.89	1.66	0.81
600970	中国中材国际工程股份有限公司	1.45	1.51	24392.01	25431.01	29.75	25.91	4.55
600986	科达集团股份有限公司	0.04	0.05	613.44	802.23	1.07	1.39	5.11
601186	中国铁建股份有限公司		0.39		314340		62.15	2.76
601390	中国中铁股份有限公司		0.24		316310.8		5.71	2.23

2007年上市公司业绩的增长，首先得益于我国经济快速稳定发展带来的旺盛的建筑市场需求；其次，上市公司经营结构的变化也改变了公司的收益情况，高端市场份额增加、投资开发类建设收益比例提高、加强管理、降低成本等工作都促进了企业效益的改善。

(三) 经营形势

一方面，建筑类上市公司普遍对未来的建筑市场持乐观态度。认为在我国城市化、工业化、信息化、市场化的过程中，中国的基本建设及工程建设市场仍将保持繁荣和活跃，各类建筑产品还会具有旺盛的需求，建筑市场也出现了集中度不断提高的势头，具有品牌优势的企业在市场上更加主动，这给上市公司的发展都带来了很好的机遇。

另一方面，上市公司普遍感到的问题有：

1. 国家紧缩货币政策的压力。2007年以来，国家频繁出台调控政策，抑制经济过热，抑制通货膨胀，抑制固定资产投资规模过快增长，其政策效应必然波及建筑市场，规模会相应缩减，市场竞争会更加激烈。

2. 公司应收账款在总资产中所占比重较高，导致企业资金紧张。其原因是建设单位一般按照工程预计造价的60%～70%向公司支付工程进度款，在工程决算审计后，建设单位工程进度款支付至造价决算的95%，剩余5%作为工程保修金在保修期满后支付。决算审计一般拖的时间比较长，主要由于发承包纠纷较多所致。

3. 经营风险不断加大。突发事件多，建材价格变动大，支付风险大，支付纠纷多，劳动关系不稳定。市场竞争愈益激烈，新技术、新材料、新工艺不断出现，在市场拓展中，对于企业规模扩大的相应的管控能力薄弱所带来的风险也愈益突出。

4. 人才瓶颈日渐突出。尤其是有技术管理专长的高素质人才和综合性人才缺乏，不能满足上市公司的需求。

2008年，建筑类上市公司将采取措施，解决上述问题，巩固品牌优势，加强企业、项目管理和各个专业领域的管理，加强技术进步投入，引进培养人才，继续巩固和扩大自己的市场份额，同时积极履行社会责任，保持企业内部的和谐及与社会的和谐，积极展开集约经营，实践节能减排，努力进行环境保护，将公司塑造成为行业内的一流企业，为股东创造更好的回报。

四、企业改制

(一) 产权制度改革政策动向

推进国有大型企业股份制改革。 党的十七大报告指出：深化国有企业公司制股份制改革，健全现代企业制度，优化国有经济布局和结构，增强国有经济活力、控制力、影响力。2007年3月5日，十届全国人大五次会议政府工作报告指出：要推进国有大型企业股份制改革，健全公司法人治理结构、投资风险控制机制和内部监督管理机制，建立适应现代企业制度要求的选人用人和激励约束机制。2007年12月26日，温家宝总理主持召开的国务院常务会议指出，要完善国有资产管理体制和制度，深化国有企业公司制股份制改革，健全现代企业制度，规范国有企业改制和国有产权转让行为，维护国有资产安全。一年多来，国家积极推进中央企业公司制股份制改革。积极引进民营、外资等各种所有制经济参与中央企业股份制改革。鼓励支持中央企业在境内外上市，具备条件的实现整体上市；不具备整体上市条件的，逐步把优良主营业务资产注入上市公司。对母公司暂不具备条件进行股份制改革的，结合董事会试点，依据《公司法》改制为国有独资公司。在公司制股份制改革过程中，鼓励积极引入战略投资者，推进产权多元化。

推进企业调整重组。 2007年3月5日，十届全国人大五次会议政府工作报告指出：要按照有进有退、合理流动的原则，推动国有资本更多地向关系国家安全和国民经济命脉的重要行业和关键领域集中。推进企业调整重组，支持有条件的企业做强做大。2007年12月26日，温家宝总理主持召开的国务院常务会议强调，要进一步推动国有资本调整和国有企业重组，优化国有经济布局和结构。在企业之间，推进中央企业重组调整。鼓励和支持中央企业通过多种形式进行并购重组。在企业内部，围绕做强做大主业、增强核心竞争力，积极开展强强联合、上下游整合等多种形式的并购重组。主动剥离与主业发展无关的业务，将有限的资源集中投入到需要重点发展的核心领域和关键环节。

国有资本经营预算制度实施。 党的十七大报告指出：加快建设国有资本经营预算制度。完善各类国有资产管理体制和制度。2007 年 3 月 5 日，十届全国人大五次会议政府工作报告指出：要完善国有资产监管体制。建立国有资本经营预算制度，规范国家与企业的分配关系。2007 年将进行国有资本经营预算编制试点。2007 年 9 月 8 日，国务院下发《国务院关于试行国有资本经营预算的意见》（国发［2007］26 号），《意见》指出，国有资本经营预算，是国家以所有者身份依法取得国有资本收益，并对所得收益进行分配而发生的各项收支预算，是政府预算的重要组成部分。通过对国有资本收益的合理分配及使用，增强政府的宏观调控能力，完善国有企业收入分配制度，促进国有资本的合理配置，推动国有企业的改革和发展。《意见》要求，中央本级国有资本经营预算从 2008 年开始实施，2008 年收取实施范围内企业 2007 年实现的国有资本收益。2007 年进行国有资本经营预算试点，收取部分企业 2006 年实现的国有资本收益。

（二）企业股份制改革实质性推进

2007 年，以建筑业企业整体上市为特征的产权、治理制度改革取得了突出的进展，其主要标志是大型建筑业企业的整体上市及已改制企业治理结构的进一步完善。

央企启动整体上市。目前，在深沪两市，以中国字头出现的建筑类上市公司已经上升到 6 家，包括：中国中铁、中国铁建、中国葛洲坝集团股份有限公司、中国有色金属建设股份有限公司、中国中材国际工程股份有限公司、中国武夷实业股份有限公司。在这 6 家公司中，最近上市和通过注入资产实现整体上市的占绝大多数。中央大型建筑施工企业的整体上市，无疑将对我国建筑业所有制结构和行业的运行发展模式带来深远的影响。通过上市，改变了单一国有的股本结构和企业治理结构，解决了施工企业的资金瓶颈，解决承包层次无力升级的制约因素，扩大了企业知名度，提升了无形资产价值，为企业的长远发展打下了坚实的基础。

2007 年上半年，中国铁路工程总公司董事会决定，将本公司整体重组，独家发起设立“中国中铁股份有限公司”，并以 A＋H 方式在境内外发行股票并分别在上海证券交易所和香港联合交易所有限公司主板上市。2007 年 12 月 3 日，中国中铁股份有限公司正式登录上海 A

股资本市场，2007 年 12 月 7 日，中国中铁在香港首次公开发行股票，顺利实现了主业资产整体上市，至此，由中国铁路工程总公司整体重组设立的中国中铁股份有限公司实现主业资产整体上市。

中国铁建股份有限公司于 2008 年首次发行 24.5 亿普通股人民币 A 股，并于 2008 年 3 月 10 日在上海证券交易所挂牌交易。2008 年 2～3 月，在全球发行 17.06 亿股 H 股，于 2008 年 3 月 13 日在香港联交所挂牌交易。

2007 年 9 月，葛洲坝股份有限公司通过吸收合并原控股股东中国葛洲坝水利水电工程集团有限公司，实现中国葛洲坝集团公司主业资产的整体上市。整体上市后，按照“突出主业、精干主体、强化核心、优化结构”的经营方针，公司积极进行了产业结构调整，围绕水利水电工程施工核心业务，形成了工程施工、水泥生产、民用爆破、高速公路运营、房地产和水电开发六大业务板块共同发展的格局，实现了由单纯工程施工向工程承包开发一体化的升级，增强了核心竞争力，提高了资产质量，促进了规范运作。

同时，中国建筑工程总公司整体重组改制顺利完成，成立中国建筑股份有限公司，标志着一家制度完善、与国际接轨、充满市场竞争力的特大型现代建筑房地产企业集团的诞生。

（三）改制难点问题逐个突破

仍带有计划体制痕迹的大型国有建筑业企业改制成为现代制度企业，面临着很多要克服的困难和艰巨的改造任务。概括起来改革和改造主要体现在：资产关系、治理结构、产业结构、组织结构等方面。

以资产关系为脉络，理清多级法人关系。在处理大型建筑业企业内部多层次法人多的问题上，改变组织间的行政控制运行方式，按照资产关系来处理相互之间的关系，主要依据股权定位，用股权说话，是目前大型企业解决多级法人关系的主要方式。

以发展战略为主导，解决企业内部专业化协作和产业结构调整问题。通过发展战略对企业的产业和业务结构进行整体规划，通过产权关系引导和控制各个法人单位的业务定位和发展方向，优化大型建筑业企业的产业和业务结构，形成层次之间的功能分工，板块之间的业务分工，盈利责任的分解落实，是改变大企业整体性不强，业务结构雷同的有效途径。

以乐观的市场前景和良好的企业业绩，形成公司上市的市场号召力。充分利用我国经济稳定快速发展给建筑业带来的良好机遇，充分发挥企业已有业绩和品牌影响的作用，是企业能够成功实现整体上市的关键所在。2008年上半年，我国股市遭遇了历史罕见的大幅下挫，这给企业上市带来了很大的困难，但从长计议，公司上市仍然是有利于国家、有利于企业、有利于投资者的共赢举措，有条件的企业仍然应当从公司发展战略、经营业绩、发展前景等方面积极创造条件，择机上市，创造一个新的发展平台，解决企业发展中的制约环节。

充分争取政策支持，解决企业改制成本和历史遗留问题。本着有利于企业长远发展的目标，争取国家和地方有关部门在土地授权经营、税收优惠、公司上市、解决企业办社会、解决离退休人员过多等问题上给予特殊优惠政策，支付必要也可行的改制成本。

用募集资金强化核心业务和核心技术，推动产业结构调整。长期以来，建筑业受利润水平较低的影响，始终不能够在资金实力、技术水平、人才拥有等方面上层次，形成企业发展当中的恶性循环，通过改制尤其是通过上市募集资金，可以快速有效地改变这一状况。将募集资金集中用于取得发展稀缺资源、强化核心业务、培养核心能力方面，相信在不长的时间内，建筑业骨干企业会呈现出全新的面貌。

提升和扩大企业品牌效应，是整体上市大型建筑业企业的突出成效。相对于国际工程承包公司，我国的大型建筑业企业规模不够大，功能较为单一，盈利能力较弱，承包层次不高，整体性不强。通过整体上市，品牌效应得到了十分有效的推广和传播，在全社会树立起建筑行业龙头的品牌形象，会对企业的长远发展发挥极为有效的推动作用。

(四) 联合重组构筑竞争优势

目前，在市场竞争中具有技术、管理、装备、专业等独特优势的大型企业日益显示出强劲的竞争力。2007年，建筑业企业围绕做强做大主业、增强核心竞争力，继续积极开展多种形式的联合重组，扩大企业规模，扩大承包范围，优化资源配置，实现优势互补，增强竞争能力。

北京建工集团总承包二部(北京市第七建筑工程公司)与青岛博海投资有限公司重组成立北京建工博海建设有限公司。这是北京建工集团继北京一建、北京二建、建机厂等公司重组之后，成立的又一家跨所有制、跨地域、跨经营领域的企业。新成立的公司注册资本金6000万元，青岛博海投资有限公司以现金出资3060万元，持股比例为51%，北京建工集团以七建评估后的净资产出资2940万元，持股比例为49%。新公司具有房屋建筑工程总承包、装饰装修工程专业承包、机电设备安装工程专业承包一级资质，将在现有建安施工、装饰工程、机电工程等业务的基础上，转变经营方式，积极拓展与主业相关的房地产开发、市政路桥、实业投资、物流集散等多元经营领域。重组后的新企业旨在实现投资主体到位、产权结构多元化的现代企业制度，凭借合资双方的优势，全力开拓国内外建筑市场。

北京建工七建公司历史辉煌，曾在不同的历史时期承建了人民大会堂、民族文化宫、国家会议中心等北京市标志性工程。青岛博海投资公司则是青岛建工集团的核心企业，主要业务为工程建设、房地产和其他实业投资。(薛秀春　方洪)

安徽建工集团与安徽省路桥集团强强联合，优势互补，平稳实施重组。云南省水利水电有限公司整体并入西南交通建设集团有限公司，形成公路和水利水电携手经营的格局，联合效益显著。

(五) 战略合作实现双方共赢

2007年，建筑业企业注重加强与相关企业间的战略合作，致力于追求战略认同、业务融合、共同发展的战略合作目标，优化资源配置，从而实现互惠互利，合作共赢。建筑业企业与金融业进行银企战略合作，实现金融资本与产业资本的强强联合；建筑业企业与房地产开发企业进行合作，实现企业之间的开发建设一体化；建筑业企业与科研机构进行战略合作，发挥各自优势，开发适用施工及管理技术；建筑业企业与资源性企业、建材、设备生产企业合作，创造新的盈利模式，推动企业实现新的市场突破。

全球最大住宅工程建造商——中国建筑股份有限公司与全球市值最大上市银行——中国工商银行股份有限公司在京签署了银企战略合作协议。中建是中国最大的房屋建筑承包商和建筑房地产综合集团，还是发展中国家和地区最大的跨国建筑公司及全球最大的住宅工程建造商，在 2007 年世界 500 强企业中，排名第 396 位。在建筑施工领域，中建以承建“高、大、精、尖、新”工程著称于世，曾承建了包括水立方、中央电视台新台址、上海环球金融中心、香港中银大厦等在内的众多知名建筑。根据双方协议，工行将成为中建长期战略合作伙伴和最主要的合作银行，将为中建提供包括存款和理财、银行融资、房地产业务、直接融资、现金管理、国际业务等在内的全方位金融支持。与此同时，中建也将优先选择工行作为上述业务的主办银行。中建董事长孙文杰表示，合作协议的签署，是金融资本与产业资本的强强联合，标志着双方全面合作迈上了一个新的战略高度。此次中建与工行的合作，是中国建筑股份有限公司成立以来，达成的第一笔银企战略合作协议，将为 2008 年中建登陆 A 股市场创造更有利的条件。(郝莹)

在建筑行业处于领先地位的上海建工集团与房地产巨头万科集团签署战略合作协议，万科集团将向上海建工集团提供具备一定规模且稳定增长的施工业务；上海建工集团将发挥其专业及资源等综合优势，为万科集团提供高质量的产品和服务。北京建工集团与建研科技股份有限公司签订战略合作协议，双方将利用各自资源优势，共同研究、开发、完善建筑施工企业管理模式及相关技术支持体系。贵州建工集团与贵州水钢集团签署协议，携手建立战略合作伙伴关系，双方以毗邻的地缘优势和产业链的关联性，在建材产品和建筑施工等领域展开全面合作，扩大双方的市场份额。

五、对外承包

(一) 总体形势

2007 年全年对外承包工程完成营业额 406 亿美元，比上年增长

35.3%，增幅比2006年低2.3个百分点；新签合同额776亿美元，同比增长17.6%，与2006年相比，增速降低105.4个百分点。对外劳务合作完成营业额68亿美元，增长26.0%。

2007年全年我国对外设计咨询业务完成营业额4.9亿美元，同比增长48.5%，增速上涨3.1个百分点；新签合同额10.3亿美元，同比增长151%，增速上涨136.2个百分点。

2007年，中国的对外工程承包规模依然在快速增长的轨道运行，且在工程承包的高端市场份额进入方面有所加速。其表现是承包工程的结构发生良性变化，大工程增加，技术含量高的专业工程增加，工程承包内容更加丰富和综合，设计咨询业务增长较快。对外工程承包健康发展的主要原因在于中国建筑业的建造能力和实力的显著增强，国际工程承包市场尤其是周边国家工程承包市场需求不断增加。

（二）拓展方式

在国家“走出去”战略的导向下，建筑业企业在稳固国内建筑市场份额的基础上，采取多种措施，多个渠道，进一步加大国际市场开拓力度，大力拓展海外工程承包、进出口贸易及劳务合作业务，加快海外事业发展步伐。

以实力拓展市场。企业在工程项目承包市场最终比拼的是资本实力、技术实力和管理实力。2007年，国际工程承包迈出较大步伐的企业的共同经验是只有增强自身实力，才能取得国际工程承包的主动权。中国中铁股份有限公司通过整体上市，增强了资本实力，提高了公司的治理水平，整合了公司的资源，2007年，该公司全年新签合同额仅为6.9亿元，2008年初该公司新签的一项合同额就是2007年全年新签合同额的14倍。

主动向高端承包市场跃升。火电、水电、公路、铁路、电信等基础设施市场标底大、技术含量高、承包内容综合，是中国建筑业企业开拓国外市场取得较好成效的市场领域。探索采用BT、BOT、EPC、PPP等经营方式，既可整体提升项目的盈利水平，也对企业工程承包综合能力的提高具有重要作用。工程总承包市场要求企业从前期咨询、设计、施工及项目运营全面介入，进入国际工程总承包市场也是企业成功开拓国际市场的重要方式。2007年以来，中国建筑业在国际高端市场的开拓取得了显著的成就。

全面按照国际惯例经营国际工程项目。企业强化国际化企业管理标准的实施力度，用国际化的管理体系规范企业管理的每个环节，适应国际市场规范，改变国际工程“中国打法”的传统国际工程运作模式，实行国际工程国际打法，在前期咨询、合约签订、项目管理组织、项目人员管理及其薪酬等方面，全面采用先进的国际化管理组织模式，并且持续地稳定、培养、建设国际化经营队伍，走国际化企业的成长之路。

积极合作，优势互补。加强与国外企业的合作，在拓展各自的经营领域、扩大业务覆盖面等方面实现互惠互利，合作共赢。同时，寻求政府有关部门及对外投资企业的合作，争取我国援外项目、民间对外投资项目的承接。如中国水利水电建设集团公司国际公司与加拿大JNE顾问有限公司签署合作协议，双方将共同开发美洲市场，除从事水利水电建设工程外，还将在开展贸易业务和房屋建设、市政公用、城市轨道等工程建设领域进行合作。

强化国际工程承包的风险控制。在瞬息万变的国际政治、经济、建筑市场形势当中，强化风险控制已经成为对外工程承包必须高度重视并需要很好解决的一个问题。风险管理是一项专业性很强的工作，目前，企业在学习风险管理知识、引入风险管理人才、与专业风险管理机构合作、采取风险管理措施等方面，开展了大量的工作，风险管理在建筑业企业的管理内容中的重要性仍会不断地增强。

中国葛洲坝集团公司海外项目快速增长，新签国际工程业务合同额激增。海外项目有望成为该公司步入快速发展轨道的重要支撑点。

2007年，该公司新签工程合同362.37亿元，同比增长116.08%，其中海外工程签约224.35亿元，同比增长509.97%。该公司海外项目中有两大超级订单，合同额均约百亿元。一是尼日利亚迄今最大的水电项目——蒙贝拉260万千瓦水电工程，该项目合同金额约为108亿元。二是在2007年底，公司与中国机械设备进出口总公司组成的联合体中标的巴基斯坦尼鲁姆·杰卢姆水电工程项目，该合同总价折合人民币约120.63亿元。

两大国际工程目前均进展顺利。该公司还获得一笔海外订单——马拉博城市污水管网及污水处理厂工程，马拉博为赤道几内亚国家首都。该项目采用EPC交钥匙实施模式，48个月内完工，合同总价折合人民币33.62亿元。

该公司承接项目屡约期限一般为2～6年，年均完成合同金额约为15%～50%。因而，公司目前所取得的这些海外订单有望为葛洲坝未来业绩的增长提供持续的保障。(杨慎勤)

六、安全质量

(一) 安全生产形势总体稳定

2007年，通过完善建筑施工安全生产相关法规，继续深化建筑施工安全生产专项整治，强化对建筑安全生产工作的监督检查，全国建筑施工安全生产形势总体稳定。

完善建筑施工安全生产相关法规制度。2007年，建设部先后印发了《关于学习和贯彻〈生产安全事故报告和调查处理条例〉的意见》、《建筑施工人员个人劳动保护用品使用管理暂行规定》、《关于进一步加强房屋建筑和市政工程生产安全事故报告和调查处理工作的若干意见》等部门规范性文件。建设部还印发了《关于建筑施工企业主要负责人、项目负责人和专职安全生产管理人员安全生产考核合格证书延期工作的指导意见》、《关于建筑施工企业安全生产许可证有效期满延期工作的通知》，强化安全生产许可动态监管。

继续深化建筑施工安全生产专项整治。建设部下发了深化专项整治工作的通知，要求各地以预防高处坠落和施工坍塌事故为重点，下大力气全面提高施工现场安全防护和管理水平。同时，为切实消除事故隐患，根据国务院办公厅的统一部署，在全国组织开展了建筑施工安全生产隐患排查治理专项行动，要求各地认真排查和消除各类建筑安全隐患，防止生产安全事故发生。此外，还组织开展了全国建设工程质量安全监督执法检查。

强化对重点地区安全生产工作的监督检查。2007年，建设部继续加强对重点地区安全工作的监督检查。建设部领导对建筑安全事故高发的8个地区的建设行政主管部门和两家中央施工企业的负责同志进行了约谈，共同分析安全生产形势和薄弱环节，研究如何针对突出问题制定有效措施。组织督办组对 2007 年上半年事故上升的一些地区进行了安全生产工作督办。

做好事故通报和预警提示工作。针对一些地区发生的建筑安全事故，建设部及时督促和提示各地提早做好安全防范工作，及时消除隐患。如针对广西“2.12”模板坍塌事故、河南“6.5”塔吊倒塌和重庆“6.21”塔吊倒塌等事故向全国发出通报，要求各地吸取事故教训，举一反三，严密监控高大模板、深基坑、起重机械设备等危险性较大的工程。牵头与国家安全监管总局联合下发了《关于进一步加强夏季和汛期安全生产工作的紧急通知》，督促各地结合夏季和汛期安全生产工作特点，做好各项安全防范和防暑降温工作。

全国建筑施工安全生产形势总体稳定。2007 年，全国共发生房屋建筑和市政工程建筑施工事故 859 起、死亡 1012 人，与上年相比，事故起数下降了 3.27%，死亡人数下降了 3.44%；其中共发生建筑施工较大及以上事故(一次死亡 3 人及 3 人以上事故)35 起、死亡 144 人(其中重大事故 2 起，死亡 21 人)，与上年相比，事故起数下降了 10.26%，死亡人数下降了 1.37%。

全国有 13 个地区建筑施工事故死亡人数下降，下降幅度超过全国平均值(全国下降平均值 3.44%)的有 11 个地区。其中下降幅度超过 15%的有 8 个地区：西藏自治区(100%)、四川省(55.77%)、陕西省(44%)、山西省(41.67%)、新疆自治区(34.78%)、辽宁省(32.2%)、北京市(30.77%)、河北省(15.15%)。

2007 年，有 13 个地区建筑施工事故起数和死亡人数都比上年同期上升。其中，天津市事故起数上升 66.67%，死亡人数上升 70%；宁夏自治区事故起数上升 60%，死亡人数上升 45.45%；广西自治区事故起数上升 10.53%，死亡人数上升 45%；河南省事故起数上升 10.53%，死亡人数上升 37.04%；江苏省事故起数上升 28.13%，死亡人数上升 22.62%；安徽省事故起数上升 10.81%，死亡人数上升 21.62%；内蒙古自治区事故起数上升 52.94%，死亡人数上升 17.39%；吉林省事故起数上升 3.85%，死亡人数上升 15.38%；浙江省事故起数上升 12.5%，死亡人数上升 10%；贵州省事故起数上升 13.79%，死亡人数上升 5.41%；云南省事故起数上升18.18%，死亡人数上升5%；山东省事故起数上升18.18%，死亡人数上升2.86%；黑龙江省事故起数上升6.06%，死亡人数上升2.27%。

2007年，发生建筑施工事故死亡人数最多的10个地区分别是江苏省(死亡103人)、浙江省(死亡66人)、上海市(死亡61人)、广东省(死亡60人)、安徽省(死亡45人)、黑龙江省(死亡45人)、北京市(死亡45人)、云南省(死亡42人)、辽宁省(死亡40人)、贵州省(死亡39人)。

2007年，全国有20个地区发生较大及以上事故，共发生35起、死亡144人。其中发生1起较大事故的有12个地区：北京市、天津市、河北省、山西省、安徽省、浙江省、广西自治区、四川省、云南省、甘肃省、青海省、重庆市；发生2起较大及以上事故的有3个地区：辽宁省、湖北省、贵州省；发生3起较大及以上事故的有3个地区：江苏省(共死亡17人)、河南省(共死亡17人)、广东省(共死亡9人)。发生4起较大及以上事故的有2个地区：黑龙江省(共死亡12人)、山东省(共死亡13人)。其中，辽宁省和江苏省各发生一起死亡10人及以上的重大事故，共造成21人死亡。

高处坠落、坍塌、物体打击、触电、起重伤害仍是主要事故类别。2007年，全国建筑施工伤亡事故类别仍主要是高处坠落、坍塌、物体打击、触电、起重伤害等。这些事故的死亡人数共915人，分别占全部事故死亡人数的45.45%、20.36%、11.56%、6.62%、6.42%，总计占全部事故死亡人数的90.42%。2007年，在洞口和临边作业发生事故的死亡人数占总数的15.51%；在各类脚手架上作业发生事故的死亡人数占总数的11.86%；安装、拆卸塔吊事故死亡人数占总数的11.86%；模板事故死亡人数占总数的6.82%。

违反工程基本建设程序现象仍大量存在。2007年，因未履行和部分履行工程基本建设程序而发生事故共491起，占事故起数的57.16%；死亡593人，占死亡总人数的58.6%。

住宅仍是安全事故的高发领域。2007年，在住宅、公共建筑、厂房、其他工程中，住宅仍是发生事故最多的工程，发生事故432起，占事故起数的56.77%；死亡496人，占死亡总人数的57.34%。

建设工程安全监管需进一步加强和完善。目前，建筑安全生产形势仍然不容乐观。一是事故总量仍然较大，2007年房屋建筑和市政工程事故死亡人数仍在千人以上。二是下降幅度趋减，2007 年事故下降幅度为 3%左右，与前几年的平均下降幅度 10%左右相比明显变小。三是部分地区形势严峻。2007 年，全国有天津、内蒙古、吉林、黑龙江、江苏、安徽、浙江、山东、河南、广西、云南、贵州、宁夏、新疆生产建设兵团等 14 个地区建筑施工事故死亡人数上升，其中天津上升达 70%、宁夏和广西上升达 45%、河南上升达 37%。四是较大及较大以上事故仍然时有发生。2007 年，全国有 20 个地区发生一次死亡 3 人及以上的事故，尤其是辽宁省和江苏省各发生了一起死亡 10 人以上的重大事故，共造成 21 人死亡。

造成事故的主要原因是：一些地区建设主管部门和一些企业没有真正树立安全发展的理念，没有按照要求将安全工作纳入发展规划和重要议程。部分施工企业甚至一些高资质的施工企业，管理方式粗放，安全生产条件不符合要求，安全投入欠账严重。部分政府主管部门执法不严、监管不力，监管能力与日益增大的工程建设规模不相适应，监管效能出现层层衰减问题。一些建设单位和工程监理单位对自身应负的安全职责不清，未起到应有的安全管理和监理作用。建筑市场环境亟待规范，不合理低价中标、不依法履行建设程序、违法分包、转包、资质挂靠等现象依然比较普遍。建筑行业劳动者素质也亟待提高，建筑行业一线作业人员以农民工为主，其安全意识比较淡薄、基本操作技能较差。因此，安全监管仍需加强和完善。

（二）探索完善工程质量监管

建设工程涉及公共利益和公共安全，提高工程质量水平是构建和谐社会的重要途径。2007 年，工程质量监管工作稳步推进。

多个省市推行住宅工程质量分户验收。2007 年，在主管部门的推动下，许多省市开展了住宅工程质量分户验收工作，从源头上严格监管住宅质量，保障竣工房屋使用功能，强化工程建设各方的质量责任。住宅工程质量分户验收制度推行后取得了明显成效，参建各方责任主体的质量意识明显增强；住宅工程质量通病得到有效遏制，住宅工程质量水平明显提高，住宅工程质量投诉明显减少。据 2007 年 1～9 月统计，江苏全省住宅工程质量投诉与上年同期相比平均下降 28.84%，大部分地区下降 40%～60%，部分地区下降达 80%。

2007年1月1日，江苏省开始全面施行住宅工程质量分户验收制度；同一天，宁波市《住宅工程结构实体检验和质量分户验收管理规定》也开始施行；贵州省在2007年3月出台的《贵州省建筑市场管理条例》中，率先以法规形式规定了住宅工程质量分户制度；2007年5月1日起，厦门市开始实行住宅工程质量分户验收管理；2007年5月30日，甘肃省建设厅制定下发了《甘肃省住宅工程质量分户验收管理规定》；2007年6月10日，杭州市开始对住宅工程质量实行分户验收；2007年10月1日起，成都市建委制定的《成都市住宅工程质量分户验收管理规定》正式施行。截至目前，全国已有23个省、自治区、直辖市开展了住宅工程质量分户验收工作。通过实行分户验收，使参建各方对工程的质量意识明显提高，有效地提升了工程质量，降低了工程竣工后的返修率，真正维护了购房人的权益。(陈园园)

开展全国建设工程质量安全监督执法检查。为进一步促进各地建设行政主管部门强化工程质量安全监管，落实质量安全责任，确保建设工程质量和建筑生产安全，2007年9月和11月，建设部对30个省、自治区、直辖市(除西藏外)进行了建设工程质量安全监督执法检查，重点对住宅、公共建筑、市政桥梁工程执行工程建设强制性标准、建筑工程节能质量、施工现场安全生产和各地安全隐患排查工作情况进行检查。同时，对各地建设主管部门贯彻落实国家有关法律法规情况进行了层级监督。本次检查共计抽查了90个城市的300项在建工程，其中住宅工程164项，公共建筑工程107项，总建筑面积930多万平方米；市政桥梁工程29项，工程投资额达270多亿元。从检查情况看，大多数项目能够较好地执行国家法律法规和工程建设强制性技术标准，工程实体质量符合或基本符合要求。各地认真贯彻落实国家建设工程质量安全的有关法律法规和技术标准，高度重视技术进步和人才培养，不断创新监管方式，强化监管力度，各方责任主体质量安全意识有所提高，质量行为日趋规范，工程质量安全整体受控，质量水平稳中有升，安全形势基本平稳。对32个违反工程建设强制性标准和存在质量安全隐患的工程项目下发了《建设工程质量安全监督执法建议书》。

召开“中国建设工程质量论坛”。为进一步提高工程质量和建设管理水平，2007 年 11 月 22 日，建设部和深圳市人民政府联合主办、主题为“质量·和谐·发展”的“中国建设工程质量论坛”在深圳召开。建设部副部长黄卫在大会主旨演讲中指出，今后 5 年是全面建设小康社会的重要时期，我国大规模的工程建设仍将持续相当长一段时间，建设任务十分艰巨。面对一个高速度、大规模、超常规、跨越式发展的新时期，工程质量管理工作必须适应经济快速发展的需要，急需解决一些深层次问题。要努力探索创新，进一步提高工程质量管理的效能。黄卫还强调，工程质量问题不仅是一个建设问题，还是一个经济问题、民生问题和政治问题。要提高工程质量水平，必须突出抓好五个方面的重点工作。一是要强化建筑节能质量监管；二是要强化大型公共建筑和基础设施质量监管；三是要强化住宅工程质量监管；四是要强化村镇工程质量指导与服务；五是要强化建筑市场监管。

加强工程质量监管队伍建设。为进一步加强建设工程质量监管队伍建设，不断提高工程质量监督执法水平，确保建设工程质量，2007 年 7 月 26 日，建设部出台《建设工程质量监督机构和人员考核管理办法》，明确了建设工程质量监督机构和人员应具备的条件，强化了工程质量监督机构、监督人员的考核和培训。《办法》规定，对监督机构每三年进行一次验证考核。对监督人员每两年进行一次岗位考核，每年进行一次法律、业务知识培训，并适时组织开展相关内容的继续教育培训。考核结果分为合格、不合格。对考核不合格的监督机构，责令限期整改并由建设主管部门对其调整和充实力量。对考核不合格的监督人员，责令限期培训后，重新考核仍不合格的，应当调离监督工作岗位。属严重监督失职或存在违法行为的，应当调离监督工作岗位，并按有关规定给予相应处分。

强化工程质量监管力度。2007 年，各地也不断创新监管方式，进一步强化工程质量监管力度，从而确保建设工程质量。河南省推出城市公共工程质量问责制。广东省在建设工程中实行勘察设计终身责任制，从法律上约束勘察、设计人员及其负责人，增强其责任意识，2007 年 6 月开始正式实施的《广东省建设工程勘察设计管理条例》提出，所有建筑工程的勘察、设计、项目审核、项目审定等环节的负责人，即使换工、退休，也要为其所负责的工程环节的质量负责。北京市在经济适用房、两限房等住宅项目中率先启动建筑工程质量保险试点，投保人主要是开发商，投保后，

一旦发生工程质量事件，将由保险公司在第一时间向受害的业主进行赔偿，此后再向设计、勘察、施工、质量检查控制机构等相关责任人进行追偿。

河南省建设厅联合省监察厅制定出台了《关于对城市公共工程质量加强监督和落实责任追究的暂行规定》。规定要求，监督和责任追究的范围是在建、竣工和使用的机场、车站、体育场馆、博物馆、图书馆、影剧院等国家投资的、涉及民生和人民群众利益的公共建筑工程以及城市道路、桥梁、隧道、河渠、立交、广场、给水、排水、燃气、热力、照明、污水处理等公共设施工程。监督和责任追究的对象：城市公共工程项目的监管部门及工作人员；城市公共工程项目的建设单位，勘察、设计、施工、监理、施工图审查、招投标代理、造价咨询、质量检测等参建单位；参建单位法定代表人、项目负责人和有关工作人员；与城市公共工程质量有关的其他行政、企事业单位及人员。

对城市公共工程项目的监管部门及工作人员在公共工程质量上存在行政过错，或工作失职、渎职的，按照干部职工管理权限依法追究相应行政责任，构成犯罪的，依法追究刑事责任。对建设、勘察、设计、施工、监理、施工图审查、质量检测单位造成工程质量安全问题的，按照有关法律法规和规章，根据情况分别给予责令限期改正、警告、通报批评、停业整顿或罚款，并处赔偿因此造成的损失或者承担连带赔偿责任；情节严重的，降低资质等级或吊销资质资格，外省企业5年内不得参与河南省城市公共工程投标，并追究项目负责人(建造师)失职、渎职的经济和法律责任；构成犯罪的，依法追究刑事责任。

同时，城市公共工程质量接受社会监督，任何单位和个人发现城市公共工程质量问题，都有权向建设主管部门、监察机关举报。(李育军)

七、奥运工程

高品质的奥运场馆是各项赛事顺利举行的重要基础。2008年北京奥运会工程具有结构造型复杂、科技含量高、使用要求高、设计理念“超前”、施工工艺复杂等特点。工程在建设中充分实现“绿色奥运”、“科技奥运”、“人文奥运”三大理念。奥运工程建设依靠自主科技创新，全力打造奥运精品，展示国内最新、最优秀的建筑技术；以建筑节能、环境与生态保护、水资源利用、绿色建材等方面为重点全面落实绿色奥运理念；强调在硬件建设中体现以人为本，尤其是为运动员、教练员、观众、记者、官员、残障人员等各类人群提供舒适的环境和服务作为重点落实人文奥运理念。

（一）北京奥运比赛场馆概况

北京2008年第29届奥运会共设31个比赛场馆，其中新建场馆12个，改扩建场馆11个，临建场馆8个。

1. 新建场馆

国家体育场。国家体育场——“鸟巢”位于奥林匹克公园内，是北京2008奥运会的主会场。建筑面积25.8万m^2，设座席91000个，其中永久座席80000个，临时座席11000个。2008年奥运会期间，承担开、闭幕式、田径比赛等赛事活动。“鸟巢”主体结构由一系列钢桁架围绕碗状座席区编织而成。

国家游泳中心。国家游泳中心——“水立方”位于奥林匹克公园内。建筑面积7.95万m^2，设座席17000个。2008年奥运会期间，该场馆将承担游泳、跳水、花样游泳、水球等比赛。“水立方”外维护结构采用的是新型的膜材料-ETFE膜，是世界上最大的ETFE工程。

国家体育馆。国家体育馆位于奥林匹克公园内，与国家体育场、国家游泳中心共同构成体育建筑组群，总建筑面积约8.1万m^2。该工程项目包括体育馆主体建筑和一个与之紧密相邻的热身馆，设固定座席1.8万个。国家体育馆在2008年奥运会期间将承担体操（不含艺术体操）、蹦床和手球比赛。国家体育馆是国内最大的双向张弦超大跨空间结构。

北京奥林匹克篮球馆。北京奥林匹克篮球馆位于西四环五棵松桥东北侧，是五棵松文化体育中心的重点项目之一，主体建筑规模6.3万m^2，呈正方形，共六层，设座席18000个。采用钢结构外罩内含混凝土看台的结构形式，全新玻璃围合建筑外立面。2008年奥运会期间，该场馆将承担篮球项目的比赛。

顺义奥林匹克水上公园。顺义奥林匹克水上公园位于顺义区马坡乡潮白河小营镇，是2008年北京奥运会赛艇、皮划艇项目比赛场馆。场馆总建筑面积约为3.19万m^2，设座席27000个(其中固定座席1200个，临时座席25800个)，站席10000个。场馆分为动水区和静水区两部分，动水区用于奥运会皮划艇激流回旋比赛；静水区用于奥运会赛艇和皮划艇静水比赛。

北京工业大学体育馆。北京工业大学体育馆位于北京工业大学校园内。建筑面积约2.4万m^2，设座席7500个。2008年奥运会期间，承担羽毛球和艺术体操等项目的比赛。该场馆屋盖钢结构采用了先进的张弦穹顶体系，是目前国内跨度最大的张弦穹顶结构。

北京射击馆。北京射击馆位于北京市石景山区，建筑面积4.56万m^2，设座席9000个，其中永久座席2300个，临时座席6700个。2008年奥运会期间，北京射击馆承担步枪、手枪等射击项目的比赛。北京射击馆包括资格赛馆、决赛馆、枪弹库及相关的配套设施。

老山自行车馆。老山自行车馆位于北京市石景山区，建筑面积约为3.29万m^2，设座席6000个，其中固定座席3000个，临时座席3000个。是国内惟一的全天候室内木质赛道自行车比赛馆，2008年奥运会期间，承担场地自行车项目的比赛。

中国农业大学体育馆。中国农业大学体育馆位于中国农业大学校园内，建筑面积约2.4万m^2，设座席8500个，其中永久座席6000个，临时座席2500个。2008年奥运会期间，承担摔跤项目的比赛。该体育馆由比赛场地、热身场地和功能用房三部分组成。

北京大学体育馆。北京大学体育馆位于北京大学校园内，建筑面积约为2.69万m^2，设座席8000个，其中永久座席6000个，临时座席2000个。2008年奥运会期间，承担乒乓球项目的比赛。

北京科技大学体育馆。北京科技大学体育馆位于北京科技大学校园内，建筑面积约为2.47万m^2，设座席8000个，其中永久座席4000个，临时座席4000个。该体育馆在2008年奥运会期间，将承担柔道、跆拳道项目的比赛。

奥林匹克公园网球中心。奥林匹克公园网球中心位于奥林匹克公园内，总用地面积16.68公顷，总建筑面积约2.65万m^2，设座席17400个。

网球中心共设置16块标准场地，其中中心赛场为10000座，1号赛场4000座，2号赛场2000座，以及7片200座预赛场，6片练习场。2008年奥运会期间，承担网球比赛。

2. 改扩建场馆

丰台垒球场。丰台垒球场位于北京市丰台体育中心内，是2008年北京奥运会垒球比赛场地，总建筑面积15570m^2，建设内容主要为两块比赛场地、两块热身场地、一座功能用房配楼以及部分赛时临时公共设施。

工人体育场。工人体育场位于北京朝阳门外三里屯，改建后总建筑面积约8万m^2，座席6.4万个。2008年奥运会期间，承担足球项目比赛。

工人体育馆。工人体育馆位于北京朝阳门外工体西路，改建后设座席13000个，其中固定座席12000个、活动座席1000个，总建筑面积约4万m^2。2008年奥运会期间，承担拳击项目比赛。

首都体育馆。首都体育馆位于海淀区白石桥，改扩建后将承担2008年奥运会的排球比赛。建筑面积约5.47万m^2，设座席18000个，包括一块比赛场地和两块热身场地。

奥体中心体育场。奥体中心体育场位于国家奥林匹克体育中心内，始建于1989年，设有八条周长400米塑胶跑道和标准草地足球场等场地。改扩建后将承担2008年奥运会的足球以及现代五项的跑步和马术比赛。建筑面积约37000m^2，设座席40000个。

奥体中心体育馆。奥体中心体育馆位于国家奥林匹克中心内，始建于1989年，该体育馆分为地上、地下两部分，改扩建后将承担2008年奥运会的手球比赛。建筑面积约47400m^2，设座席7000个。

英东游泳馆。英东游泳馆位于国家奥林匹克体育中心内，是1990年亚运会的游泳主赛场。该馆改扩建后将承担2008年奥运会水球和现代五项的游泳比赛，设标准游泳比赛池一个，座席6000个，并增加部分功能用房。

北京理工大学体育馆。北京理工大学体育馆是综合性多功能的体育馆。总建筑面积2.19万m^2，共设5000个观众座席。该馆改扩建后将承担2008年奥运会的排球比赛。

北京航空航天大学体育馆。北京航空航天大学体育馆位于北京航空航天大学校园内，由目前的综合馆改建为2008年奥运会举重比赛馆。座位数增加到6000座，增设大型显示屏，以满足奥运举重比赛场地使用要求。

老山山地自行车场。老山山地自行车场位于北京市石景山区老山西街，改扩建后将承担2008年奥运会的山地自行车比赛，建筑面积约$8700m^2$，设临时座席2000个，站席15000个。比赛场地由赛道和起终点组成，赛道总长度为6.8公里。

北京射击场飞碟靶场。北京射击场飞碟靶场位于北京市石景山区香山南路，改扩建后将承担2008年奥运会的飞碟射击比赛，建筑面积约$6000m^2$，设固定座席1000个，临时座席4000个。比赛场地共设6个靶场，其中一个为决赛靶场。

3. 临建场馆

铁人三项比赛场地。2008年奥运会铁人三项比赛场地设在位于北京市西北部的昌平区，设临时座席10000个。铁人三项比赛区位于山清水秀的十三陵水库风景区内。水库为山区盆地水库，四周群山矗立、植被丰茂，风景优美。

奥林匹克公园曲棍球场。奥林匹克公园曲棍球场是2008年奥运会曲棍球比赛场地，主要由曲棍球A场、曲棍球B场组成，总建筑面积$15539m^2$。曲棍球A场位于用地中心西面，为决赛比赛场地，观众容量12000座；曲棍球B场位于用地中心东面，为预赛比赛场地，观众容量5000座。

五棵松棒球场。五棵松棒球场是2008年奥运会棒球比赛场地，位于五棵松文化体育中心用地的西南侧，总建筑面积$14360m^2$。包括12000座棒球场、3000座棒球场及训练场各一座。

自行车公路赛场。2008年奥运会自行车公路赛场由永定门出发，途径东城区、西城区、崇文区、宣武区、朝阳区、海淀区、昌平区、延庆县，到达居庸关。

沙滩排球赛场。沙滩排球赛场位于北京朝阳公园内，占地面积15万m^2，建筑面积约1.4万m^2，由1个比赛场，2块热身场，6块训练场组成，其中比赛场设座席12000个。

小轮自行车比赛场。2008年奥运会小轮自行车比赛场位于北京市石景山区八角公园内。小轮车赛场的主要设施包括：1块比赛场地、1块热身场地，2座临时看台和其他临时功能用房。

击剑馆。2008年奥运会期间，国家会议中心将为奥运会提供一个临时比赛场馆，作为击剑预赛、决赛和现代五项比赛中击剑和气手枪的比赛场地。该场馆设有击剑训练馆和比赛馆，建筑面积约 5.6 万 m^2，设近 6000 座椅。

奥林匹克公园射箭场。奥林匹克公园射箭场位于奥林匹克公园内。射箭场总用地面积 9.22 公顷，总建筑面积 8609m^2。包括 3 片场地，其中排名赛 1 片，决赛 2 片。

(二) 科技创新撑起奥运工程

奥运工程取得了一系列令人瞩目的创新成果。以国家体育场、国家游泳中心为代表的奥运场馆和相关设施，具有结构形式多样，涵盖多种钢结构体系，结构跨度大，造型复杂，设计、施工难度大等特点。通过技术创新与攻关，解决了建设难题，填补了国内相关标准空白。国家体育场高度复杂的大跨度交叉平面桁架结构、国家游泳中心新型延性多面体空间钢架结构、国家体育馆 144.5m×114m 双向张弦屋架结构、北京工业大学 93m 直径预应力弦支穹顶结构等达到了国际领先水平。奥运工程建设中采用的复杂钢结构整体累计滑移、整体提升、高空拼装等施工技术达到了国内领先、国际先进水平。

国家体育场——“鸟巢”是目前世界上规模最大、用钢量最多、技术含量最高、结构最为复杂、施工难度空前的超大型钢结构工程。“鸟巢”建设存在许多技术上的难题，其外部钢结构用钢量 4.2t，加上内部看台用钢量总计达 11 万 t，全部结构的纵横交错、无规律的扭曲，加之顶部高空合拢的超强困难，这些对传统施工技术都是史无前例的挑战。看似无序实则有序的编制是整个体育场的构造元素，“鸟巢”外部钢结构用这种方式来实现焊接。大量采用空间弯扭构件，1.2m 矩形方型钢材在三分之一以上的部分在各个角度都有无规律的扭曲，这在国内外没有相关技术先例。另一个不可忽视的是混凝土异形结构问题。80%柱子倾斜、参差并与钢结构交错，各个角度倾斜的、高大的混凝土柱浇注技术在国内外同样没有先例可参照。这些都需要强大技术的支撑，“鸟巢”在钢结构弯曲、异形框架混凝土柱的现场浇注以及场内清水看台板的预制方面均很好地满足了设计要求。

作为迄今为止世界上最大的钢结构工程，“鸟巢”总用钢量达到了 11

万 t，全部为国产钢。符合施工要求、完全由我国自主研发的 Q460 高强度钢材，不仅在钢材厚度和使用范围上前所未有，而且具有良好的抗震性、抗低温性、可焊性等特点。这一新成果的开发应用，不仅满足了工程建设的需要，也填补了我国该项技术领域的空白。“鸟巢”要求混凝土结构耐久性满足 100 年，完全外露的、无维护的钢结构必须拥有 25 年的长效防腐能力，这些指标的实现都没有先例可供参考。此外，还有其他一些棘手的技术难题，如钢结构的 128 合拢口、1.4 万 t 钢结构的卸载、超深桩的施工等，而 ETFE 和 PTFE 膜在全世界也是第一次使用。

“鸟巢”的多项创新技术填补了国际、国内空白。国家体育场工程已获得国家级科技进步奖 3 项，北京市科技进步奖 6 项，编制国家级工法 3 项，制定工程验收标准 6 项。该工程已被评为“全国科技示范工程”。

国家游泳中心——“水立方”是膜结构在体育馆建设中的首次应用，也是国际上建筑面积最大、功能要求最复杂的膜结构工程。“水立方”的屋面和墙体结合为一个完整的多面体空间结构体系，这种特殊的结构形式在许多方面都突破了现有的国家钢结构施工验收规范，在国内外也没有可以借鉴的工程实例。通过分析不规则网架节点的空间定位、杆件的组装、结构的焊接、大跨度屋面卸载等关键技术特点，工程技术人员有针对性地研究制定了多个专项施工方案，并编写了钢结构专项施工组织设计和施工验收标准。ETFE 膜结构在国内是首次建造，外形酷似气泡的 ETFE 气枕的制造和安装在世界上也没有任何施工经验和规范标准可循。为了综合满足建筑、声学、热工和光学的设计要求，有关方面组织科研院所进行了视觉、声、光、热等原型测试，并组织相关人员编写了《国家游泳中心 ETFE 膜结构技术及施工质量验收项目标准》。“水立方”钢结构关键技术、ETFE 膜结构装配系统关键技术等，在很大程度上填补了国内外相关领域的技术空白。

国家体育馆钢屋架体系设计采用新型“双向张弦大跨度空间结构”，呈近似扇形的波浪曲线，南北长 144m，东西宽 114m，是国内最大的双向张弦超大跨空间结构，施工难度大、工艺复杂。钢屋架安装采用纵向张拉后携带双向索进行整体滑移安装技术，使屋顶的钢结构一次成型，填补了国内空白。

完全由我国自主设计和施工的北京工业大学体育馆采用了目前世界上

跨度最大的预应力弦支穹顶结构，偌大的场馆内没有一根柱子，空间显得高大开阔，这使其在众多新建奥运场馆中独树一帜。弦支穹顶结构虽有建造实例，但直径最大的也只有 30 多米，北京工业大学体育馆内层直径 93m、外层直径 98m 这么大的跨度，目前在国内外尚属首创。并且，在场馆建设之初国内预应力钢结构领域也没有相关技术规范可循。面对巨大的挑战，技术人员进行了奥运羽毛球馆预应力钢结构体系优化设计研究、大型复杂预应力钢结构体系全寿命健康监控理论与实验研究等一系列科研项目，研究成果获得了 3 项发明专利、4 项实用新型专利，并编写了我国首部《预应力钢结构技术规程》，填补了国内空白。

北京奥林匹克篮球馆地上 2 层以上是现浇钢筋混凝土框架-剪力墙-钢支撑结构，屋面采用双向正交空间钢桁架，覆盖面积达 14400m^2 的屋架钢结构。钢屋面东西、南北宽均为 120m，由平面桁架双向正交，构成空间桁架体系，平面呈边长为 120m 的规则正方形。施工时结构受力体系改变大，结构跨度大，构件形式各异，单件体型大，构件重，钢结构加工、安装技术含量高，并具有很大的难度和风险。技术人员经过认真分析研究，“钢结构桁架高空累积滑移”成功实施。

奥运工程的科技攻关与技术创新，全面促进了我国在工程设计、施工以及相关产品与技术应用等方面整体水平的提高。奥运工程已成为我国展示新技术成果和创新实力的窗口。

(三) 实践“绿色奥运”理念

奥运工程建设中，建筑节能、水资源节约广泛落实，新型能源得到较好利用。

奥运工程采用了住宅建筑节能 65％和公共建筑节能 50％的标准，每年可节约标准煤 7.5 万 t。“水立方”采用了双层膜结构，效果与温室类似，冬季光线射入可以保证室内温度，夏季可通过双层结构引入通风系统有效地散热，实现了建筑造型与节能减排的巧妙结合。北京射击馆采用了先进的节能技术，通过生态型呼吸式双层幕墙，打造了“会呼吸”的体育馆，随季节调节室内温度，从而降低能耗；通过立体化的空间气流组织，设置“风幕”，创造了国内首个半封闭半开敞的全空调比赛空间，既充分利用了自然光，又阻止了室内外冷热空气的交换，节能减排效果显著。老山自行车馆比赛大厅采用自然防排烟和通风系统，比赛大厅内场(非比赛时间运动员训练活动区域)采用地板辐射采暖系统，比赛大厅还采用自然采光屋面，采用低辐射中空玻璃幕墙，多模式控制赛场大厅照明系统，并采用太阳能生活热水系统。奥运村采用 6000m^2 的太阳能热水系统，其工程规模和技术先进程度为历届奥运会之最。在奥运工程总建筑面积 199.7 万 m^2 中，有 50 多万平方米使用清洁能源，比例达到 26.9%，减少二氧化碳排放 5.7 万 t/年。

“鸟巢”利用了地源热泵这一先进能源利用技术，为国家体育场的冬季采暖和夏季制冷提供了空调系统的冷热源。此外，还有先进的空气处理技术、微气候研究、绿色照明技术、绿色能源系统及高效智能管理技术，其中太阳能光伏发电系统的总发电容量为 130kW。

国家体育馆安装了 1.9 万 m^2 的明框幕墙、点式幕墙和铝板玻璃等三种中空 LOW-E 玻璃，它具有保温、隔热、防紫外线等效果。国家体育馆的屋顶和南立面的幕墙中安装了高级太阳能光伏发电系统。该系统有太阳能电池组件 1124 块，每块太阳能电池长 120cm、宽 50cm，额定峰值功率 90W，峰值额定电压 18V，分布在屋顶和南立面。屋面有 824 块单晶硅太阳能电池组件组成 5 条 2m 宽、76m 长的太阳能电池方阵，南立面 300 块太阳能电池镶入立面双层玻璃中。作为一种清洁的可再生能源，太阳能光伏发电已成为世界新能源领域发展的重要方向。国家体育馆 100kW 的太阳能光伏发电系统，将吸收到的太阳辐射能由专项线路统一传送到地下一层太阳能发电控制室，经过设备处理转换为电能，再经专用设备并网输送到低压配电系统。这样的安装设计不仅具有为建筑物遮阳、采光、挡雨的维护结构功能，而且还能发电，也可为地下车库与广场提供照明电力，避开了白天电网的用电高峰。

奥运工程从规划、建设方面还全面考虑了水资源的节约和综合利用。国家游泳中心、顺义奥林匹克水上公园、奥运村、奥林匹克森林公园以及奥林匹克公园曲棍球场、射箭场和网球中心场馆群都建设了高水平的污水处理系统。国家体育场、国家游泳中心、国家体育馆、五棵松文化体育中心等项工程建设了高水平的雨洪利用系统和透水铺装，充分利用雨水资源，回灌和涵养地下水。

国家体育场——“鸟巢”采用了目前世界范围内建筑雨水深度处理规

模最大、技术最先进的雨洪利用系统，建有六个储水池，总容积 1.2 万 m^3，年处理能力 5.8 万 t，处理后中水用于比赛场地草坪灌溉、空调水冷却、冲厕、绿化、消防等。国家体育馆也配备了雨洪利用系统，将降水收集起来，导入 $4000m^3$ 的 3 个蓄水池，用于绿化浇灌和洗车。

奥林匹克水上公园水循环处理系统在对赛道水进行处理后还需进行系统自身的反冲净化，因此，在赛道水循环处理系统的一侧建设了尾水处理站，专门对循环系统产生的反冲污水进行净化处理，经过处理产生的中水将用来浇灌，沉淀下来的污泥可作肥料，变废为宝。水循环处理系统采用目前国际上功能最齐全、最强大的 MIKE21 软件系统作为平台，整个系统采用全自动化运行，水处理能力达 7.2 万 t/天，25 天即可将水上公园整个赛道的水循环处理一遍，使之达到甚至优于奥运会比赛要求的水质标准。这套系统使水上公园的用水达到循环利用的目的，每年可节约补水 595 万 t。奥林匹克水上公园绿化率超过 82%，在灌溉上采用中央计算机控制系统，根据不同的特定植物和土壤的需水要求设定编程，实现自动灌溉，节水效率达 30%。

(四) 人性化设计细致入微

“人文奥运”是北京奥运三大理念的核心，奥运场馆建设中强调人性化设计，突出“以人为本”思想，体现人文关怀，尽可能地让运动员、教练员、裁判员和广大观众感受到方便与舒适。

为了给国家体育场——“鸟巢”里的观众营造良好的热舒适度和风舒适度。设计者们对观众席的热舒适度和风舒适度进行了流体力学模拟分析，精确地模拟出了“鸟巢”的钢结构和膜结构以及 91000 人同时观赛时“鸟巢”的自然通风状况，并计算出每个区域的观众能感受到的温度和气流速度，以此设计“鸟巢”所有的通风设施，使观众无论坐在上层看台还是下层看台、普通座位还是贵宾席，都能享受到自然光和自然风，达到较好的舒适度。“鸟巢”的看台是环抱着赛场的收拢性结构，边缘高低起伏，上下层看台之间部分交错，无论观众坐在“鸟巢”的哪个位置，和比赛场地中心点之间的视线距离都在 140m 左右。屋顶的 ETFE 膜遮蔽了错综复杂的钢结构屋顶和屋架内的设备、管道，观众视线内没有任何杂乱的物体，无形中会把目光聚焦向场内的赛事。环绕“鸟巢”四周，还有 12 对非常醒目的钢结构大楼梯曲曲折折向上延伸，它们是通往上层看台的必经之路。一段一段的弯折形状，实际上是把大楼梯分割成若干部分，防止观众万一摔到后连续滚落。楼梯上安装摄像头，并有管理人员进行监控，一旦出现问题，马上有管理上的联动，可临时封闭某一区域，避免事故发生。每个大楼梯中间都有一排扶手，并增开了紧急疏散通道，把大楼梯和下面的楼层连接起来，这些通道平时不用，一旦发生紧急情况，通道将被打开，走在大楼梯上的观众可就近从其他楼层疏散出去，工作人员也可通过紧急通道迅速进入大楼梯进行疏导或营救。

北京工业大学体育馆是2008年奥运会羽毛球项目的比赛场馆。羽毛球比赛对风的要求很高，只有风在接近几乎静止的速度时，羽毛球的飞行才不会受到干扰。北京工业大学体育馆为此特别设计了送风设备，将空调送风“化整为零”，通过增加送风面积降低风速，借以避免空调风向对比赛的影响。空调送风口全都设计在了看台座椅的下方和侧面，使用了这种设计，比赛场地几乎没有什么风，运动员和观众都可以在舒适的环境中享受比赛的乐趣。

奥运场馆的设计最大限度地为运动员和观众创造了宁静舒适的比赛和观赛环境。国家体育馆采用了厚25cm、国内比较罕见的9层多功能金属复合材料夹层设计，由水泥板、玻璃棉、防水层、吸隔声材料组成，并在最外层喷涂吸声材料，最大限度地减少屋外噪声对比赛的影响和干扰。体育馆四周的玻璃幕墙采用中空LOW-E玻璃和金属板组合的形式，全部采用双层玻璃，双层玻璃间的空隙充有氧气，既起到了良好的保温隔热作用，也有效地降低了噪声影响。此外，场馆内的空调和制冷设备也进行了专门的消声减噪设计。北京射击馆建筑实体外墙采用预制混凝土挂板系统。在建筑结构体预留结构挂件，围护墙体表面粘贴挤塑型聚苯乙烯保温板，再在外侧干挂预制混凝土挂板。挂板与保温层间形成约40cm的空气间层，有利于墙体保温与隔声。同时，为减少设备噪声对比赛厅产生的影响，设备间的楼板采用浮筑楼板，防止固体声的传播；设备间墙体采用双面双层轻钢龙骨石膏板隔墙，内置空腔和吸声材料；设备间的门窗均采用隔声门和隔声窗。经测试，射击馆内空场背景噪声38dB，满场只有43dB，比国家规范要求的卧室背景噪声45dB还要安静。

奥运场馆还体现了对残疾人士、运动员的关爱，为他们提供便利。比赛设施达到举办残奥会的要求，满足残疾人运动员的使用；生活设施按无障碍标准配置，满足残疾人运动员和观众的需求。“鸟巢”的观众席里为残障人士设置了超过200个轮椅位置。相比普通座椅，这些轮椅座席的高度都做了提升，以保证和普通观众有一样的视野。而对于听力和视力有损伤的观众，将提供助听器和比赛解说无线广播系统。北京理工大学体育馆作为北京残奥会盲人门球的赛场，在场馆无障碍卫生间内特别设计了报警铃。同时，比赛、热身、更衣、药检等功能区的门上都贴有盲文，长达270m的盲道直达场馆各个区域，电梯也设计有语音提示系统，一切均可确保盲人运动员在场馆内无须帮手。

八、建材价格

（一）总体分析

2007年，我国居民消费价格比上年上涨4.8%，其中食品价格上涨12.3%。商品零售价格上涨3.8%。固定资产投资价格上涨3.9%。工业品出厂价格上涨3.1%，其中生产资料价格上涨3.2%，生活资料价格上涨2.8%。原材料、燃料、动力购进价格上涨4.4%。农产品生产价格上涨18.5%。70个大中城市房屋销售价格上涨7.6%，其中新建商品住宅价格上涨8.2%，二手住宅价格上涨7.4%；房屋租赁价格上涨2.6%。

2006～2007年11月中国建材及非矿产品出厂价格总体比较稳定(见表2-8及图2-17)。建材及非矿产品出厂价格各月的环比指数(以上月价格为100)在99～101之间波动。而各月的价格同比指数(以去年同月价格为100)呈现出逐渐上涨后稍有回落又逐渐上涨的态势，但整体价格趋势表明2006年以来建材及非矿产品普遍涨价。

2006年1月～2007年11月中国建材及非矿产品出厂价格指数　　表2-8

	建材及非矿产品出厂价格环比指数	建材及非矿产品出厂价格同比指数
2006年1月	100.21	100.02
2006年2月	99.53	100.18
2006年3月	100.11	100.54
2006年4月	100.36	101.07
2006年5月	100.59	101.69

续表

	建材及非矿产品出厂价格环比指数	建材及非矿产品出厂价格同比指数
2006年6月	100.05	101.75
2006年7月	100.2	102.06
2006年8月	99.85	102.21
2006年9月	100.39	102.17
2006年10月	100.67	102.55
2006年11月	100.75	103.4
2006年12月	100.48	103.75
2007年1月	99.84	102.82
2007年2月	99.51	102.93
2007年3月	99.83	102.82
2007年4月	100.21	102.71
2007年5月	100.29	102.52
2007年6月	99.91	102.32
2007年7月	100.2	102.57
2007年8月	100.42	102.99
2007年9月	100.63	103.48
2007年10月	100.43	103.3
2007年11月	100.51	103.05

注：资料来源：中国建材统计网．http：//www.zgjctj.com/

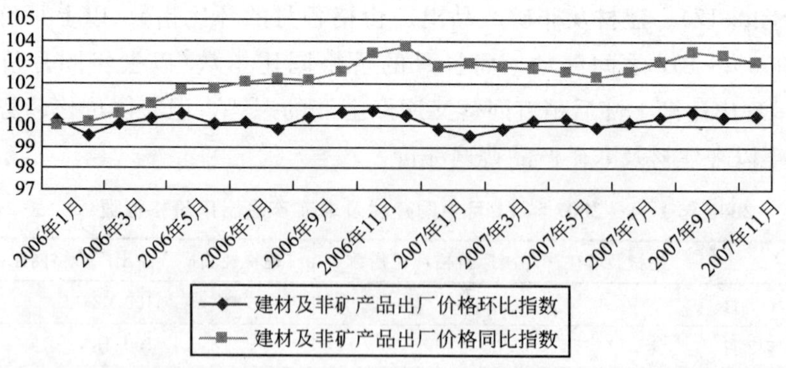

图2-17　2006年1月～2007年11月中国建材及非矿产品出厂价格指数图

2007年下半年至2008年上半年，原材料价格上涨较快。据国家统计局统计，2008年1月，全国工业品出厂价格同比上涨6.1%，其中生产资料出厂价格同比上涨6.5%。成品油中的汽油、柴油和煤油出厂价格分别上涨7.3%、10%和10.9%，原煤出厂价格上涨14.9%。钢材涨幅更大：普通中型钢材上涨28.6%，普通小型钢材上涨26.7%，线材上涨25%。随着经济水平的发展，未来建筑材料的总量性价格持续缓慢上涨的可能性较大。

(二) 结构性分析

从环比指数来看，2005～2007年上半年，黏土砖瓦及建筑砌块和木材的价格波动非常小，其中木材每月波动幅度最大不超过1%，黏土砖瓦及建筑砌块每月波动幅度最大也不超过1.5%。水泥和平板玻璃价格变动稍大，每月波动幅度分别在3%和5%以内，其中水泥价格受季节变动影响较为明显。钢材价格出现大幅震动，尤其是保值销售政策的实施，造成贸易商争相低价出货，市场价格反弹无力，原有的市场价格形成机制被打破，新的平衡又没有形成，市场秩序一片混乱，钢材价格完全脱离成本的影响，仅为贸易商手中的筹码，导致2005年4月后和2006年7月后钢材市场价格连续深跌。

在同比指数方面，以上几种主要建材价格的变动情况更为清晰。钢材价格同比指数大体呈“M”形变化，在短期内小幅上涨后一路深跌，从2006年10月起才回升，之后又经历快速涨跌的状况，整体价格波动非常剧烈。水泥价格2005年至2006年8月普遍低于2004年同期价格，直到进入2006年9月的旺季，受固定资产高速增长的影响，其价格才回落，此后水泥总体价格持续快速上涨。黏土砖瓦及建筑砌块同比价格由持续偏高10%左右缓慢回落至偏高5%左右。木材价格因木材市场供应偏紧，进口木材价格升幅较大，拉动国内木材市场整体价格上升，从2006年4月开始了持续12个月同比价格偏高的状态，而后缓慢回落。平板玻璃的价格以较快的速度由同比偏低上涨至同比偏高5%～10%，由于原燃材料价格的上涨，平板玻璃的价格已经走出谷底并不断回归。

区域性价格统计分析。中国不同地区的建材价格走势具有很大差异，仅就2006～2007年7月中国建材及非金属矿产品区域性出厂环比价格指数统计分析，其变动情况为：

2006～2007年7月间，中国的东北、中南、西北地区的价格普遍比较稳定，其环比价格基本围绕100小幅上下波动，其中东北地区建材价格的季节性变动较为一致，表现为冬季价格普遍下跌，进入暖季后普遍回升的变动趋势；华北地区则由一开始较大幅度波动趋于向100收缩波动；华东地区最初围绕100紧密波动，后于2006年10月后出现价格先涨后跌的季节性变动趋势，因夏季炎热和雨水天气多造成华东地区夏季施工需求减少，而进入第4季度则是华东地区大宗建材消费旺季，价格一般较第3季度要高，且上升幅度非常明显；西南地区除西藏各月价格波动较大外，其他省份均在100左右浮动。

2006～2007年7月间，华北地区同比价格指数不断上涨，趋向高于上年同期的1%～10%，其中北京地区出现自2006年6月至9月的价格高于上年同期20%的现象，直至进入10月出现价格的季节性下滑；天津涨幅最大。东北三省的同比价格指数逐渐缩小，价格涨幅缩小在5%以内。华南地区的同比价格则表现为由总体偏低向偏高的变动趋势，说明价格的季节性波动比上年同期还要剧烈，上海的这种趋势尤为明显。中南地区除海南外，总体水平与上年同期相当，海南则呈现出由最初9个月低于上年同期15%～20%的价格迅速上涨，乃至2007年3月高于上年同期价格的11.17%，由于水泥工业是海南省建材工业的重点，也是耗能大户。从总体上看，该地区水泥工业总体技术层次较低，工艺装备有待提高。近两年来，通过淘汰落后工艺技术，采用新型干法砖窑设备等措施，产能大幅提高，带动该地区的建材行业发展，建材价格同比指数快速上升。西南地区同比价格指数比较分散，除云南外其他省份同比价格指数逐渐收缩于105左右，云南的价格指数由开始的114.97小幅上涨后一直下跌，到2007年5月，价格已低于上年同期的4.16%。云南地区的建材工业以水泥为主，由于2006～2007年产能高度扩张，导致各生产企业低价促销，同时落后的生产能力退出市场较慢，挤占建材市场，以及该省受煤、电、水等生产成本上涨影响较大，该省的建材工业效益大减，建材价格大跌。西北地区的建材价格变化不大，总体价格指数收缩至100～105。

(三) 2008年中国主要建筑材料价格走势预测

建材价格的总体性预测。预计2008年中国的经济将保持持续增长，其中固定资产投资也将保持持续增长，但为了保持经济的健康发展，国家已采取措施严控高耗能、高排放和产能过剩行业的项目投资和审批，实行更为科学合理的市场准入制度，控制高资源消耗产业出口，随着中国经济的持续增长、固定资产投资增长、国家宏观调控以及物价水平的普遍上涨，同时考虑经济紧缩因素，预测2008年建材总量性价格将会延续前两年持续上涨的趋势。

结构调整引发建材工业的区域发展不平衡将加剧。建材行业内部的竞争日趋激烈，行业内的结构调整加快，技术进步、新型工艺推动产品及企业的优胜劣汰，市场对绿色环保建材需求保持快速增长。建材行业进行内部的结构调整，发展节能环保的绿色建材，建设资源节约型和环境友好型产业，将是中国建材工业实现可持续发展的必然选择。

成本高启压力加大。国际油价持续攀升，原材料、燃料价格、运输成本的持续上涨势必对建材工业产生直接的影响。成木的增加对建材产品的价格产生直接的压力，但随着建材行业的结构调整加快、生产方式的更新，建材工业对原燃料的消耗将会因新工艺技术的推广有所下降，在一定程度上又会缓解成本增加的压力。此外，运输计费新方式的全国性快速推广将会推动相关建材产品价格的上涨。

总体来说，建材工业生产将继续保持快速稳步增长。但也要看到，随着国家淘汰落后产能、推进节能减排等工作的顺利进行以及资源价格改革的稳步推进，资源性产品供应可能进一步趋紧，企业生产成本将有所增加。这种生产成本短期内如果增加过快，将会一定程度上拉高生产资料价格。另外，国际市场原材料、能源价格一旦出现异常大幅变动，将会对生产资料价格产生不可预见的影响。

建材价格的结构性预测。

钢材。2007年国内钢材市场价格总体走势是近三年中最好的一年，除了一季度末和二季度末价格走势出现较大波动幅度以外，其他各月价格走势都表现出平稳向上的趋势，虽也有波动，但均适时止跌回升。2008年3月，钢铁企业的成本大幅度上升，钢铁企业上调了出厂价格；3～4月，钢材价格达到高峰，5月进入了震荡期，6月中旬出现回落。未来钢材价格主要受成本拉升和需求情况的影响，具有不确定性，但价格上涨的可能性较大。主要是因为国内外对钢铁的需求增长强劲、资源结构的区域变化以及国内钢厂成本支撑进一步加固等因素。国家在控制经济发展过热的措施中，针对钢铁等高污染行业将继续实施节能减排、提高准入门槛、调整税收政策等措施，在其最终效果上，也将会促进钢材价格的上扬。

水泥。水泥行业的产能扩张速度已处于历史相对低位，而市场需求保持相对平稳，水泥行业的供求关系已经得到明显改善，现处于相对平衡的状态。在此基础上，2007 年国内水泥价格稳步提升，2008 年价格上涨趋势仍将延续。水泥价格的影响因素有：抗震救灾形成了对于水泥产品的巨大需求，有专家预计需求量将达到 5000 万～7000 万 t，由于灾后重建对建筑质量和防震要求的提高，水泥需求的增长不仅体现在数量的增长上，而且还体现在对水泥质量要求的提高，对高标号水泥、优质水泥的需求将明显增加；无论从区域市场集中度还是市场控制力来看，中国水泥行业距离成熟产业还有较大的距离。淘汰落后产能加速将继续推高国内水泥价格；由于煤炭费用占水泥生产成本的三成以上，煤炭价格的上涨，无疑增加了水泥的生产成本；从 2007 年 7 月 1 日起，中国取消了水泥产品的出口退税，由于水泥产品是区域性产品，占全国出口量最大的华东地区会受出口退税的影响最大，出口退税也只会影响到部分出口量，增加国内的供给，但相对于其他因素，价格上行的可能性较大。

平板玻璃。预计未来中国玻璃行业将承继 2007 年的行业复苏走势，继续保持景气度的高位。虽然 2008 年房地产市场受宏观调控的影响将高于 2007 年，但购置土地面积在 2007 年的大幅反弹将会促使 2008 年建筑玻璃市场会继续保持景气。同时，玻璃作为生产资料的一种，对于油价的上涨十分敏感，从行业的整体水平来看，油价已经占到玻璃生产成本的 60%以上，随着国际油价的上涨，平板玻璃的价格将会继续保持高位运行，涨幅也将增加。当然，在平板玻璃价格上涨的过程中会出现一些反复和震荡，但是上升的趋势不会改变，而造成反复和震荡的原因主要有：

第一，在 2008 年许多新线都相继点火，使供求关系发生微妙的波动，在波动的时期可能会造成价格的下滑。

第二，房地产的回调还没到位，对于玻璃的需求目前正处于一种下滑的通道中。

第三，2007 年 7 月 1 日起玻璃出口退税的比例下调至 5%，也将在一段时间内影响玻璃的价格。

木材。2007 年木材市场供应偏紧，进口木材价格升幅较大，拉动了国内整体木材价格的上升，一些木材价格升幅甚至达20%。但是，木材的涨价并不一定导致那些以木材为原材料的产品明显涨价。预计2008年木材涨幅会逐渐下降。2007年以来中国本土木材市场逐步走出沉闷的趋势已经日渐明朗。随着时间的推移，伴随着国家对于农业、林业等各项宏观调控政策的不断落实，2008年本土木材资源市场的形势会越来越好。

黏土砖瓦及建筑砌块。2007年黏土砖瓦及建筑砌块的价格处于变动极小且涨幅稍有回落的趋势。黏土砖瓦及建筑砌块属于价格弹性较小的建材，但由于运输成本对其价格影响比较直接，受铁路运输涨价及公路计重收费的全国性推广的影响，预计2008年黏土砖瓦及建筑砌块的价格将会有小幅上涨。

九、技术发展

（一）企业空前重视，加大投入

企业对于技术进步的重视程度大大提高。长期以来，中国建筑业存在着科技创新意识不强，科技创新和应用的组织体系不健全，机制不完善，科技投入严重不足等问题。在党和国家实施科学发展观的大背景下，企业普遍认识到，企业要争取可持续的长远发展，走上内涵的发展道路，形成自己的核心技术至关重要。目前，在企业的发展战略规划中，科技创新战略都是发展战略中的重要组成部分，勘察设计企业、建筑业企业、上市公司2007年的科技投入都有大幅度的提高。一些大型企业努力走掌握技术前沿之路，建立与企业核心技术相关的国家重点试验室、博士后科研工作点，抓住机遇制定行业技术标准等，进行科研开发的积极性空前高涨。

（二）建筑形式、结构、材料的革命性变化是技术进步的引擎

近些年来，新的设计理念、创新的建筑形式、结构、材料使用层出不穷，给勘察设计、施工带来了巨大挑战，也成为企业进行技术进步的引擎。企业结合承揽的工程项目进行技术创新仍然是技术进步的主要方式。在承揽工程的过程中，企业进行技术攻关并积累技术成果，及时编制国家规范、标准和企业内部技术标准，培养了人才，锻炼了队伍，形成了企业在市场竞争中的品牌，也带动了我国建筑业建造能力和国际竞争力的提

高，使我们更加能够面对具有挑战性的工程。因此，敢于面对、敢于承担、敢于实践、善于积累、善于宣传、善于继续拓展未来的相关市场，是企业应对当今工程项目市场的基本态度。

(三) 通过科技进步形成技术专长和新经济增长点

一些企业在取得专利技术、专有技术的基础上，形成了专业工程和专业技术，开拓出了新的承包服务领域，如超高层房屋建筑、医疗建筑工程、无损检测工程、高等级生物安全工程、航空港口物流工程、节能诊断技术等建设、咨询服务领域。有的企业通过聚焦重点、集成创新及产学研合作，进行技术的整合及适应具体需求的技术打包服务，促进新技术领域发展。还有的企业瞄准未来工程需求市场，在节能环保工程、地下工程、建筑智能、建筑环境技术、超洁净工程、大跨度桥梁、深长隧道等领域未雨绸缪，提前投入人财物研发，提前储备技术，购买设备，取得了市场竞争的主动权，有力地保证了企业的持续健康发展。上述做法保证了一些企业取得了跨越性的发展。

(四) 政府促进引导

提出科技规划指明方向并增加投入。各地方通过制定科技进步规划，制定相关的技术经济政策，全面推进制度创新，坚持以企业为主体、以项目为载体、以市场需求为目标、以建筑工业化、现代化、住宅产业化为重点推动企业的技术进步工作。

围绕绿色节能环保建筑展开。“绿色、环保、节能、和谐、循环可持续发展”已经成为当前经济社会发展的主旋律，也成为主管部门引导建筑业技术进步发展的主要方向。通过采用绿色建筑评价，给予建筑物以绿色标识，引导业主、勘察设计、建筑施工等建设主体建设新一代高品质建筑。

加快新技术推广应用。2008 年 1 月，建设部组织有关专家对 2007 年申报的全国建设行业科技成果推广项目进行评审，共评选出推广项目 146 项，其中综合项目 67 项，城市轨道交通专项技术 32 项，建筑防水专项技术 47 项。要求有条件地区的工程，特别是国家或省市重点工程，应优先选用推广项目，以加快科技成果转化，促进工程质量和建设行业科技水平的提高。各地也努力加强科技成果的转化推广，适时淘汰落后产品和技术，实施新技术应用示范工程，实行材料准用制度等加大科技成果的转化推广。

十、抗震救灾

(一) 救灾行动

2008 年 5 月 12 日 14 时 28 分，我国四川汶川发生里氏 8.0 级强烈地震，地震波及全国除黑龙江、吉林、辽宁之外的所有省市，四川、甘肃、陕西部分地区遭受了巨大的人员伤亡和财产损失，大量房屋建筑倒塌或遭到破坏。据 5 月中旬的统计，四川省成都、德阳、绵阳、广元、雅安和其他 15 个市州倒塌和损坏房屋约 440 多万间，部分城镇几乎夷为平地。甘肃省倒塌裂损房屋 45 万多间。陕西省倒塌裂损房屋 30 万多间。市政供水设施等毁损严重。四川省共有近 20 个市县，尤其是县城供水、道桥、环卫、照明、供气等市政设施普遍受损。

地震灾害发生后，根据党中央、国务院的统一部署，住房和城乡建设部迅速启动了《建设系统破坏性地震应急预案》I 级响应，并成立了住房和城乡建设部抗震救灾工作指挥部，由部长任指挥长，分管副部长任副指挥长。全国住房城乡建设系统各级主管部门、各行业协会和企事业单位发扬“一方有难、八方支援”的优良传统，迅速行动起来，积极展开抗震救灾工作。

一是迅速组织中央建筑业企业和灾区临近地方建筑业企业，携带机械设备，组织专业技术人员赶赴灾区支援抢险救灾，解决灾区大型施救机具缺乏等难题。

二是迅速调运应急供水、燃气等物资。在全国范围内组织了 48 台移动制水设备，饮用水消毒药剂，保证灾区饮用水的供应和安全。同时，还紧急调运便捷燃气设备和移动公厕，解决灾区人民生活难题。

三是迅速开展灾区房屋应急评估和科学排险方案。组织了专业技术人员，对因灾受损房屋的安全性进行评估。对基本安全的房屋，允许继续使用；对危险房屋，设立警示标志，防止发生房屋倒塌造成二次人员伤亡事故，保障灾后房屋使用安全。除房屋评估鉴定工作外，专家们还积极参加灾区危险建筑拆除工作，帮助制定科学排险方案。

四是普遍展开了捐款活动。各级机关、各类企业的捐款、系统内党员交纳特殊党费等各类捐款规模达到近年来赈灾募捐的最高水平。

五是加强对四川籍建筑业农民工的帮助和疏导，妥善做好稳定工作。各级建设部门积极安抚灾区籍农民工，努力说服他们安心工作，尽可能地帮助他们及时了解灾情和联系亲友。北京市建委向四川驻京建管处拨付20万元，用于灾区来京务工人员安抚和服务保障工作。上海市建设交通委将安抚责任落实到每个工地，向在沪6万名川籍农民工及时提供最新震区信息，并给予物质和精神上的帮助。天津市建委向灾区农民工进行资助，对来自重灾区的农民工每人补助1000元。各地建设部门还采取了多项措施，确保受灾地区企业和农民工的劳务费和工资足额按时支付。

（二）过渡安置房建设

组织建设灾区群众的过渡安置房。按照国务院抗震救灾总指挥部的要求，自五月下旬开始，城乡建设系统要在三个月的时间内，为四川灾区建设100万套过渡安置房，以解决灾区群众无家可归、露宿街头的问题。每套过渡性安置房面积一般控制在20m^{2}内，确保3年使用期，并配备基本的生活、卫生、供应、教育设施。为此，住房和城乡建设部制定了《地震灾区过渡安置房建设技术导则(试行)》，并向全国23个省市和计划单列市下达了对口支援灾区过渡安置房的任务，派出现场指导工作组。负责援建的省市党委和政府领导高度重视，迅即行动，分解落实任务，进行勘察设计选址、筹措资金，落实队伍，积极主动工作。规划部门、勘察设计企业、建筑业企业、活动板房生产厂家、钢结构公司积极响应，在第一时间赶赴灾区，勘察确定建设地点，在确保质量的前提下，加班加点，全力以赴，为灾区人民尽早住上过渡房屋做贡献。截至2008年6月30日，地震灾区过渡安置房(活动板房)已安装388300套、正安装22700套、待安装45600套。

（三）灾后重建

用科学发展观指导震区灾后重建工作。按照国务院的统一部署，随着抢险工作的推进，灾区恢复重建将逐步展开。2008年6月国务院制定《汶川地震灾后恢复重建条例》，《条例》重点作了以下规定：一是明确了以人为本、科学规划、统筹兼顾、分步实施、自力更生、国家支持、社会帮扶的方针和相关原则。二是对过渡性安置的方式方法、安置地点选址、配套设施建设以及资金和物资的分配使用等作了明确规定，要求安置资金、物资和临时住所的分配使用公开透明。三是对地震灾害调查评估、损毁的重要公共设施的工程质量鉴定以及地震资料收集、保存、建档提出了明确要求。四是明确了恢复重建规划的编制主体、原则、要求和程序，要求编制规划吸收有关部门、专家参加，充分听取地震灾区干部群众意见，批准的规划要及时公布。五是对实施恢复重建的责任主体和相关环节等作了明确规定，要求灾后恢复重建优先安排交通、通信、电力、供水、住房、学校、医院等，并对学校、医院等公用设施的抗震设防提出特殊要求。六是明确了恢复重建的资金筹集与政策扶持原则。七是对恢复重建资金、物资和工程质量监管作出了严格规定。

城乡建设系统及早介入，研究新区建设的选址规划、建设标准、工程质量等方面工作，并在汶川地震灾后重建规划组担任副组长单位。住房和城乡建设部负责城镇体系规划、农村建设规划、城镇住房建设规划三个规划的编制工作。为了科学指导农民安全自建房屋，住房和城乡建设部决定在受灾地区帮助农民自建一批有典型意义的永久性示范房。与有关地区、部门和全国人民一起，帮助灾区人民建设更加美好的新家园。

十一、政策走向

(一) 宏观环境

政府继续加强和改善宏观调控。2007～2008 年，围绕经济结构调整，转变增长方式，防止经济增长由偏快转为过热，抑制物价过快增长，中央采取了一系列宏观调控政策措施：实行从紧的财政、货币政策，2007 年 1 月至 2008 年 6 月，连续 15 次提高银行存款准备金率，以抑制流动性过剩，抑制经济局部过热增长的势头。政府宏观调控手段更加多元化，土地、节能减排等新元素不断增加，政策组合作用大大提高了调控的有效性，防止了经济增长由偏快转为过热，保证了经济持续平稳较快发展的势头。

民生问题解决力度加大。2007～2008 年，我国加大了解决民生问题的力度，改善低收入家庭的住房困难问题，包括教育、医疗、社会保障、收入分配等社会领域各项改革不断深化，使城乡居民共享改革发展成果。《国务院关于解决城市低收入家庭住房困难的若干意见》颁布，明确把解决城市低收入家庭住房困难作为住房制度改革的重要内容。国家继续扩大了企业职工基本养老保险个人账户的试点范围；加大了被征地农民社会保障工作力度；农村义务教育阶段学生全部免除学杂费政策已在全国范围内实施；全国开始建立农村最低生活保障制度；加快建立基本医疗卫生制度，城市社区卫生服务网络建设加快，新型农村合作医疗制度由试点进入全面推进阶段。

重点领域和关键环节改革继续深化。2007 年，我国重点领域和关键环节的改革迈出新步伐。农村综合改革稳步推进，集体林权改革试点进展顺利，村镇银行等一批新型农村金融机构建设试点取得成效，农村小额贷款制度得到完善。国有经济战略性调整和国有企业股份制改革继续推进，企业改制上市步伐加快，并购重组力度加大，国有资本经营管理体制进一步完善。继续完善财政支农政策、加大财政对收入分配和社会保障等领域的支持力度，扩大了公共财政覆盖范围。金融改革稳步实施，国有商业银行、政策性银行和中小商业银行改革继续推进。

节能减排向纵深推进。2007 年，我国在建设资源节约型、环境友好型社会方面迈出了坚实的步伐，节能减排政策组合出台，以更大的力度向前推进。国务院发布《节能减排综合性工作方案》，明确了节能减排的主要目标，并提出综合运用经济、法律和必要的行政手段，控制增量、调整存量，依靠科技、加大投入，健全法制、完善政策，落实责任、强化监管，加强宣传、提高意识，突出重点、强力推进。国务院还批转了节能减排统计监测及考核实施方案和办法，将能耗降低和污染减排完成情况纳入各地经济社会发展综合评价体系，作为政府领导干部综合考核评价和企业负责人业绩考核的重要内容，实行严格的问责制。与此同时，各项抑制高耗能、高排放产业的经济政策也紧锣密鼓地出台。随着各项政策措施力度的不断加大，节能减排出现突破性进展。2007 年单位国内生产总值能耗比上年下降 3.27％，化学需氧量、二氧化硫排放总量近年来首次出现双下降，比上年分别下降 3.14％和 4.66％。

农业基础地位得到加强。2007 年 1 月，中共中央、国务院发布《关于积极发展现代农业扎实推进社会主义新农村建设的若干意见》，文件指出，发展现代农业是社会主义新农村建设的首要任务，要用现代物质条件装备农业，用现代科学技术改造农业，用现代产业体系提升农业，用现代经营形式推进农业，用现代发展理念引领农业，用培养新型农民发展农业，提高农业水利化、机械化和信息化水平，提高土地产出率、资源利用率和农业劳动生产率，提高农业素质、效益和竞争力。要加大对“三农”的投入力度，加快农业基础建设，推进农业科技创新，开发农业多种功能，健全农村市场体系，培养新型农民，深化农村综合改革，加强党对农村工作的领导。2007 年，国家继续强化支农惠农政策，加大公共财政覆盖农村的力度，完善转移支付制度，夯实农业发展基础。社会主义新农村建设顺利推进，农业继续保持良好的发展势头。同时，还启动了建设全国统筹城乡综合配套改革试验区工作，城乡经济社会发展向一体化方向迈进。

（二）建筑业较长周期的市场环境仍然看好

世界城镇化发展规律表明当城镇化率为 30％～70％时，建筑业处于快速发展阶段。目前我国城镇化率 45％，2020 年规划提升至 55％，这一过程中城镇化对建筑业将保持旺盛需求。从长周期看，短期宏观调控并不影响建筑业长期快速发展的向好趋势。

就近期来看，建筑业的增长会承受速度向下的压力。2008 年下半年紧缩性宏观政策尚难发生趋势性转变，2008 年前 4 月完成固定资产投资、新开工项目计划增速数据已显示出累计逐月下降迹象。铁路、公路、城市轨道等基础设施建设行业 2008 年下半年受宏观调控影响小，铁路建设下半年将进入加速投资期。一般房屋和民用建筑市场所处行业易受紧缩调控影响，调控背景使得基础设施领域会好于房屋建设领域，房屋建设领域由于行业集中度低、竞争激烈，行业业绩在紧缩、成本上升和市场不规范背景下将更不确定。

从长周期看，中国的基础设施还有巨大需求，住宅潜在需求旺盛，城乡一体化发展任务艰巨，城市发展还有巨大的工程潜力，国外市场开拓领域广阔，中国的建筑业较长周期的市场环境依然看好。

（三）政府采取措施支持企业发展

为加快建筑业发展，更好地发挥建筑业在经济社会发展中的重要作用，一些地方政府采取积极措施加快培育核心竞争力强、处于行业支配地位、拥有知名品牌的大型企业集团。如江苏省政府出台的《关于加快推进建筑业改革与发展的意见》中提出，重点培育优势企业。河北省建设厅制定出台了《关于加快重点支持大型建筑企业发展的政策措施》，对列入重点支持名单的10家建筑业企业集团采取引导鼓励措施，加快培育有条件的建筑企业向大型企业集团发展。河南省建设厅将通过政策扶持、增强融资能力和战略重组等方式，培育扶持河南骨干建筑企业做强做大。将在市场推介、资质审批、税赋减免等方面对骨干企业予以重点帮助和扶持，并在融资平台和方式上进行探索与创新。通过联合、兼并、购买、控股、上市等方式扩大资本总量，拉长产业链条，使骨干企业广泛介入工业、基础设施领域，尽快挤进轻轨、地铁、隧道、矿山等工程承包市场。针对部分骨干企业融资和技术创新能力较弱的现状，河南省建设厅还决定建立特级企业发展联席办公制度，与省直有关部门联合设立技术进步专家指导组和融资指导组等5个指导组。

湖南省建设厅与地方税务局联合下发《关于进一步规范建筑业税收工作的通知》，对建筑企业营业税和建筑劳务分包企业个人所得税附征等问题作出明确规定，明令禁止向包括建筑劳务分包企业在内的建筑企业多头、重复征税。福建省建设厅与福州大学发挥各自优势，密切产学研合作，共同致力于支持建筑业企业发展，搭建建筑业企业与高等院校合作平台。省建设厅与福州大学签署合作框架协议。同时，福建省首批15家民营企业分别与福州大学土木工程学院签署产学研合作协议，就开展技术咨询、科研、人才培养等方面进行合作。

江苏：江苏省政府出台《关于加快推进建筑业改革与发展的意见》

重点培育优势企业。各级政府要研究制定扶持政策，加快培育一批具有较强竞争力的优势建筑企业。鼓励企业跨地区、跨行业、跨所有制进行联合、兼并、重组，形成一批资金雄厚、人才密集、技术先进，具有科研、设计、采购、施工管理和融资等综合能力的大型建设企业集团。打破行业和地方壁垒，全面开放市场，消除市场准入障碍。大型建筑企业要积极参与高端建筑市场竞争，提高市场覆盖率。鼓励大型建筑企业以资产联结为纽带，以项目合作为基础，带动中小企业共同开拓市场。促进银行与建筑企业合作，由银行为优势建筑企业提供与施工能力相匹配的授信额度和境外保函。积极为优势建筑企业人才引进、市场准入、资金融通、政策咨询等方面提供支持和服务，提高资质等级，优化资质结构，引导企业做大做强，争取有更多的企业进入全球知名承包商行列。

河北：河北省建设厅出台《关于加快重点支持大型建筑企业发展的政策措施》

建立年度发展报告制度。大集团发展规划要通过省级专家论证评审，并对规划实施实行承诺制。每年一月份对大集团发展规划目标的实现情况组织评估，发布大集团发展报告，对连续两年未实现发展规划目标的，适时进行更新。

扩大企业经营领域。积极支持大集团争取1+2企业资质，具备在房屋建筑、交通、工业等建设领域全面竞争资格，建立与省内外相关企业共同发展的集团发展模式；同时努力为大集团向外交、商务等部门争取对外经营权，引导突破国际市场。

帮助企业增强核心竞争力。利用3年时间，对企业高管人员进行各类国内培训和国外培训，实施全员培训战略；搭建企业与省内有条件的院校或科研单位联合平台，强化企业科技创新能力，并组建河北省建筑业经济联盟，提高融资能力。

为企业提供优质公共服务。对大集团采取直接管理体制，其企业资质、执业人员资格考核认定、注册等行政许可事项可直接向省建设厅申报；在3000万元以上政府或公有投资工程招标中，不再对大集团进行资格预审；同时为加强市场推介力度，将与相关新闻媒体合作，系列报道大集团发展成就，并适时组织大集团发展成果展。

(四) 建筑市场信用体系将实质性启用

2007年，建筑市场信用体系建设取得重要进展。2007年1月，建设部出台《建筑市场诚信行为信息管理办法》，发布《全国建筑市场各方主体不良行为记录认定标准》。2007年12月7日，“长江三角洲区域建筑市场信用信息平台”开通启用。2008年1月7日，全国建筑市场诚信信息平台开通启用，将统一对外发布全国建筑市场各方主体诚信行为信息。信用信息平台的建立意味着建筑市场信用体系的建设进入了实质性工作阶段。

全国建筑市场诚信信息平台的主要功能是：运用现代化、信息化的网络手段，采集各地诚信信息数据，发布全国建筑市场各方主体诚信行为记录，重点对失信行为进行曝光，并方便社会各界查询；整合表彰奖励、资质资格等方面的信息资源，为信用良好的企业和人员提供展示风采的平台；普及和传播信用常识，及时发布行业最新的信用资讯、政策法规和工作动态，为全国建设行业提供信用信息交流平台。

全国建筑市场诚信信息平台的开通，一是有利于解决建筑市场信息不对称的问题。通过信用信息平台将信用信息记录下来，并向全社会公开，有关企业和个人在市场交易过程中都可查询彼此的信用状况，共享信息资源，将大幅度地减少信息不对称状况，信用信息的公布将有效遏止失信行为的发生。二是有利于提高建筑市场的监管效率。借助于信用信息平台强大的动态数据库系统，突破封闭式的部门监管与地方割据，将彼此脱节的管理资源充分整合，实现建筑市场与工程现场的管理联动，达到全方位、全过程的管理。通过对信用信息的分析、加工和处理，政府有关部门还可以进行市场预测，制定行业政策，加强市场引导，使监管工作有的放矢。三是有利于促进长效信用机制的完善。信用信息平台通过对不良行为信息的公布披露，使各方主体失信行为曝光于市场之中，失信的企业或个人在建筑市场中将无容身之地，并将最终被清出市场，这是对失信者最有效最严厉的惩罚。市场各方主体将从被动遵守规则转为主动信守承诺。

（五）明确建造师制度建设过程中相关问题解决办法

为了确保建筑业企业项目经理资质管理制度向建造师执业资格制度平稳过渡，妥善解决尚未取得建造师执业资格的持有项目经理资质证书人员的实际问题，2007 年 11 月 19 日，建设部印发《关于建筑业企业项目经理资质管理制度向建造师执业资格制度过渡有关问题的补充通知》。《通知》指出，具有统一颁发的建筑业企业一级项目经理资质证书，且未取得建造师资格证书的人员，2007 年度担任大型工程施工项目经理，可申请一级建造师临时执业证书。2007 年度未担任大型工程施工项目经理，年龄不超过 55 周岁，且符合相关文件中业绩规模、数量和专业要求的，也可申请一级建造师临时执业证书。经建设部审批后，委托各省级建设主管部门向符合条件者颁发一级建造师临时执业证书，证书有效期为 5 年。取得一级建造师临时执业证书的人员，其注册、执业、变更、注销和继续教育等，按照注册建造师制度有关规定执行。具有建筑业企业一级项目经理资质证书，未取得建造师资格证书且不符合颁发一级建造师临时执业证书条件的，可由省级建设主管部门根据相关规定，对符合条件者颁发二级建造师临时执业证书。

（六）建设工程招投标引入社会监督

2007 年，一些城市创新建设工程招投标监管方式，强化社会监督，拓宽监督内容，让建设工程招投标的全过程暴露在阳光下，接受全社会的监督，从而规范招投标各方主体行为，确保招投标过程的公开、透明。

北京市在建设工程招投标过程中建立起招投标特邀监督员制度、社会公众旁听制度和定期通报制度。按照北京市建设委员会发布的《建设工程招标投标社会监督暂行办法》，北京市建委将邀请人大代表、政协委员、建筑行业专家、招投标协会人员以及纪检监察部门工作人员等人士，作为北京市建设工程招投标活动的特邀监督员。特邀监督员参加国家和北京市政府投资工程和重点工程招投标的监督检查，并提出意见和建议。还可在日常工作、生活中了解收集有关招投标的信息，向北京市建委反映发现的问题。同时，可对北京市有关建设工程招投标的重大决策和规范招投标行政监督行为提出意见和建议。对特邀监督员反映的问题、意见和建议，北京市建委将进行调查研究或处理，并将结果反馈给特邀监督员。北京市民也可通过申请旁听的方式参与建设工程招投标会议。

宁波市建立建设工程投标申请人情况公示制度，将建设工程投标申请人情况在宁波市建设工程招标投标管理办公室的官方网站上予以公示，公示时间为两个工作日。

（七）农民工管理逐步规范

建筑业是农民工最集中的行业，维护和保障农民工的合法权益，改善农民工的生产生活环境，对于构建和谐社会具有重要意义。2007 年，上至建设部、下至各地建设主管部门，都高度重视农民工工作，采取积极措施，建立农民工各项维权保障体系，有效地促进了农民工工作的深入开展。

建筑工地农民工业余学校创建工作稳步推进。随着建设行业的迅速发展，新材料、新技术的大量应用，设计和施工水平的不断提高，对农民工的素质提出了越来越高的要求。2007 年，创建农民工业余学校，加强对农民工的组织管理和教育培训工作稳步推进。

2007 年 3 月，建设部、中央文明办、教育部、全国总工会、共青团中央联合印发《关于在建筑工地创建农民工业余学校的通知》。通知发出后，各地高度重视，纷纷采取有效措施大力开展创建工作。青岛市建管局对建筑施工现场实施 A、B、C 三级管理，并与农民工夜校质量“挂钩”，对农民工夜校建设及管理未达到要求的，实施一票否决，直接划入 C 级工程。湖南省提出凡达到规定建筑面积或工程造价的建筑工程项目，都要创建农民工学校。未按规定创办农民工学校的工地，不得参加“安全文明示范工地”评选，不得参加“鲁班奖”、“芙蓉奖”和各级优质工程评选。对创建工作滞后、不达标的企业和项目部要给予通报批评、责令改正，并记入企业信用档案。宁波市建委在全国率先建立了“建筑业企业农民工培训教育网”，通过网络对民工学校建校备案、开课、日常学习、技能培训等各方面情况实施动态管理；每月编发一期民工学校专刊，通报各企业的建校和各民工学校的开课学习情况。符合建立民工学校条件但未建立民工学校的，纳入市建委重点监管对象。此外，在主体施工阶段，把民工学校建立情况作为建筑工程施工现场标准化管理检查标准的一项重要内容，将检查情况及时在民工学校培训教育网上公布，与企业考核、年终“优秀民工学校”评比相挂钩，并将检查评比结果记入企业信用档案，进一步提升了建筑业企业的诚信度，也在一定程度上促进了企业的办学积极性。

随着农民工业余学校创建工作的稳步推进，它在维护农民工合法权益、提高农民工技能水平和安全生产意识，丰富农民工文化生活、完善企业用工管理、保证工程质量安全等方面发挥的积极作用日益得到体现；同时，农民工综合素质的提高也促进了社会的和谐稳定。

2007年7月27日，在青岛召开的全国建筑工地农民工业余学校创建现场会推广了青岛经验。一是部门联合办学，市、区(市)两级建设行政主管部门为牵头单位，分别与综治办、总工会、团市委等多部门组成建筑工地职工夜校领导小组，建立相对固定的管理和服务机构。要求建筑面积在5000m²以上的建筑工地，应建立至少容纳50人听课的教室，职工夜校每学年不少于4个月有培训内容，每周授课1至2次，一个课时2小时。二是规范教学内容，制定了《青岛市建筑工地职工夜校教学大纲》，加强安全生产、文明施工、施工质量、施工工艺、职业技能、权益保护，以及交通法规、健康卫生等方面的教育。三是突出教学创新，进一步丰富教育培训方式。自2005年起，青岛市将以往的建筑农民工集中上岗培训，改革为由企业或项目部自行组织，把建筑农民工岗位培训课堂“搬”进了建筑工地，与班组学习相结合，与文化娱乐活动相结合等。四是建立长效机制，确保职工夜校有效运转。从2007年起，对施工现场实施A、B、C三级管理，对夜校建设及管理未达到要求的，实施一票否决，直接划入C级工程，实施跟踪管理、重点管理。青岛市各建筑工地均建立了夜校考勤制度和详细完整的教学档案，建立了严格的学员学习登记制度。各级建设行政主管部门每年进行一到两次综合检查，并不定期组织抽查，督促施工企业扎实抓好职工夜校管理。(吴尚根)

农民工技能培训工作大力开展。2007年，建设部在联合有关部门组织实施农村劳动力转移培训“阳光工程”的同时，与中央统战部启动了“温暖工程李兆基基金建筑业农民工培训”项目。运用香港爱国人士李兆基先生捐赠资金，在2007年年底前对河北、河南、湖南等13个省区市的20万农民开展建筑业基本技能、安全知识等免费培训，并帮助他们转移到建筑业就业。该项目自2007年4月底正式启动以来，得到了各方相关领导的高度重视。有关方面明确培训任务和职责，健全各项管理制度，依托现场，校企合作开展订单培训，并积极畅通就业渠道，基本做到培训一人、输出一人、就业一人。此外，有关方面还加强对培训机构的管理，加强对项目资金的监管，严格项目考核验收工作。截至2007年年底，项目已对20.2万农民工进行了培训，其中19.8万人转移就业，就业率达到98.2%，超额完成了年度培训和转移就业任务。各地对此也高度重视，成立专门机构，采取有效措施推动项目稳步开展。重庆市建委制订了每年1000万元的培训资金补贴计划，2007年投入550万元作为“温暖工程”项目配套资金。陕西省建设厅对培训机构实施动态监管，坚决取消了个别不按计划培训的机构的培训资格。

为进一步提高农民工素质和就业能力，加快农村劳动力转移就业，各地也加大农民工培训力度，创新培训方式，加大培训经费投入，提高培训的针对性和实效性，取得了一定成效。

重庆：重庆市多渠道筹集资金，加大培训投入。2004～2007年，通过实施“阳光工程”争取到国家及地方财政资金670万元，通过实施移民转移培训争取到国家移民培训资金115万元，在中央统战部和建设部的支持下，通过实施“温暖工程”争取到“李兆基基金”450万元，加上市建委及有关区县建委的投入，全市建设系统已累计投入农民工培训经费2000万余元，有力地保障了培训工作的顺利开展。为了让农民工能学以致用，重庆市在培训中着力强化技能操作训练，在教学大纲中明确规定了实训时间不得少于总培训时间的2/3，并要求各培训单位必须依托施工现场开展实训，由实训师傅对学员进行“手把手”教学。这种实训方式，让农民工学员更容易学到操作要领。重庆市还大力推行订单培训，确保学员转移就业。农民工学员在培训前就与建筑企业签订《就业意向书》，明确了培训合格后的就业意向。学员在培训期间的实训主要在其意向就业企业的施工现场完成。这种培训方式，让参加培训的农民提早吃下就业的“定心丸”，提高了农民参加培训的积极性，增强了就业的稳定性，也加深了学员与用工企业之间的了解与沟通，实现了用工企业与学员的“双赢”。(王宝金)

湖南：湖南省充分利用农民工学校这一平台，实践“温暖工程”宗旨，农民工学校培训按照转移一批、稳定一批、提高一批的总体目标，分类指导，科学培训，为农民工稳定就业服务。以转移就业为目的，对一批农民工进行引导性培训，培训合格者颁发“普工”证书；以稳定就业为目的，对一批已从事建筑施工作业且尚未取得“职业技能岗位证书”的农民工，进行职业技能培训，职业技能鉴定合格者颁发“职业技能岗位证书”；以指导带动就业为目的，对一批施工企业作业队长进行提高培训，培训合格者颁发“建筑施工作业队长培训结业证书”，优先申报技师。（白秀）

建立农民工工会组织。2007年，一些城市十分重视维护和保障建筑业务工人员的合法权益，出台措施，积极支持和推动建筑施工企业的工会组建和维权工作，吸纳建筑业农民工加入工会组织，帮助农民工维权。上海市积极推动建筑农民工加入工会，并要求所有在沪企业和进沪施工成建制企业，都要建立工会。广州市成立了建筑工地工会工作委员会，将对全市建筑工地工会、区建筑工地工会联合会的工作进行指导、监督和协调，对建筑工地执行国家和地方劳动法规的情况进行检查、监督。同时，指导广州市建筑工地工会、各区建筑工地工会联合会就建筑业职工的工资、福利、劳保等问题与有关方面进行协商谈判，指导建筑企业建立协商谈判和集体合同制度等，更好地维护广大农民工群体的合法权益。大连市在全市建筑施工企业推广建立农民工工作联络站，使之成为建筑行业农民工与建筑施工企业、建设行政主管部门、慈善部门沟通和联系的纽带和桥梁，及时了解和反映建筑行业农民工群体的困难和需求，帮助有特殊困难的农民工申请援助等，引导农民工树立新市民观念，使农民工更快融入城市社会。

2004年8月，上海总工会、上海建设交通委、上海市劳动保障局联合成立了“上海市进沪建筑施工企业工会工作促进会”，办公室设在市建设交通工会。促进会一直以积极的姿态，务实的行动，努力推动着上海建筑业农民工工会组建和维权措施的落实。促进会依托政府行业管理平台，推出了一系列工作机制。一是提出组建工作责任制。要求所有在沪具有法人资格的企业和进沪施工成建制企业都要建立工会组织，建筑施工企业在办理进沪《诚信手册》时，须同时提交《外省市进沪建筑施工企业工会组织情况登记表》，并由各行政管理部门分别转交各区县、行业工会，做到“组织挂钩”。二是要求做到“组建成网”。提出各施工总承包企业工会要以项目为载体，牵头各分包企业和劳务企业组建工会和开展工会活动，做到“组建成块”。三是明确维权重点。主要内容为：规范用工、确保收入；健全保障、排忧解难；加强培训、提高素质；创造条件、改善生活。2007年，配合管理部门推出《电子信息卡制度》，在管理部门向农民工制作发放信息卡的时候，同时发放《入会告知书》和《入会证明书》，让他们凭证明自愿到所在单位或地区换领《中华全国工会会员证》。信息卡制度在全市的顺利推行，大大加快了工会组建的步伐。四是上下联动，市区合作，合力推动上海建筑业农民工工会组建目标的实现。

进一步加强和完善农民工工伤及基本医疗保险制度。2007年，各地采取措施，使农民工工伤及基本医疗保险制度得到进一步加强和完善。北京市规定，所有新开工项目，总承包企业必须将农民工工伤保险费单独列项，并一次性缴纳到社保经办机构，不提交《社保登记证》和农民工工伤保险缴费凭证的，将不予核发《建筑工程施工许可证》。天津市规定，凡未为一线操作人员办理投保手续的工程项目，一律不予安全施工措施备案，不予核发施工许可证，并将此纳入安全监督和施工安全条件的审查内容，不符合要求的，按照有关规定严肃处理。

为帮助特困农民工实施大病医疗救助，天津市红十字会和天津市建委共同建立建筑业特困农民工医疗救助基金，为四类符合规定的建筑业农民工提供医疗救助。

建筑业农民工大病救助基金服务对象针对四类人群：受雇于该市或外地进津建筑施工企业，在津工作期间身患重病的农民工；特困农民工，主要是指家庭年人均纯收入低于当地最低生活保障标准或因各种原因导致家庭陷入困境的建筑业农民工；患病在一年内支付医疗费用累计超过4.4万元，因欠费已被迫停止治疗或无法正常结算出院的建筑业农民工；在该市指定医院急诊抢救、留院观察和住院治疗的建筑业农民工，指定医院为各区县卫生局所属二级医院和全市所有三级医院。但可通过工伤保险解决的工伤造成的医疗费用；因第三者伤害而造成的医疗费用；因参与违法活动造成的医疗费用；在原籍已查明病情在津就医发生的费用，这四种情况不纳入此基金救助范围。(李进贤)

农民工住房纳入城市住房建设规划。2007年12月5日，建设部、国家发展和改革委员会、财政部、劳动和社会保障部、国土资源部联合发布《关于改善农民工居住条件的指导意见》，要求把改善农民工居住条件作为解决城市低收入家庭住房困难工作的一项重要内容，明确责任，加强指导，强化监督，积极采取各种政策措施，力争到“十一五”期末，使农民工居住条件得到逐步改善。《指导意见》指出，改善农民工居住条件，一要因地制宜，满足基本居住需要；二要循序渐进，逐步解决；三要政策扶持，用工单位负责。《指导意见》要求，各地要将长期在城市就业与生活的农民工居住问题，纳入城市住房建设规划。市、县人民政府要立足当地实际，指导和督促用工单位切实负起责任，妥善安排农民工居住，多渠道提供农民工居住场所，逐步改善农民工居住条件。

（八）建筑节能监管不断强化

建筑节能是全社会节能的重要组成部分，是节能减排工作的重点领域。2007年，我国建筑节能工作逐步走向深入，建筑节能监管进一步加强。

国家法律对建筑节能作出专门规定。2007年10月28日，全国人大常委会修订通过的《中华人民共和国节约能源法》颁布。该法第一次从国家法律的层面对建筑节能作了专门规定，对在新的历史时期规范和指导建筑节能工作具有重要的现实意义和长远的历史意义，对于推动建筑节能预期目标的完成将起到重要的促进作用。

新节能法规定了建筑节能的领域和范围，明确提出：“建筑工程的建设、设计、施工和监理单位应当遵守建筑节能标准。不符合建筑节能标准的建筑工程，建设主管部门不得批准开工建设；已经开工建设的，应当责令停止施工、限期改正；已经建成的，不得销售或者使用。建设主管部门应当加强对在建建筑工程执行建筑节能标准情况的监督检查。”要求房地产开发企业采取节能措施，明确规定：“房地产开发企业在销售房屋时，应当向购买人明示所售房屋的节能措施、保温工程保修期等信息，在房屋买卖合同、质量保证书和使用说明书中载明，并对其真实性、准确性负责。”对于既有建筑的节能也作出了明确规定，指出“建筑节能规划应当包括既有建筑节能改造计划”。“国家鼓励在既有建筑节能改造中使用新型墙体材料等节能建筑材料和节能设备”。此外，对于运行管理设立了一些基本法律制度，“国家采取措施，对实行集中供热的建筑分步骤实行供热分户计量、按照用热量收费的制度。新建建筑或者对既有建筑进行节能改造，应当按照规定安装用热计量装置、室内温度调控装置和供热系统调控装置”。

加强国家机关办公建筑和大型公共建筑节能监管。针对国家机关办公建筑和大型公共建筑高耗能十分突出的问题，2007 年 10 月 23 日，建设部、财政部联合下发的《关于加强国家机关办公建筑和大型公共建筑节能管理工作的实施意见》提出，“十一五”期间，建立健全国家机关办公建筑和大型公共建筑节能监管体系，进一步强化监督管理，确保新建建筑全面执行建筑节能强制性标准，建立和完善能效测评、用能标准、能耗统计、能源审计、能效公示、用能定额、节能服务等各项制度，促进既有高耗能国家机关办公建筑和大型公共建筑节能运行和改造。争取“十一五”期末，国家机关办公建筑和大型公共建筑总能耗下降 20%，节约 1100 万～1500 万 t 标准煤。为与《实施意见》相配套，建设部还下发了《国家机关办公建筑和大型公共建筑节能监管体系建设实施方案》，对能耗监测、能耗统计、能源审计、能效公示和制度建设提出了明确的部署，并计划从 2007 年开始在大型公共建筑较为集中且具备一定工作基础的省市开展国家机关办公建筑与大型公共建筑节能监管体系建设示范。在经过示范取得经验的基础上，2008 年开始扩大范围，在全国逐步推开。

建筑施工阶段节能导则出台。2007 年 9 月 10 日，建设部印发《绿色施工导则》，用以指导建筑工程的绿色施工，要求在工程建设中，在保证质量、安全等基本要求的前提下，通过科学管理和技术进步，最大限度地节约资源与减少对环境负面影响的施工活动，实现节能、节地、节水、节材和环境保护。

绿色建筑评价工作正式启动。绿色建筑倡导节能、节地、节水、节材和环境保护，是引领建筑技术发展的重要载体和促进资源节约型和环境友好型社会建设的重要举措。为规范绿色建筑评价工作，引导绿色建筑健康发展，建设部发布了《绿色建筑评价标识管理办法》及《绿色建筑评价技术细则》，正式启动了我国绿色建筑评价工作，结束了我国依赖国外标准进行绿色建筑评价的历史。

《绿色建筑评价标识管理办法》明确了绿色建筑评价标识的含义、适用条件、申请原则、工作原则等，规定了绿色建筑等级由低至高分为一星级、二星级和三星级三个星级，审定的项目由建设部发布，并颁发证书和标志。《绿色建筑评价技术细则》依据《绿色建筑评价标准》，在系统总结我国绿色建筑工程实践的基础上，充分借鉴发达国家绿色建筑方面的成功经验，从六大技术体系对住宅与公共建筑进行考核，即节地与室外环境、节能与能源利用、节水与水资源利用、节材与材料资源利用、室内环境质量及运营管理，并且根据考核内容对其六个方面执行标准的情况予以判定，并对六个方面的权重系数选择适宜的数据，最后予以归纳评价。

开展全国建筑节能专项检查。2007年12月16日至12月29日，建设部组织开展了全国建筑节能专项检查。对全国30个省、自治区(西藏除外)、直辖市，5个计划单列市，26个省会(自治区首府)城市进行了检查，并抽查了26个地级城市，对受检省市建筑节能总体推进情况和重要专项工作进展情况进行评价，同时抽查了610个工程建设项目的施工图设计文件和147个在建工程的施工现场。

检查结果显示，2007年，各地围绕建筑节能工作目标，突出工作重点，注重机制创新，狠抓监督落实，比较圆满地完成了各项工作任务，主要表现在：一是新建建筑执行节能标准比例明显提高。全国城镇2007年1～10月新建建筑在设计阶段执行节能标准的比例为97%，施工阶段执行节能标准的比例为71%，分别比2006年提高了1个百分点和17个百分点。二是国家机关办公建筑和大型公共建筑节能监管体系初步建立。按照国务院要求，建设部、财政部确定了第一批24个开展大型公共建筑节能运行管理与改造示范省市，各示范省市已制订了国家机关办公建筑和大型公共建筑节能监管体系建设的实施方案，开展了对本地区国家机关办公建筑和大型公共建筑基本情况和能耗状况的调查摸底。部分省市已对部分国家机关办公建筑和大型公共建筑进行了能源审计工作，北京、天津、上海、深圳已对部分重点建筑实施了分项计量装置的安装，开始建立能耗动态监测系统。北京、天津、上海、广西、深圳、广州、南京、南宁等地已对部分国家机关办公建筑和大型公共建筑的能耗情况进行了公示。三是北方采暖地区既有居住建筑供热计量及节能改造工作已经启动。国务院提出了“启动北方采暖区既有居住建筑供热计量及节能改造1.5亿平方米”的工作任务。

建设部已将国务院提出的该任务分解到北方15个省市。财政部会同建设部提出利用中央财政资金对实施改造给予奖励的财政政策，2007年专门安排补助资金9亿元，用于对安装热计量装置的补助。目前绝大多数省、自治区、直辖市已将承担的任务进一步落实到所辖市(区)，并启动了相关能耗调查、制定改造计划等基础工作。天津、大连、青岛、银川、唐山等地已率先开展了一批既有建筑供热计量及节能改造试点工作。四是可再生能源在建筑中的规模化应用进展较快。为落实国务院提出的“启动200个可再生能源在建筑中规模化应用示范推广项目”的工作任务，建设部、财政部提出了“示范带动，政策保障，技术引导，产业配套”的工作思路，各地积极响应，2007年共实施了212个可再生能源建筑中应用示范项目。部分省市制定可再生能源“十一五”规划，编制推广应用的标准规范，研发和集成技术产品，出台经济激励政策，有效带动了可再生能源在建筑中的应用规模，2007年底，各地太阳能光热应用面积达7亿m^2，浅层地能应用面积近8000万m^2。五是推广绿色建筑工作取得新进展。各地把推广绿色建筑作为促进建筑节能模式转变的重要抓手，积极响应建设部组织的“低能耗建筑和绿色建筑双百工程”，认真组织申报和实施工作，同时结合地区实际，通过编制绿色建筑评价标准、组织绿色建筑示范工程、召开绿色建筑宣传会议等方式，不断加大绿色建筑的推广力度。

十二、迎接挑战

展望未来，随着我国融入全球经济一体化的进程，随着我国经济发展长期积累矛盾的集中出现，国际与国内、政治与经济、资源和发展、当前和未来、自然灾害和人为事件互相交织，复杂性和不确定性因素大大增加，形势非常严峻，建筑业企业和相关部门必须保持冷静头脑，积极努力，采取科学的应对措施，加强和提高企业的风险管理水平，在复杂的形势面前保持相对主动。

(一) 应对全球风险

我国加入世贸组织，人民币汇率逐步与世界主要货币接轨，金融资本市场逐步开放，都使中国经济没有悬念地进入到了世界经济体系当中，受到世界经济浪潮的冲击和裹胁，已经成为不以人的意志为转移的客观现实。因此，在企业发展中树立全球的视角，从复杂的世界经济体系中分析处境，确定对策，是企业必须进行的一项工作，也是企业在经营决策中必须实现的一大转变。直接应对全球风险需要企业具有全球视角和分析能力，决策能力，要建立基本的分析框架，及时科学确定相应对策，尤其要防范资本市场、汇率、价格、政治、自然等多方面的风险，要研究和扩大保险等避险工具的采用。

（二）应对紧缩的货币政策

紧缩的货币政策的目标之一就是控制固定资产投资规模的过快上涨，抑制固定资产投资规模上涨将会导致建筑业任务量的缩减。企业应当分析未来市场的变化结构，规避规模大幅度缩减的领域，加大需求相对旺盛的建筑市场的开拓力度。银行不断提高存款准备金率，势必给企业贷款带来紧张和困难，企业应当加强资金管理，通过开源、节流、统一调度、加强应收款管理等措施克服资金的困难。有房地产开发业务的企业应当谨慎调动资金，加快资金回笼。重新估定企业的资金使用成本，在市场交易中避免低估和亏损。维持和提高企业的银行信用等级，保证企业资金的需要。

（三）应对结构性物价上涨

在能源等基础性产品物价上涨的带动下，我国物价上行的趋势具有客观性。结合建筑业的产业特点，应对物价上涨宜从以下几个方面加以努力：根据国家固定资产投资的政策方向，积极拓展有市场需求的承包领域和地区，争取在物价上涨的环境下继续保有营业额和利润的增长，赢得市场主动；在承包工程时必须防范物价风险，对于确定的物价上涨因素应当争取在源头加以解决，对于不确定的物价变动因素应当采用规避风险的定价方法和技术，减少物价上涨损失；研究和改变企业的盈利模式，通过增加技术含量，提供优质服务提高企业服务的附加价值，是企业应对物价上涨的主动之策。通过科学规划采购、现代物流等方式增加企业盈利，不再主要依靠简单地扩大企业生产规模、压低人工成本等方式争取盈利；加强企业管理，开源节流，不断降低工程成本，尽可能地消化物价上涨的影响，这也是企业管理的常规对策；此外，可以根据企业需要控制现金数量，适当购买有价值的材料、设备和其他资产；在利率不变的情况下，保

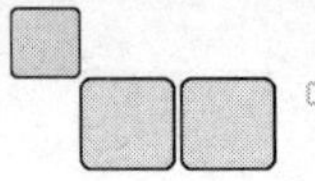

持或扩大资金使用规模。

(四) 应对资源紧缺

2007～2008 年物价上涨、市场动荡的根本原因是资源紧缺，企业必须长期坚持将节约能源、节能减排放到企业发展战略的高度去认识和对待。在建造过程、办公过程、交易过程、对外形象宣传推广中形成节能减排的对策、制度体系，长久持续地抓下去。将设计、施工中的能源节约、减少排放作为科研攻关的重要方向，形成企业在这方面的技术优势甚至品牌；抓绿色施工，采用可再生能源及新能源，减少建筑废物排放量，进行建筑废物再利用，减少温室气体的排放，既是企业未来的生存之道，也是具有社会责任感的企业的应有表现。

(五) 应对突发公共事件

面对自然巨变和现代灾害的多种可能性，在当今形势下，为了应对突发的自然灾害、重大的公共安全事故，企业围绕正在建造的工程、企业正常运营的办公场所、企业所在地域的特点，根据受灾灾种和危害程度发生概率，制定针对地震、火灾、水灾、地质灾害、疫病的应急预案是必要的。这是作为社会和自然当中一个组织、团队应当具备的基本经营管理要素。不仅要制定应急预案，还要进行相应的培训和演练，以减少自然的和现代的灾难带来的损失。此外，做为灾后重建活动的实施主体，勘察设计企业和建筑业企业应当有选择地研究灾后重建问题，包括资金的筹措、灾后重建规划、灾后重建任务的获取、建筑的防灾设防、建筑防灾技术、灾后重建资源调拨、灾后重建的各种相关技术的积累等。有条件的企业还应当将防灾减灾研究和建造做为企业业务组合的一个部分。

(住房和城乡建设部政策研究中心课题组　执笔：李德全　许瑞娟)

对外承包篇

2007年，中国对外承包工程行业完成营业额已连续7年实现增长，新签合同额连续14年增长，在一派大好形势下，中国建筑业必须清醒认识到我们在开拓国际市场方面面临的挑战：进入发达国家工程承包市场的比重有限，在国际工程承包中，我们还面临着严峻的人才、资金、管理能力的瓶颈，中国企业在管理、社会责任方面都有待进一步成长成熟，面对复杂多变的政治、经济、自然形势变动，我们的风险管理能力亟须得到提高和强化。抓住机遇，规避风险，稳扎稳打，扩大市场份额，真正使中国建筑业成为国际化的产业，需要所有企业的共同努力。

一、我国对外承包工程基本状况和特点

(一) 业务规模再攀新高

2007年，中国对外承包工程完成营业额和新签合同额再攀新高。根据商务部统计，2007年中国对外承包工程完成营业额达406亿美元，同比增长106亿美元或35.5%；新签合同额达776亿美元，同比增长116亿美元或17.6%。至此，中国对外承包工程行业完成营业额已连续7年实现增长，年均增长率为28.8%；新签合同额连续14年增长，年均增长率为21.7%。截至2007年底，中国对外承包工程累计完成营业额2064亿美元，累计签订合同额3295亿美元。

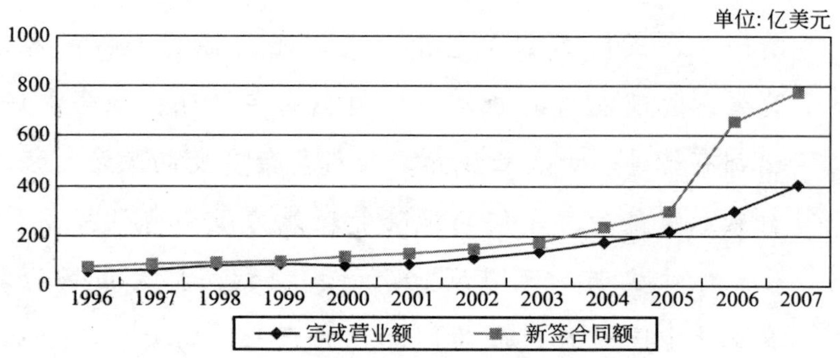

数据来源：商务部国外经济合作司业务统计年报

图3-1　1996～2007年中国对外承包工程发展趋势图

(二) 亚非市场优势明显

2007年，我国对外承包工程市场在多元化的基础上，亚非市场的绝对优势仍然牢不可破。如图3-2所示，亚非市场占80%以上。从近年来新签合同额情况可看出各地区市场发展趋势(见图3-3、图3-4)。

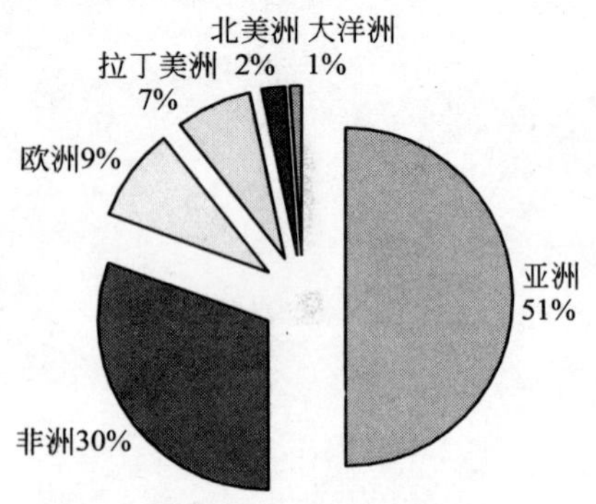

图3-2　2007年我国对外承包工程完成营业额地区分布比例

从上述三个图可以看出，亚非市场的增长速度明显高于其他市场；而

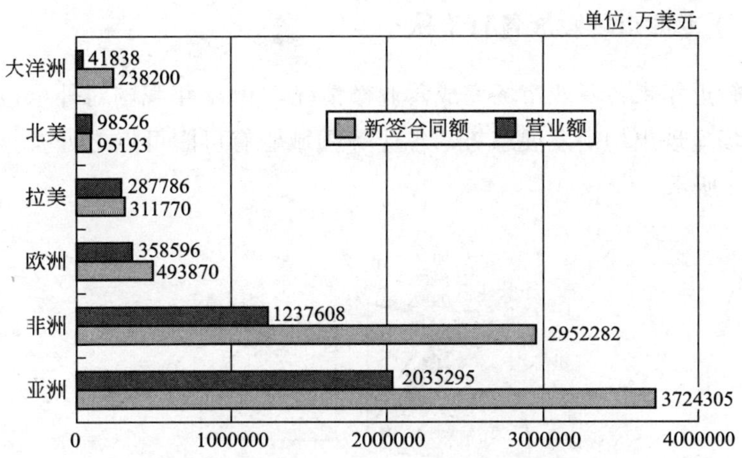

图 3-3　2007 年我国对外承包工程完成营业额、新签合同额地区分布

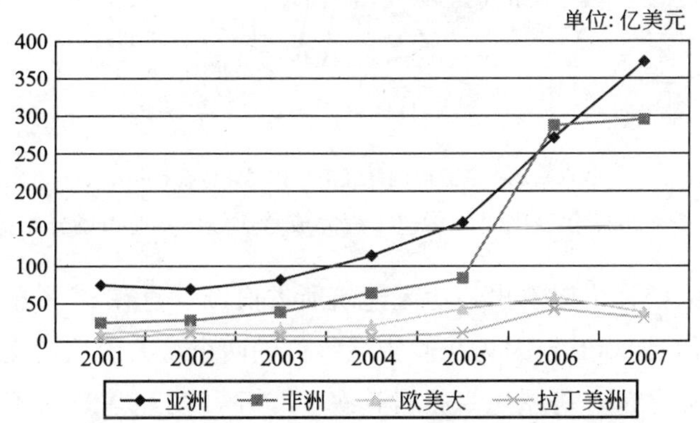

数据来源：商务部国外经济合作司业务统计年报

图 3-4　我国对外承包工程新签合同额变化趋势图

欧美大发达国家市场完成营业额目前仅为 10%，尽管绝对值增加较大，但比重却呈下降趋势。

2007 年共有 24 个国别或地区市场新签合同额在 10 亿美元以上，53 个国别或地区市场新签合同额在 1-10 亿美元之间，均比上年增加 7 个。15 个国别或地区市场完成营业额在 10 亿美元以上，比上年增加 8 个，54 个国别或地区市场完成营业额在 1～10 亿美元之间，比上年多 2 个。

（三）专业市场发展各有千秋

比较近年来各专业市场完成营业额情况，2007 年我国对外承包工程各专业市场呈现出均衡发展态势，各业务领域皆有可圈可点之处。分布比例如图 3-5 所示。

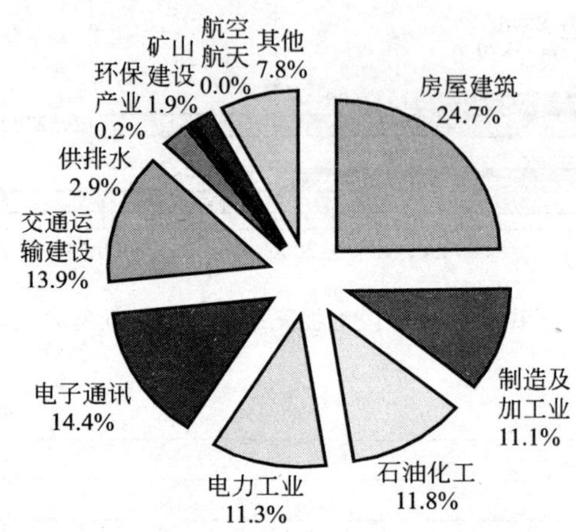

数据来源：商务部国外经济合作司业务统计年报

图3-5　2007 年我国对外承包工程完成营业额各专业市场分布比例

从历年来统计可以看出，房屋建筑所占份额一直在 30%左右，其地位相对稳固，但是 2006 年因为交通领域签订的两个特大项目使交通运输第一次占据了行业之首，房屋建筑屈居其次。2007 年房屋建筑新签合同额重回行业老大的位置，电力工业超过交通运输业居第二，交通运输业则以 129.7 亿美元居第三。房屋建筑、电力工业的强劲增长主要得益于中国企业在亚非市场新签的几个大项目。其中，中信国华在安哥拉新签的卫星城项目合同额 35.35 亿美元，为当年中国公司签订的最大的国际工程承包项目。

从新签合同额绝对值情况看，房屋建筑、电力、交通运输业所占比重较大，项目规模亦比较大，充分体现了中国企业在这些领域的实力和竞争优势；电子通讯、石油化工、制造加工业没有太多的亮点，石油化工业和制造加工业新签合同额还呈现下降趋势。2007 年新签合同额、完成营业额具体情况如图 3-6 所示。

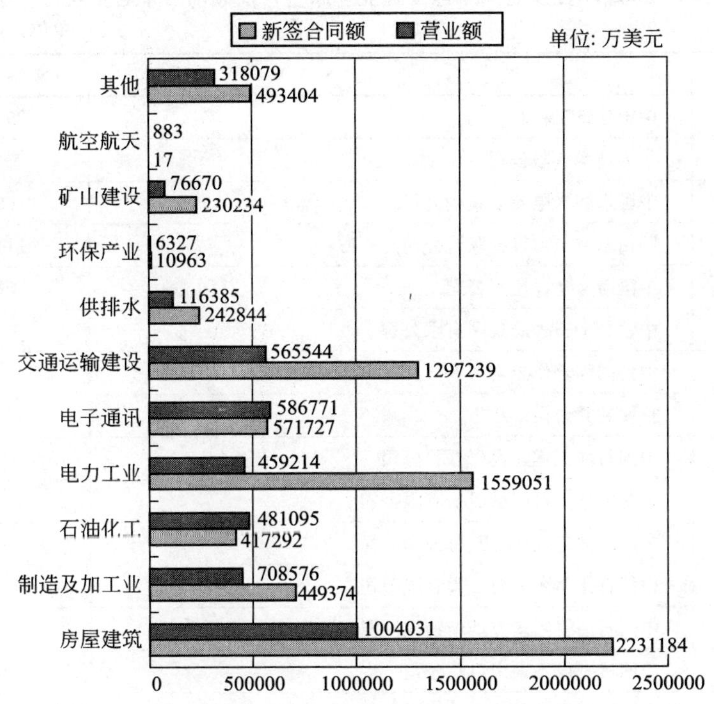

数据来源：商务部国外经济合作司业务统计年报

图 3-6　2007 年我国对外承包工程新签合同额、完成营业额行业分布

(四) 项目规模和档次不断提升，但整体质量有待提高

2007 年中国对外承包工程 5000 万美元以上的项目达 261 个，比上年增加 49 个，合同额总和 50 亿美元，占当年新签合同额总和的 68.3%。上亿美元项目达 138 个，比上年增加 42 个。10 亿美元以上特大项目 6 个。

根据 2005 年、2006 年、2007 年中国公司新签合同额(见表 3-1～表 3-3)情况分析，可见我国对外承包工程队伍的实力不断增强。根据商务部合作司统计，2007 年新签合同额第 50 名的企业业绩是 2.51 亿美元(相当于 2006 年的第 40 名、2005 年的第 20 名)；2006 年当年新签合同额第 50 名的企业业绩是 1.8 亿美元(相当于 2005 年的第 30 名 1.73 亿美元)。营业额增长趋势亦是如此，在此，不再做进一步的分析。

2005年我国对外承包工程业务新签合同额前三十名企业　　表3-1

单位：万美元

序号	企业名称	新签合同额
1	中国建筑工程总公司	290556
2	华为技术有限公司	264275
3	中国水利水电建设集团公司	163694
4	四川东方电力设备联合公司	111901
5	中国冶金建设集团公司	102530
6	中铁二十工程局集团有限公司	98169
7	中信国际合作公司	92891
8	长城钻井公司	82927
9	中国石油工程建设(集团)公司	74273
10	上海振华港口机械股份有限公司	54319
11	中国港湾建设(集团)总公司	49034
12	中国石化集团上海工程有限公司	46845
13	中国石油集团东方地球物理勘探有限责任公司	46765
14	中国机械设备进出口总公司	44867
15	中国地质工程集团公司	42078
16	中国土木工程集团公司	40728
17	上海贝尔阿尔卡特股份有限公司	37234
18	中国石化集团中原石油勘探局	32253
19	中国有色金属建设股份有限公司	31201
20	秦皇岛国际经济技术合作公司	29605
21	中材国际工程股份有限公司	25820
22	上海建工(集团)总公司	22841
23	北方国际合作股份有限公司	19351
24	中国万宝工程公司	18919
25	日林建设集团有限公司	18859
26	中国水产总公司	18400
27	中铁建工集团工程有限公司	18235
28	中国葛洲坝水利水电工程集团有限公司	17962
29	中国上海外经(集团)有限公司	17601
30	上海电气(集团)总公司	17310

数据来源：商务部国外经济合作司业务统计年报

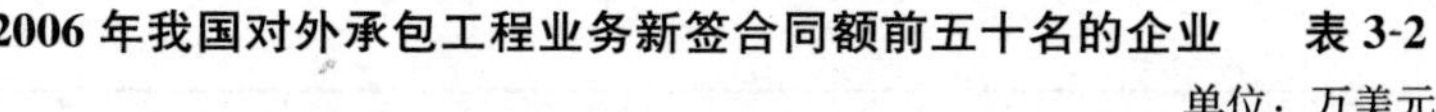

2006年我国对外承包工程业务新签合同额前五十名的企业　　表3-2

单位：万美元

序号	企业名称	新签合同额
1	中国土木工程集团公司	1139317
2	国华国际工程承包公司	501238
3	中国建筑工程总公司	451345
4	华为技术有限公司	311896
5	中国石化工程建设公司	277504
6	中国路桥工程有限责任公司	203934
7	上海振华港口机械股份有限公司	168569
8	中铁二十工程局集团有限公司	156776
9	中国机械设备进出口总公司	142089
10	中国水利水电建设集团公司	140988
11	山东电力建设第三工程公司	123600
12	上海电气(集团)总公司	120910
13	深圳市中兴通讯股份有限公司	120046
14	中国港湾工程有限责任公司	94638
15	长城钻井公司	89388
16	上海建工(集团)总公司	77529
17	中材国际工程股份有限公司	69243
18	中国石油工程建设(集团)公司	65841
19	山东电力基本建设总公司	63900
20	中国石油天然气管道工程有限公司	58815
21	中国水利电力对外公司	53048
22	中国石化集团中原石油勘探局	51171
23	中国石油集团东方地球物理勘探有限责任公司	48933
24	中国寰球工程公司	46972
25	中地海外建设有限责任公司	43724
26	中信国际合作公司	39615
27	中国船舶工业集团公司	39120
28	中国万宝工程公司	38937
29	天津水泥工业设计研究院	37253
30	广厦建设集团有限责任公司	36121

续表

序号	企 业 名 称	新签合同额
31	中国建材装备有限公司	34315
32	广西壮族自治区水电工程局	33623
33	合肥水泥研究设计院	32355
34	川铁国际经济技术合作有限公司	31110
35	日林建设集团有限公司	30340
36	中海油田服务股份有限公司	30289
37	中国海外工程总公司	30088
38	中国地质工程集团公司	29435
39	四川省机械设备进出口有限责任公司	27590
40	云南阳光道桥股份有限公司	24824
41	上海贝尔阿尔卡特股份有限公司	24151
42	中国铁路工程总公司	22432
43	成都建筑材料工业设计研究院	21261
44	中国华电工程(集团)有限公司	21033
45	华中电力国际经贸有限责任公司	20700
46	青岛建设集团公司	20272
47	中国机械工业集团公司	18708
48	中国江苏国际经济技术合作公司	18072
49	中国成达工程公司	18000
50	中国凯盛国际工程公司	18000

2007年中国对外承包工程业务新签合同额前五十名的企业　　表3-3

单位：万美元

序号	企 业 名 称	新签合同额
1	中国建筑工程总公司	710097
2	华为技术有限公司	488213
3	国华国际工程承包公司	360888
4	上海振华港口机械股份有限公司	351533
5	中国葛洲坝水利水电工程集团有限公司	327333
6	中国港湾工程有限责任公司	301472
7	四川东方电力设备联合公司	295788

续表

序号	企业名称	新签合同额
8	中国水利水电建设集团公司	261369
9	中国机械设备进出口总公司	247330
10	中国冶金科工集团公司	238741
11	中国土木工程集团公司	180940
12	中国路桥工程有限责任公司	152572
13	山东电力建设第三工程公司	138626
14	山东电力基本建设总公司	122240
15	中地海外建设有限责任公司	115875
16	长城钻井公司	111223
17	中国石油工程建设(集团)公司	107608
18	哈尔滨电站工程有限责任公司	92000
19	上海电气(集团)总公司	89100
20	中国铁路工程总公司	69000
21	中国海外工程有限责任公司	66103
22	中国地质工程集团公司	65294
23	中国水利电力对外公司	63171
24	中铁十八局集团有限公司	63156
25	中国机械进出口(集团)有限公司	56151
26	上海建工(集团)总公司	55760
27	中国成达工程公司	54300
28	中国水电八局集团有限公司	51944
29	合肥水泥研究设计院	51636
30	上海贝尔阿尔卡特股份有限公司	50394
31	中工国际工程股份有限公司	49333
32	中国石油天然气管道局	48156
33	中国建材建设唐山安装工程公司	47539
34	宁波华丰建设集团股份有限公司	44848
35	中国技术进出口总公司	43144
36	成都建筑材料工业设计研究院	42984
37	河南中原石油勘探局	40433
38	北京建工集团有限责任公司	38383

续表

序号	企 业 名 称	新签合同额
39	中国船舶工业集团公司	36892
40	四川电力设计院	36828
41	中材国际工程股份有限公司	36828
42	新疆特变电工股份有限公司	33900
43	四川省机械设备进出口有限责任公司	33500
44	东方地球物理勘探有限责任公司	33068
45	中国河南国际合作集团有限公司	29808
46	山东鲁能工程有限责任公司	29400
47	中国建材装备有限公司	27112
48	中国江苏国际经济技术合作公司	26787
49	中国云南国际经济技术合作公司	25530
50	沈阳远大铝业工程有限公司	25084

数据来源：商务部国外经济合作司业务统计年报

从2007年新签合同额最大10个项目分析(见表3-4)，主要集中在中国最具竞争力的社会住房、水电和交通运输行业领域，市场主要是在亚洲和非洲；只有西澳SINO铁矿项目是在澳大利亚。从2007年的投议标情况来看，企业主要仍以现汇项目为主。据统计，中国企业投标国际金融机构的项目占11.4%，业主和地方政府自筹资金的项目占65.9%，两者合计仍占到全部投标项目的78.3%，带资承包所占的比例仍然偏低，这与国际工程65%以上是带资承包的发展趋势还有很大的差距。此外，企业大部分集中在产业链条低端的、利润较低的施工领域，基本依靠成本价格进行国际竞争，在进入发达国家和地区市场方面，面临着很大的困难和挑战。

2007年我国对外承包工程新签合同额最大10个项目 **表3-4**

单位：万美元

项目名称	合同额	承揽单位	所在国家或地区
社会住房	353500	中信国华国际工程公司	安哥拉
西澳SINO铁矿	175000	中国冶金科工集团公司	澳大利亚
巴尼鲁姆杰卢姆水电	150600	中国葛洲坝集团公司	巴基斯坦

续表

项目名称	合同额	承揽单位	所在国家或地区
蒙贝拉水电站	146000	中国葛洲坝集团公司 中地海外建设集团公司	尼日利亚
安卡拉铁路	127000	中国土木工程集团公司、中国机械进出口集团有限公司	土耳其
槟城二桥	100000	中国港湾工程有限责任公司	马来西亚
班加西10000套住宅	89265	中国建筑工程总公司	利比亚
公主港3*350MW电站	89100	上海电气(集团)总公司	印度尼西亚
吉搏劳新城	83552	中国建筑工程总公司	赤道几内亚
龙湾3*315MW火电	81981	四川东方电力设备联合公司	印度尼西亚

数据来源：商务部国外经济合作司业务统计年报

二、我国对外承包工程市场情况与发展机遇

(一) 亚洲地区市场

亚洲市场(不包括港澳)是我国对外承包工程的主战场之一。2007年亚洲市场发展形势最为喜人，为中国对外承包工程行业的增长做出了重要贡献。印度尼西亚、土耳其、印度和巴基斯坦等十多个国家的发展非常值得关注。

在新签合同额方面，2007年亚洲市场新签合同额为372.4亿美元，同比增长31%，即近90亿美元。增量占当年全国新签合同额增量的77.4%，由此可见其对全国行业发展的贡献是多么巨大。新签合同额10亿美元的市场进一步增长到12个，总计280.4亿美元，占当年亚洲市场新签合同额总和的75.6%。其中，印度尼西亚、土耳其、印度和巴基斯坦四个市场2007年新签合同额总和比上年增长76.6亿美元，占亚洲市场实际净增长的85.2%，占全行业新签合同额增量的65.9%。

在完成营业额方面，2007年亚洲市场(包含由原在欧洲地区统计范围现并入亚洲地区统计范围的中亚五国数据)完成营业额为203.6亿美元，比上年同期增长了40.5%，即58.7亿美元。增长量占当年全行业完成营业额增长总量的55.1%。共有11个国别或地区市场的完成营业额在10亿美元以上；共有15个国别或地区市场的完成营业额在1～10亿美元之间。在2007年中国对外承包工程完成营业额增长最多的前10个市场中，亚洲地区占7个。

根据新的统计数据分析，全球最大225家国际承包商在亚洲完成营业额所占比例中(不包括中东，如图3-7所示)，欧洲企业(主要是以德国、法国、英国为主)和日本企业的优势明显，依然占据60%左右的市场份额；美国公司略有回升，但韩国公司仍然呈下降趋势；中国公司近年来上升势头明显，充分表明了中国公司在亚洲的影响力与日俱增。

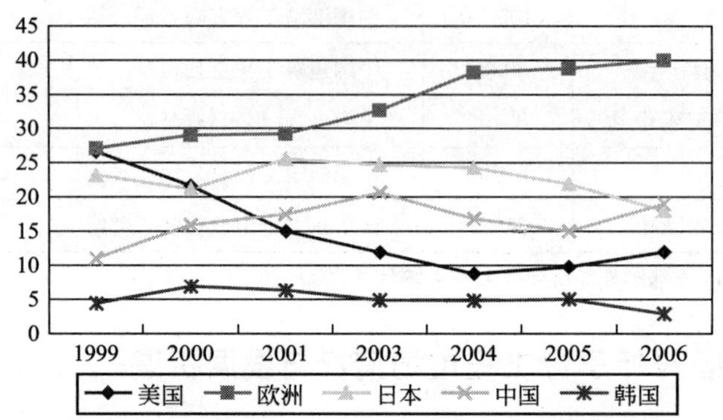

数据来源：根据2000～2007年《美国工程新闻纪录》

图3-7　亚洲市场国际竞争格局

2007年中国对外承包工程企业在中东市场取得了较好的成绩。受石油价格的拉动，沙特阿拉伯、阿联酋和科威特等中东国家的工程承包市场一片火热，吸引中国企业纷纷进驻，并取得了较大的突破。2007年，中国企业在沙特阿拉伯新签合同额20.2亿美元，比上年增长一倍。2007年中国企业在阿联酋市场新签合同额23.8亿美元，同比增长51%。房建领域占该市场合同总额比重较大。以5000万美元的大型项目为例，房建项目合同额占该市场的70%。其中，中国建筑工程总公司在阿联酋房建领域硕果累累，新签了6个5000万美元以上房建项目，合同额达9亿多美元。2007年中国港湾工程有限责任公司在科威特市场签订了价值为4.3亿美元的巴比延岛一期公路桥梁软基项目，代表着中国企业在科威特市场的重大突破，使该市场新签合同同比增长近8倍之多。

(二) 非洲地区市场

2007年，非洲地区新签合同额10亿美元以上的市场有8个(安哥拉、尼日利亚、利比亚、阿尔及利亚、苏丹、赤道几内亚、刚果(布)、埃塞俄比亚），这 8 个市场新签合同额共计 225.6 亿美元，占当年非洲市场新签合同额的 79%。2007 年非洲市场完成营业额为 123.8 亿美元，比上年同期增长了 32.8%，即 30.5 亿美元，完成营业额总量占当年中国对外承包工程完成营业额总量的 30.5%（见图 3-2）。

2007 年新签合同额和完成营业额 10 亿美元以上非洲国家　　表 3-5

单位：万美元

国家（地区）	新签合同额	增长情况	国家（地区）	完成营业额	增长情况
安哥拉	564052	156329	阿尔及利亚	234031	65522
尼日利亚	345177	－616283	苏丹	220554	46737
利比亚	327072	302909	尼日利亚	138776	28280
阿尔及利亚	319952	－484116	安哥拉	115808	16330
苏丹	304827	116155			
赤道几内亚	145373	124850			
刚果（布）	130572	113470			
埃塞俄比亚	119451	32097			

数据来源：商务部合作司业务统计

从新的统计数据分析，欧洲国家仍然占有绝对优势，占据了非洲市场近 50%的份额，美国承包商所占份额略高于 10%。但近年来欧美等发达国家承包商所占市场份额正在下降（图 3-8），而我国企业从 2000 年起在非洲市场的占有率有了比较明显的提高，再次印证了中非经贸关系正在逐步加强。近几年由于石油价格高涨使安哥拉国家财富激增，GDP 涨幅高达

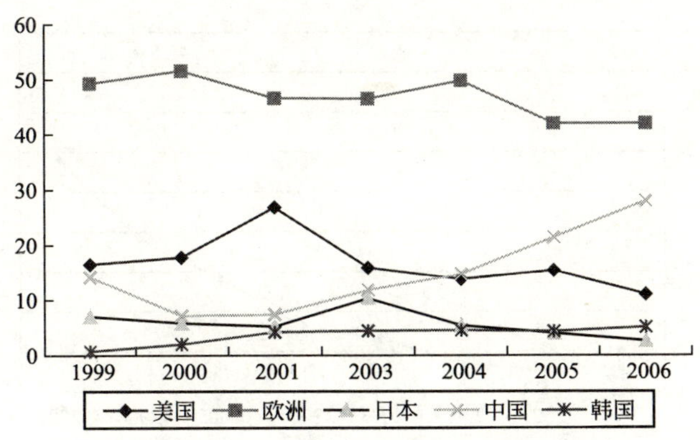

数据来源：2000～2007 年《美国工程新闻纪录》

图 3-8　非洲市场国际竞争格局

15%～20%。政府投入巨资改善国内受战乱影响的落后的基础设施和生活设施。2007 年中国对外承包工程企业在该市场新签合同额 56.4 亿美元，使安哥拉首次成为当年新签合同额最大的市场。安哥拉市场以房建、交通类项目和大型项目为主。2007 年新签 33 份合同，5000 万美元以上的项目有 14 个。其中国华国际工程承包公司签订的安哥拉社会住房项目合同金额高达 35.4 亿美元，是当年中国对外承包工程单个金额最大的合同项目。利比亚是 2007 年中国对外承包工程新签合同额增长最快的市场和增长总量第二大的国际市场。2007 年中国对外承包工程企业在利比亚新签合同额总额达到 32.7 亿美元，同比增长 12.5 倍。在阿尔及利亚新签合同额达到 32 亿美元，同比有所下降，主要原因是没有像 2006 年那样签订特大工程项目。

由于中国与非洲关系的发展，引起了欧洲、日本和美国的嫉妒。欧洲和日本都先后召开了与非洲的首脑会议，印度于 2008 年 4 月召开了印非发展会议。因此，可以说，正是因为中国的重视，使得世界对非洲都开始重视起来。从这个意义上讲，中国对非洲经济发展的贡献是不可估量的。

(三) 拉丁美洲市场

由于石油和原材料、初级产品的市场需求加大，拉美经济连续保持增长。2007 年拉丁美洲市场新签合同额大幅下滑了 26.7%，为 31.2 亿美元。2007 年中国企业在委内瑞拉新签合同额达 11 亿美元；2007 年中国企业在巴西新签合同额 10 亿美元。2007 年拉美市场营业额同比增加了 50%，即 9.6 亿美元。

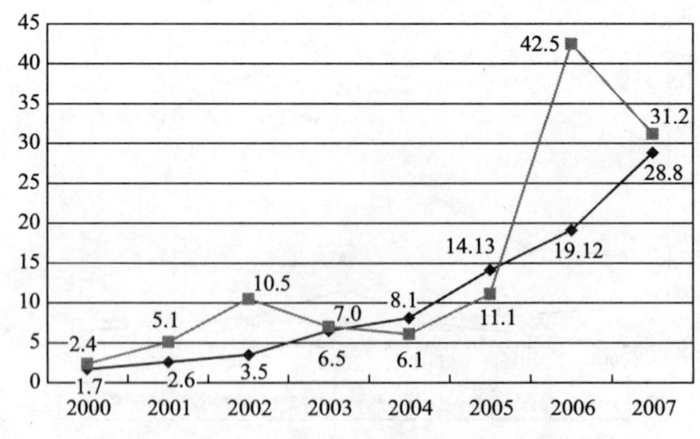

资料来源：商务部国外经济合作司统计

图 3-9　2000～2007 年我国公司在拉美对外承包工程增长示意图

拉美一向被视为美国人的后院，是欧美的舞台。但是中国公司在该市场日趋活跃引起了美国的关注。总的来讲，拉美工程承包市场是一个具有潜力的市场，但是要有充分的准备才可去开拓。首先，拉美皆是小语种国家，而我国国内的相关人才本来就不多。第二，拉美受欧美影响较大，其法制体系多由欧美演化而来，而且其工会力量比较强，对属地化要求较高。如委内瑞拉，每派出一名中国管理员，需要吸纳当地7名工作人员。这对中国公司来讲是不利的。第三，其建筑技术标准亦自成体系，需要下功夫掌握。但是有几个市场值得考察研究，如委内瑞拉、巴西、智利。

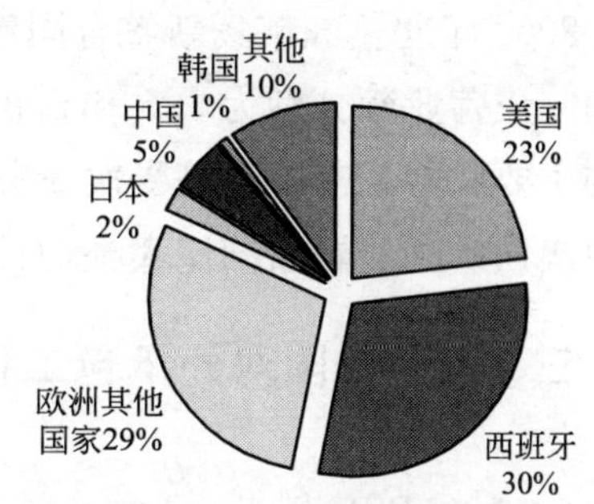

资料来源：根据2007年8月ENR统计

图3-10　拉美竞争格局

(四) 欧洲、北美及大洋洲市场

由于市场准入、劳工政策等方面原因，我国企业在欧洲、北美及大洋洲所占份额很低，主要是分布在电子通信、港口机械、有色金属等行业领域。2007年，中国公司在欧洲市场新签合同额为49.4亿美元，同比增长了84.1%，新签合同额总量占全国对外承包工程总量的6%。完成营业额为35.8亿美元，占当年中国对外承包工程完成营业额总量的8.8%。俄罗斯是中国对外承包工程企业在中东欧地区新签合同额最大也最稳定的市场。2005～2007年间中国对外承包工程企业在俄罗斯新签合同额分别增长了3亿美元和5亿美元，达到2007年的12.3亿美元，成为该地区惟一一个超过10亿美元的市场。除俄罗斯外，2007年中国企业在白俄罗斯、乌克兰、阿塞拜疆、阿尔巴尼亚等中东欧地区市场有较大收获。在西欧地区，德国、荷兰、希腊、法国是中国对外承包工程比较重要的市场。2007年在荷兰对外承包工程的1.9亿美元全部来于上海振华港口机械(集团)股份有限公司；华为技术有限公司在德国、英国等分别签订了价值为1.4和1.1亿美元的电信项目；中国船舶工业集团公司在希腊签订了5亿美元的船舶修理服务项目。

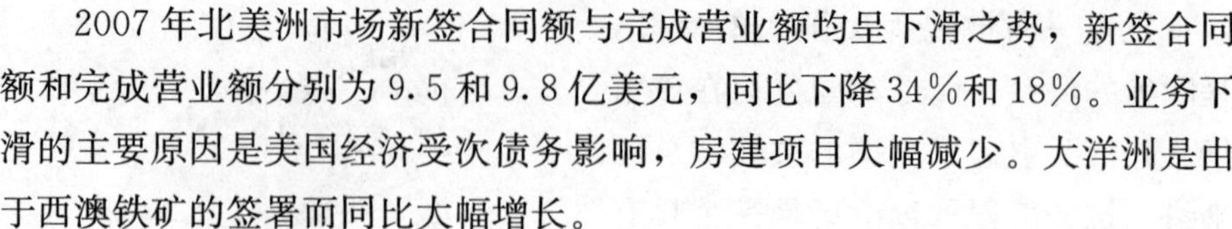

2007年北美洲市场新签合同额与完成营业额均呈下滑之势，新签合同额和完成营业额分别为9.5和9.8亿美元，同比下降34%和18%。业务下滑的主要原因是美国经济受次债务影响，房建项目大幅减少。大洋洲是由于西澳铁矿的签署而同比大幅增长。

三、当前我国对外承包工程企业发展形势

(一) 有利因素

第一，全球建筑投资继续保持增长态势。从当前全球经济形势看，经济全球化深入发展，世界经济仍保持一定的增长速度。据美国研究机构Global Insight的分析，近年来全球建筑业投资额以每年4%～5%的速度增长，2008年全球建筑业投资规模将超过5万亿美元。从亚洲到非洲，从拉美到中东欧，工程建筑市场相当活跃。特别是那些资源丰富的国家，随着世界范围内原材料价格的上涨，国家财政收入大大增加，建筑投资随之增多。同时国际投资增长迅速，2007年全球外国直接投资额为15380亿美元，已经大大超过创历史最高记录的2000年(总额14000亿美元)。其中，在石油、天然气、金属矿产等采掘业的外国直接投资快速增长，促进了全球建筑业的发展。

第二，支持对外承包工程发展的政策环境进一步完善。随着“走出去”战略的实施，各项政策措施逐步落实，有力推动了对外承包工程事业的发展；同时，中国政府先后专门出台了许多支持对外承包工程发展的措施，包括财政、金融及外交支持等诸多方面。自2000年以来，中国政府各部门陆续出台了一系列财政金融政策用于帮助中国对外承包工程企业开拓国际市场。主要有对外承包工程保函风险专项资金、对外承包工程项目贷款贴息、资源类境外投资和对外经济合作项目前期费用扶持、出口信贷及出口信用保险、中小企业国际市场开拓资金、援外优惠贷款、援外合资合作项目基金、出口信用保险扶持发展基金、对外经济技术合作专项资金等。据统计，截至2007年10月，中国政府累计共提供对外承包工程保函风险专项资金16亿美元，支持项目603个；提供对外承包工程项目贷款贴息近4亿美元，支持581个项目；提供资源类境外投资和对外经济合作项目前期费用扶持29个项目；提供对外经济技术合作专项资金近千个项目；

提供中小企业国际市场开拓资金扶持近10万个项目。国华公司去年从财政中获得了1200万元的支持资金。2007年商务部会同外交部、发展改革委、财政部、建设部等14个有关部门联合下发了《关于进一步规范对外承包工程业务发展的规定》。该规定的目的旨在维护国家利益和企业的整体形象，保持对外承包工程快速发展的良好势头，提高发展的质量和水平。该规定对中国企业在境外承揽工程项目所应遵循的程序和行为准则做出了严格的规定。在此规定的指引下，中国对外承包工程商会2007年7月在第五次会员代表大会上审议通过了《关于进一步促进和规范对外承包工程发展的若干意见》。

第三，政府间的合作有力推动了对外承包工程业务的增长。中国政府重视并积极参与多边贸易体制的建立和完善，积极推动区域经济合作的进展，扩大与各国各地区的经贸往来。特别是近年来通过政府合作框架下的制度安排，有力地促进了国际工程承包市场的开拓。以安哥拉为例，2004年中国政府与安哥拉政府签订一揽子合作协议，由中方向安方提供信贷、技术、原材料和设备，在安农业、卫生、教育、运输、电力、公共工程等多个领域开展基础设施建设。这一合作模式取得互利双赢的效果，带动了中国对外承包工程业务在安哥拉的迅猛发展。新签合同额由2005年的13.3亿美元剧增到2006年40.8亿美元进而增长到2007年的56.4亿美元，并使安哥拉首次成为2007年中国对外承包工程新签合同额最大的市场。苏丹市场亦是典型例证。近几年随着石油价格高涨，中国和苏丹一揽子协议的实施，中国企业在苏丹的新签合同额在近两年均保持11亿美元左右的大幅增长，2007年已达30亿美元，其中10个5000万美元以上的项目合同额总额达到21亿美元，占该市场总额的70%。石油、交通和电力类项目是主要的项目类型。

从“能源换工程”角度来讲，每年中国从国外进口上千亿美元的原材料。2006年中国进出口额为1.76万亿美元，其中，进口石油就达800多亿美元；2007年中国进出口额为2.17万亿美元，进口石油近1000亿美元。见表3-6。如果能够用于支持对外承包工程，将会发挥巨大的作用。

我国进口资源情况统计　　表 3-6

商　品　名　称	进口额(万美元)	数量(万 t)
原油	7977091	16317
成品油	1643675	3380
铁矿砂及其精矿	3379557	38309
钢材	2055261	1687
未锻造的铜及铜材	1966716	278
氧化铝	197376	512
合计	17219676	60483

资料来源：商务部统计

第四，国家的综合国力进一步增强，中国对外承包工程企业的实力得到了越来越多的国家和地区的认可。2007 年中国经济发展态势良好，对世界经济起到了重要的拉动作用。据国家统计局统计，全年国内生产总值 246619 亿元，比上年增长 11.4%。据海关统计，2007 年中国年度外贸进出口总值首次超过 2 万亿美元，达 21738 亿美元，比上年增长 23.5%，净增加 4134 亿美元。截至 2007 年底，国家外汇储备高达 15282.49 亿美元。对外投资的领域越来越多，布局日趋合理，已经从贸易、餐饮、简单加工扩大到航运、物流、资源开发、营销网络、并购、生产研发等众多领域。中国对外直接投资从世界第 17 位上升到第 13 位。22 家内地企业入选美国《财富》杂志 2007 年度全球 500 强企业名单。我国产业结构不断调整和优化，工业化水平提高，自主创新能力增强，有不少技术还处于世界领先。随着国家综合实力的提高，中国对外承包工程企业被越来越多的国家接受，很多国家已经开始主动邀请中国公司参与其国家建设。

(二) 不利因素

近年来，国际工程承包环境总体对我们是有利的，但仍然存在一些问题和挑战：

第一，2007 年下半年始的美国次债务危机对美国经济造成重大影响并进而对全球经济产生了一定的负面影响。全球经济的快速增长带动了全球能源、原材料、食品、住房等物品价格的快速增长，全球经济面临较大的通货膨胀的压力。受此两大因素的影响，国际工程承包的原材料和劳动力等生产要素的价格上涨迅猛，对企业的经营成本造成一定的压力。也影响了建筑业投资的快速增长。

第二，人民币不断升值压缩了企业的利润空间。自2006年7月中国实行汇率制度改革以来至2007年12月24日，人民币兑美元升值超过11%。企业的利润空间遭到了进一步的压缩，预计在2008年人民币将继续升值。这对于那些依靠低成本优势赢得合同和惯于低价中标的对外承包工程企业来说是个考验。

第三，工程项目劳务人员的管理与安全问题需要引起重视。在经济全球化深入发展的背景下，国际政治势力之间依然存在着各种矛盾和斗争，特别是以资源争夺为背景的政局动荡和局部战争仍然存在。同时，国际恐怖活动对地区和世界安全的影响越来越大。加之部分地区还存在社会治安严峻、生活环境恶劣、自然灾害、疾病疫情频发等因素，使中国在外的公民和企业人员的安全受到威胁。近几年来，中国对外承包工程企业涉外安全事故不断发生，特别是随着我国对外承包工程迅速增长，工程项目劳务人员增多，在非洲个别项目上就达到上万人规模，而这上万人又来自不同地方和企业，增加了管理的难度，风险指数加大。外交部的数据显示，2007年中国对外承包工程企业涉及重大安全事件就达5起。为加强境外安全保障，尽量避免和减少此类安全事件的发生，在选派出国前应当强化境外安全教育和培训。出国后，经营企业和对外劳务合作人员要尊重当地人民，遵守当地法律法规，履行必要社会责任，平等待人、和睦相处；要加强境外安全制度建设，排查境外安全隐患，及时发现薄弱环节，做好境外管理服务。同时，要按照国家处置涉外突发事件应急机制的要求，加快建立和完善境外安全预警和应急处置体系建设。

四、对策和建议

(一) 加大人才培养

通过调研我们发现，对于中国对外承包工程企业来讲，最大的问题和挑战在于人才的短缺。伴随着业务的增长，人才不足越来越成为企业快速发展的制约因素。

人才资源是第一资源，各企业应当加大对人才的培养，加大投入，与国内大专院校、行业组织培训机构、相关社会培训机构进行更紧密地合作，通过制定长期的个性化的培养方案为企业对口培养所需的人才；适当引进有丰富国际项目管理经验的外籍人才，聘请高级外籍项目管理顾问，提升企业国际化的视野和水平。

（二）企业履行社会责任是构建和谐世界的必然要求

企业履行社会责任是坚持以人为本、构建和谐社会的必然要求，一方面企业通过履行社会责任影响社会、服务社会、回报社会，另一方面通过良好的社会信誉、社会影响力促进企业的生产经营更好更快地发展。在经济全球化形势下，企业履行社会责任已经成为获得国际竞争力和社会影响力的高效途径。作为国际工程承包企业，“以人为本”不能只局限于本国人民或自身企业的员工，还应充分考虑东道国人民的利益，站在促进东道国经济社会可持续发展的角度开展经济合作。

目前，我们的市场主要集中在发展中国家，这些国家有着丰富的自然资源，但其经济相对落后，人民生活比较困难，公司在获得经济收益的同时有责任和义务帮助当地百姓、改善民生，取得当地社会的信任与支持。如果只想做对自己有利的事情，而不愿意帮助对方实现经济社会的可持续发展，将难以取得东道国政府和人民持久地信任，最终必然会阻碍项目的顺利实施。坚持互利共赢、少取多予的原则，看似吃了一些“小亏”，从长远看却是“大赢”，这就是所谓“小赢靠智，大赢靠德”。一方面，这种做法得到了当地政府和人民的信任，同时又为公司争取了更多的发展机会。另一方面，这种做法可有效防范社会风险，特别是恐怖袭击。通过履行企业社会责任，积极回报当地社会和人民，能够充分地调动当地人民的积极性，从而使其主动维护企业利益。即使周边有恐怖分子，也会陷入“人民战争”的汪洋大海。在海外项目上，已经有当地人民举报恐怖袭击从而保证了海外企业安全的例子。

（三）加快企业改革，不断提升核心竞争力

分析世界建筑业的发展历史，许多世界顶级的百年承包企业随着市场的需求变化，都在不断地调整自己的业务结构，从单一业务向多元化业务发展，从设计、采购、施工交钥匙工程承包到向业主提供运营、融资安

排、前期工程可行性研究等全方位服务发展，乃至以BOT、BT、PPP方式和直接投资模式带动工程总承包。而目前中国工程承包企业的业务结构、承包方式与当今国际市场的要求还有很大一段距离。其主要原因是中国设计、施工企业自建国初期，国家沿用前苏联经济体制中的行业安排，设计、施工业务分离，导致长期以来做设计的企业不会做施工，做施工的企业不能做设计，更谈不上精通融资、投资和运营业务，中国企业在海外承包高端市场缺乏竞争优势。从短期来看，在中国大量的低价劳动力和具备相当价格竞争力的工程机械、机电设备的支撑下，建筑企业通过降低成本费用，仍然能在国际上保持一时的竞争优势。但是从中长期来看，中国工程承包企业的综合服务能力在海外市场有待于进一步提高，中国企业必须加快改革步伐，加大在组织化、产业化和资本化方面的创新，提高综合服务能力。企业可以通过收购、整合、重组等手段，在集团公司范围内建立在对外承包工程设计-采购-施工-运营完整的产业链条的控制力和服务能力，尽快形成资金密集、管理密集、技术密集、具备设计施工一体化、投资承包一体化、国内国外一体化的运作能力，能够承揽大型复杂项目。应加大业务创新力度，沿对外承包工程产业链上下游进行产业转型，进入国外相关产业如原料生产、资源开发、房地产等领域，建立产业周期长短结合的业务群，实现企业可持续发展。充分利用国内资本市场，加快企业整体改制和融资上市步伐，争取更多企业通过整体上市增强融资能力；通过发行债券，运用援外优惠贷款、出口卖方信贷多种融资方式，与世界主要的出口信贷机构、多边金融机构、商业银行、投资银行建立业务联系以及引入国际战略投资者等多种方式全方面提升融资能力。在市场成熟的国家或地区更多的以BOT/PPP的模式开展项目，逐步加大BOT/PPP业务的比重，形成长线投资业务与短线施工业务的良性循环。

（四）积极开发新兴市场

有条件的企业应该大力开拓壁垒较高的中东市场和中东欧市场，并向壁垒更高的欧美市场发展，逐步改变市场过于集中的问题。

中东市场和中东欧市场都属于要求严格的市场，但是比起美国和西欧市场来还是要容易进入一些。目前这两个市场商机不断，值得大力开拓。目前已有一些企业在这两个区域开展业务。下一步企业要大大加强在这两个市场的开拓力度，一方面可以优化目前过于集中的市场结构，另一方面可以以此为跳板在时机成熟时进入欧美高端市场。

（中国对外承包商会编写组：刁春和　迟长海　辛修明
李梓敬　付勇生　黄立华）

专　题　篇

从根源上消除拖欠工程款痼疾，规范建筑市场交易秩序，是建筑市场各方主体及政府主管部门的一致愿望，客观冷静地分析原因，有针对性地采取对策，需要有深度的研究；倡导和逐步地推进项目建造的设计施工一体化，进行建造方式和相应企业组织、项目组织的改革，是中国建筑业未来组织结构优化调整的重要任务；在风险不断加大的市场形势下，观察并分析中国建筑业的风险管理现状，进行相应对策的研究，十分必要和迫切；结合形势发展需要，专题篇选择一些有关的研究成果，供行业内外分享、讨论、思考。

专题一：建设领域拖欠工程款深度研究报告

一、拖欠工程款现象及三年集中治理

(一) 拖欠工程款的发生

1. 拖欠工程款的定义

本报告所指的拖欠工程款是：**工程进行过程当中和竣工结算后，依照法律法规签订的建设工程合同中的资金支付约定不能依照约定履行的资金款项。**这里，判定拖欠工程款的关键要素一是依据依法合同，二是依合同应履行未履行，三是包括竣工结算后和工程进行中的拖欠[1]。

拖欠工程款不等于财务意义上的应收账款。应收账款反映了企业的应收资金的收回情况，包含拖欠工程款但大于拖欠工程款。应收工程款指的是竣工未结算未按合同支付的工程款、竣工已结算未按合同支付的工程款，也包括在建工程未按合同约定支付的工程款和质量保证金等其他款项。

> **国务院组织的2004年清理拖欠工程款的范围是：**在2003年12月31日前已经竣工的工程和变更承包人或其他原因导致施工无法进行，且承包人停止施工3个月以上的未竣工工程，发包人(业主)按照合同约定应当向承包人支付而未支付的工程进度款。

2. 工程拖欠款问题的出现及其当时的治理措施

改革开放之后，拖欠工程款现象从无到有，逐步发展，在其普遍性和发展程度上，都表现得比较突出和鲜明，成为我国工程承包领域的独特

[1] 上述定义是出于理论上的合理性给出的，由于统计原因，本报告所使用的官方数据依据政府清理拖欠工程款的范围。

现象。

以清理拖欠为标志，我国拖欠工程款现象应当是自 20 世纪 80 年代发生并持续发展、持续进行治理的。20 世纪 80 年代，由于建设项目超概算严重，当年投资计划安排不足和自筹资金不落实，造成严重的固定资产投资缺口，形成对生产部门货款和施工企业工程款的大量拖欠；加之企业亏损严重，挤占了企业自有资金和银行贷款，加剧了相互拖欠（当时称之为“三角债”）；此外，商品交易秩序紊乱，结算纪律松弛，信用观念淡薄，也加剧了“三角债”的发生发展。1990～1992 年，我国政府进行了第一次集中的“三角债”清理工作。1990 年 3 月 26 日，国务院下发《国务院关于在全国范围内开展清理“三角债”工作的通知》（国发［1990］19 号），并成立了国务院清理“三角债”领导小组，在清欠过程中，政府通过加强领导，组织专项整治活动，并通过中国人民银行安排专项贷款规模和贷款资金、地方、企业自筹等方式，加大了清欠力度，清理拖欠项目 14121 个（基建项目 5420 个，技改项目 8701 个），除少数不符合国家产业政策及贷款条件的项目外，全国基建、技改项目在 1991 年底以前形成的拖欠基本清理完毕，共连环清理“三角债”1838 亿元。

20 世纪 80～90 年代初的“三角债”问题与 2003 年及以后集中清理的拖欠工程款问题相比，有着一些特殊性，一是当时拖欠的主要原因是国家固定资产投资存在缺口，计划不落实的问题，计划体制的色彩还比较浓厚；二是基本上都是国有企业、国有项目之间的拖欠，国家注入资金就能解决问题；三是在当时的历史条件下，农民工问题还不突出，社会矛盾也不剧烈。

（二）拖欠工程款的发展

1. 2003 年以前拖欠的累计规模

按照政府确定的拖欠工程款的确认标准及相关统计，2003 年以前竣工项目确认拖欠工程款的工程项目为 13.2 万个，拖欠工程款 1860.1551 亿元，拖欠共涉及 1.3 万家企业，拖欠时间最长的达 13 年。其中政府投资工程拖欠 705.0590 亿元，占 37.9%；社会拖欠占到 62.1%；在拖欠的工程类别中，房地产拖欠所占比重最高，达到 26.96%，其次是市政工程拖欠，

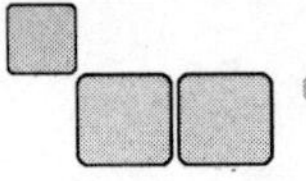

占到 14.87%[1]。确定 2003 年底前建设领域发生的拖欠农民工工资总额为 337 亿元。

2003 年以前竣工项目拖欠占到当年建筑业总产值 23083.87 亿元的 8%，占到当年建筑业增加值 8181.2 亿元的 22%；等于当年建筑业全行业利润的 3.58 倍，拖欠工程款程度由此可见一斑。

2. 拖欠发展的历史背景

改革开放之后，我国经济突破计划经济的体制束缚，获得了一个长达 30 年的发展变革时期，这个过程既是经济高速发展时期，大规模建设时期，也是我国经济体制深刻变革的时期。政府及全社会投资建设的巨大冲动，大规模体制外、无组织的农民工潮流，加上不成熟的建筑市场交易机制，上述种种因素，共同催生出拖欠工程款这一比较特殊的经济现象。

拖欠早期较多发生在政府部门。20 世纪 80～90 年代，我国城市基础设施缺口巨大，各项建设百废待兴，政府财政力量薄弱(见表 4-1-1，2006 年的财政收入是 1996 年的 5.26 倍)，在城市建设及各项基础设施建设过程中，加上官员“政绩”追求的驱动，政府采取行政手段动员建筑施工力量投入建设，拖欠企业工程款项的情况多有发生，这是政府投资工程拖欠的开始。

表 4-1-1

年份	1990	1992	1994	1996	1998	2000	2002	2004	2006
财政收入(亿元)	2937	3483	5218	7407	9875	13395	18903	26396	39000
财政收入占 GDP 的比重(%)	15.7	12.9	10.8	10.4	11.7	13.5	15.7	16.5	18.6

房地产开发拖欠问题日渐突出。1998 年以后，我国的房地产开发进入规模增长的快车道(表 4-1-2)，房地产开发的初期阶段，一些房地产开发商将施工环节拖欠作为弥补开发资金短缺、进行资本运营的一个重要手段，这样，房地产开发又成为拖欠工程款大量发生的重点领域。

---

[1] 统计范围是，2003 年底前已竣工的建设工程按合同应当支付的工程款和 2003 年底前建设领域拖欠的农民工工资。经国家统计局批准，建设部对全国建设领域拖欠工程款情况进行了专项统计，要求被拖欠工程款的建筑业企业自行上网申报被拖欠的工程项目名称和金额，由各地建设部门对申报情况汇总核实上报建设部。

表 4-1-2

年份	1997	1998	1999	2000	2001	2002	2003	2004	2005	2006
房地产开发投资(亿元)	3178	3614	4103	4984	6344	7790	10153	13158	15909	19422
全社会年竣工商品住宅价值(亿元)	1269	1484	1831	2173	2622	3191	4128	4620	6060	6717

数据来源：中国统计年鉴 2006，2007 年统计公报，中国统计年鉴 2007，6-2，6-9

同时，"三不"的历史环境也加剧了拖欠。任何经济现象都有着其发生发展的条件和环境，对拖欠工程款发展的历史背景进行分析，其存在也具有客观性，是这一时期政府及社会业主、承包商等各类主体不成熟、行为不规范、交易机制和规则不健全、交易风气不诚信共同催生的特殊产物。

不成熟。不成熟是指建设体制机制、市场主体的不成熟，体制机制的不成熟主要表现为政府投资工程的决策、建设体制不健全，随意性较强；主体的不成熟表现为业主过度重视工程的价格竞争，偏重于考虑当前和局部效益，对于工程建设的长远效益和社会效益关切度远远不够。

不规范。一方面表现为规则不健全、不完善，还表现为对于现有的法律法规的执行不尽如人意，在交易双方交易的过程中，合法交易、违法交易并行的情况在一定程度上存在。

不自律。建筑市场各方交易主体诚信意识差，加上市场的供求矛盾，承包商追求拿到合同，发包方追求低成本，缺乏整体、长远意识和思考，也助长了拖欠工程款的发生发展。

3. 对社会、企业的影响

拖欠工程款对于经济、社会秩序的破坏作用在于：

形成固定资产投资的超能力预支，虚假膨胀。拖欠的主观动因虽然是多方面的，但不具备建设工程项目的资金能力无疑是一个确定的原因。没有资金或资金不落实的工程项目上马，其维持的手段主要是拖欠。拖欠形成了政府债务，预支了财政收入，使投资规模产生了虚假膨胀。

价格过低影响产品质量和品质，造成新一轮的低品质工程建设。建筑市场交易规律表明，资金不足或者资金缺乏急于上马的项目，难以建成设计、施工水平高、功能完善、节能环保的项目，我国大量的"短命建筑"就是匆忙、急躁上马的恶果。国外的经典建筑之所以成为经典，在于其充足的资金和建设周期的投入(西方一些经典建筑历经了几十年甚至上百年的时间才最终建成!)。采用“短、平、快”的建设方式，是以牺牲产品品质为代价的，与我国正在贯彻落实的科学发展观是格格不入的。

影响承包商，乃至建材等下游行业的企业健康发展。拖欠工程款最终的经济结果有四种：**迟付，变付(即改变支付方式)，减付(即少付)，不付(拖成死账)**。除了少数的拖欠，承包商得到了相应的补偿外，拖欠工程款要么造成承包商资金使用成本的提高，要么造成承包商严重的经济损失。而且，拖欠工程款所造成的损失常常牵延到下游行业，建材、机械设备的供应行业，牵延到对于劳务提供者的支付。拖欠工程款造成的资金紧张和成本吃紧，使得承包商不能够进行正常建造所应有的成本支出，如安全成本的支出、职工的保险、保障支出、扩大再生产的必要支出、企业技术研发支出等，严重影响企业的发展后劲。

经济损失最终流向交易弱势方，破坏社会稳定。拖欠工程款经济损失的恶果最终是由交易弱势方承担的。最下游的交易方是建筑农民工。农民工承受着低工资、支付周期长、各类保障不健全的不公平待遇，长此以往，影响参与建筑活动人员自身素质的改善和提高，贫富差距不断拉大，农民工生存环境恶劣，社会的稳定将会受到威胁。

形成不健康的交易风气。拖欠工程款现象不断发展蔓延，最后成为社会交易惯例，则上述的种种不良后果就会聚集延伸，恶性膨胀，还会使交易主体更加肆无忌惮地采用非法经营手段。甚至造成法不治众，社会蔑视法规现象，影响法制国家、社会主义市场经济制度国家的建立和运行。

因此，拖欠工程款问题必须引起政府的高度重视，应当坚决克服交易惯例思想和市场行为可以放任的思想，决不可任其发展，必须得到坚决的治理和纠正，以创造健康的建筑市场交易和行业发展环境。

(三) 清理拖欠工程款工作

建设领域拖欠工程款问题一再引起有关部门和国家领导的关注。2003年11月22日，国务院办公厅以国办发【2003】94号文件发布《国务院办公厅关于切实解决建设领域拖欠工程款问题的通知》，通知明确，自2004年起，用3年时间基本解决建设领域拖欠工程款以及拖欠农民工工资问题。

在3年的时间里，国务院和各级政府主管部门加强组织领导，明确清欠目标任务，限定时间治理，采用多种方式和手段集中治理，取得了显著的成效。**这一过程最大的特点是政府的强力介入，多部门联合行动，落实政府责任，明确各部门和各级政府的目标和任务，采取综合、强有力的政策措施，造成强大舆论声势。**至2006年末，清欠工作基本完成。

截至2007年1月19日，已解决拖欠工程款占拖欠总额的98.6%。有29个省(区、市)的清欠比例达到95%以上，其中，北京、天津、辽宁、上海、山东、浙江、湖北、安徽、广东、云南等10个省(市)的清欠比例达99%以上。政府投资项目拖欠工程款已经解决99.3%，有20个省(区、市)的政府投资项目偿付比例达到99%以上，其中云南、天津、浙江、上海、安徽、辽宁、重庆、湖北等8个省(市)的政府投资项目已全部偿还。拖欠农民工工资问题基本得到解决。

国务院副总理曾培炎同志在有关文件的批示中认为：2004年起清欠建筑工程款及农民工工资的任务，经过各省、各部门共同努力，确定的任务基本完成。但边清边欠的情况仍有发生，今后要着力进一步加强防欠长效机制的建设和经常性监督。至此，三年的清欠治理工作得到了国家、社会、企业的高度肯定和认可。

二、2004年以来拖欠工程款情况及变化趋势

为正确评估清欠工作成效和长效机制建设的效果，准确掌握2004年以来建设领域工程款的支付情况，建设部于2005年和2006年，针对不同典型样本分别组织了三次和四次抽样调查。在此基础上，经国家统计局批准，2006年12月20日至2007年1月19日，又对2004年以后竣工项目工程款的支付情况按照原标准、原口径、原方式(即资质等级以上建筑业企业网上申报)进行了一次全面调查。进一步地，建设部编制了《建设领域竣工工程工程款支付情况调查制度》，并经国家统计局批准，自2007年7月份起实行，每半年统计一次，有效期两年。现已完成了第一次调查

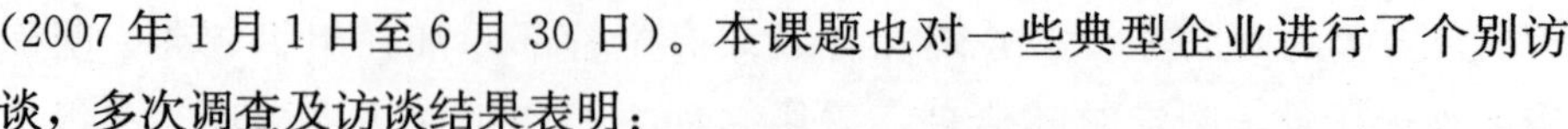

(2007 年 1 月 1 日至 6 月 30 日)。本课题也对一些典型企业进行了个别访谈，多次调查及访谈结果表明：

(一) 工程款支付情况明显好转，拖欠工程款大幅减少

据对中央建筑施工企业、民营企业、不同地区不同资质企业的定向访谈，企业一致反映拖欠工程款现象仍然存在，但比之国务院集中组织清欠之前情况已经大大好转。

统计调查结果显示，2004 年至 2006 年全国竣工项目总数分别为 11.3 万个、14.9 万个和 16.2 万个。据建设部调查统计，施工企业共上报拖欠项目 5832 个，反映拖欠金额 176.3 亿元。其中，经有关部门核实，有 12.7 亿元不属于拖欠工程款；有 69.3 亿元因施工企业不能提供证据或存在质量纠纷等原因，拖欠事实无法认定；反映属实拖欠为 94.3 亿元。2004 年至 2007 年上半年的反映拖欠金额分别为 66.35 亿元、62.46 亿元、41.33 亿元、6.12 亿元，涉及项目分别是 2188、2033、1238、373 个，有拖欠项目占当年竣工项目比例、拖欠工程款数额均呈逐年下降趋势。2007 年 1～6 月[1]：竣工工程拖欠工程款的项目共 373 个，金额 61167 万元，进一步呈现出明显好转的趋势。

全国 2004 年后新竣工拖欠工程款中，属 2003 年底以前开工的占总额的 51.9%；2004 年开工的占总额的 30.8%；2005 年开工的占总额的 14.8%；2006 年开工的占总额的 2.5%。拖欠项目主要是 2003 年前和 2004 年开工的项目，占总数的 82.7%。2004 年以后开工项目拖欠工程款比例逐年降低。

上述有关部门统计由于多种原因并没有完全反映拖欠工程款的情况，如有的企业就自己不报而无法列入统计，或者虽然是真实的拖欠但由于暂时达不到统计要求无法上报。但拖欠工程款发展的趋势逐步受到遏制的情况应当是可以肯定的。

(二) 应收工程款中的拖欠款比例逐年下降，延期决算问题大大好转

调查显示，企业 2003～2005 年拖欠的竣工工程款占应收工程款的比例

[1] 本次调查与 2003 年年底前竣工工程的调查同口径、同标准、同方式。

分别为 47.6%、42.1%、31.2%，年均下降 8 个百分点，说明合同履约的程度随清欠工作深入逐步规范。2005 年全国建筑业总承包和专业承包企业应收工程款占工程结算收入的比例呈现下降趋势，由 2004 年的 19.5%下降到 18.1%[❶]。

2003 年底前竣工工程中因延迟工程款结算造成的拖欠额为 586.71 亿元，占拖欠总额的 31.54%；2004 年以后竣工工程中因延迟工程款结算造成的拖欠工程款数额为 31.18 亿元，占总额的 18.78%，是 2003 年底以前竣工工程因延迟工程款结算造成拖欠款的 5.3%。表明国务院各部门及各地对于结算问题的管理政策产生了实际的效果。

(三) 政府投资工程拖欠得到了有效遏制，拖欠结构发生明显变化

2003 年底以前竣工工程中政府投资拖欠工程款约 705 亿元，占拖欠总额 1860 亿元的 37.9%；2004 年以后(至 2007 年 1 月 19 日)竣工工程中政府投资工程拖欠工程款 28.06 亿元，占总额的 17%，降低约 20 个百分点。其中政府用房占总额的比例降低 4.38%，市政工程占总额的比例降低 4.57%；交通工程变化不大，教育工程上升了 3 个百分点以上。2007 年 1～6月竣工工程拖欠工程款 6.1167 亿元中，政府投资工程拖欠工程款 1.30 亿元，占 21.28%；表明国家治理拖欠工程款工作促进了各级政府部门贯彻落实科学发展观，抑制了地方政府的投资冲动，推动了量力而行、规范严格的政府投资管理制度的建立。

相比而言，**2004 年以后竣工的房地产项目拖欠工程款总量虽然明显下降，但相对比例较大，成为预防和解决拖欠工程款的重点。**2004 年以后竣工的房地产项目拖欠工程款共计 51.27 亿元，只相当于 2003 年底前房地产项目拖欠额 501.42 亿元的 10.22%，总量明显下降。但 2003 年底前房地产项目拖欠占总额的 26.96%，2004 年以后竣工工程房地产项目拖欠工程款占总额的 30.87%，上升了近 4 个百分点。2007 年 1～6 月竣工工程拖欠工程款 6.1167 亿元中，房地产项目拖欠工程款共计 1.31 亿元，占 21.40%。因此，房地产项目仍然是防止拖欠工程款的重点领域。

调查结果还显示，**业主资金不到位是拖欠工程款的首要原因**，因业主

---

❶ 据国家统计局统计。

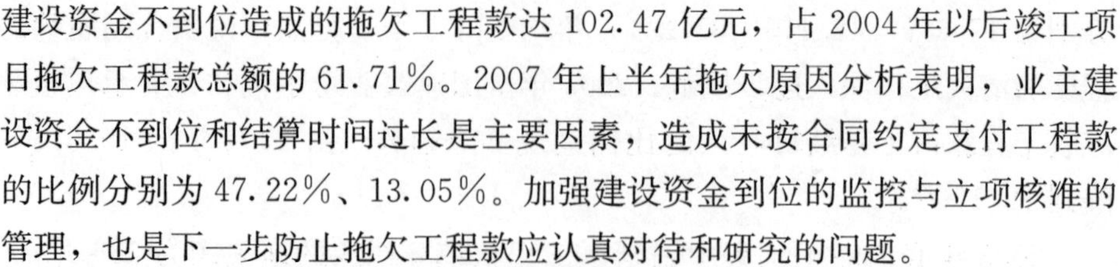

建设资金不到位造成的拖欠工程款达 102.47 亿元，占 2004 年以后竣工项目拖欠工程款总额的 61.71%。2007 年上半年拖欠原因分析表明，业主建设资金不到位和结算时间过长是主要因素，造成未按合同约定支付工程款的比例分别为 47.22%、13.05%。加强建设资金到位的监控与立项核准的管理，也是下一步防止拖欠工程款应认真对待和研究的问题。

(四) 建设工程交易环境得到了明显的改善

据调查，到 2007 年，企业普遍反映政府没有钱不上项目了，不敢拖欠，不愿拖欠了。农民工的工资支付情况突出向好，农民工的工资水平也得到了明显的提高，据调查，2007 年底，北京市提供一般建筑劳务的农民工的日工资已达到每天 80 元以上，有专业技术的工人的日工资更高。而且，支付环境达到历史最好状况，企业可能被拖欠但农民工的工资不被拖欠是现实存在的状况。社会风气和舆论正在发生微妙的变化，业主对于拖欠工程款比较敏感，尽力规避造成拖欠工程款的说法和事实。

上述情况表明，清欠工作开展以来，国务院有关部门、各地方在建设程序管理、建设资金监管、规范价款结算、工程质量保证金管理、推行工程担保制度、改革政府投资建设实施方式等方面采取的措施已经开始显现。

(五) 制度缺陷造成的拖欠仍然存在

所谓制度缺陷包括：其一，政府投资的决策制度、预算制度、决算制度、竣工验收制度、工程款支付制度的不科学、不完善、不合理。制度性缺陷会造成工程的盲目上马，造成工程款不足，造成应支付不支付的延期支付或长期拖欠。其二，由于企业组织制度不合理，总分包、包工头与民工之间的支付纠纷频繁发生，形成的拖欠占较大比重。

据调查，一些国家重点投资工程仍然存在着形成未来拖欠的隐患。这些隐患主要是由于项目前期工作匆忙，不够细致，预算变更制度不完善造成的项目资金预算不足，企业在施工中不得不先行垫资，竣工后又长期扯皮，造成事实上的拖欠工程款，企业反映强烈。

此外，我国目前工程款支付没有法律制度限制，支付方式随意性大，种类多样，大量拖欠发生于支付纠纷；总、分包制度及相应的企业形式没有定型，包工头还大量存在，常常是承包企业已经将工程款支付给了包工头或者班组，但工人却拿不到相应的报酬，形成工资拖欠。

其次，对于是否存在拖欠、拖欠快速解决的社会判定、处理制度不完善，造成了拖欠无妨、拖欠无损的交易环境，业主不欠白不欠，欠了也白欠，甚至将其作为筹措资金的手段，这种情况，依然存在。

(六) 机制型、结构型拖欠特征明显

所谓机制型拖欠，是对于一类拖欠现象的概括，这类拖欠虽然也有其他原因，但其共同原因，是由于企业制度和运营机制不完善，技术、管理水平相对不高。

在不同所有制的企业中，江浙一带的民营企业、其他地区股权明晰的企业由于其预防和治理机制比较健全，被拖欠状况不严重；一些优秀的中央企业，虽然并未整体改制，但由于其实力和技术管理能力较强，已经占据工程建设高端市场，在高端市场，业主的拖欠情况要好得多，一些高、大、难、新的工程虽然投资一再追加，但工程支付状况良好，不仅不存在拖欠，预付款支付得都很及时。相反在中、低端市场，房屋工程、市政工程、公路工程等领域，拖欠情况较为严重，尤其表现为一些地方国有企业被拖欠较多。

(七) 施工企业对于工程款拖欠仍有强烈反映

在清理拖欠工程款和农民工工资工作取得显著成就的情况下，施工企业对于工程款拖欠仍有强烈反映的主要原因是：

1. 拖欠工程款问题还未得到根本解决，拖欠情况仍然时有发生。

2. 部分政府的重点工程拖欠的情况大大缓解，但仍有一些重点工程，如铁路、交通由于资金的预算缺口，变相的拖欠仍然普遍存在；发达地区企业被拖欠情况缓解，落后地方的拖欠仍然较为严重。

3. 农民工工资拖欠的情况大大改观，但下级承包单位的支付纠纷仍然时有发生。

4. 政府对于拖欠的统计由于条件严格，与事实上发生的真实拖欠存在距离，与企业感觉到的由于各种支付纠纷造成的工程款拿不到的情况相比，政府统计到拖欠数量较小。

5. 企业还存在对于政府行政手段的过度依赖，对于原因复杂的拖欠款问题都试图依靠政府的行政手段来解决，甚至放松自己对于交易条件的严格管理，在出现问题时，就向政府和社会发出激烈呼求，以求通过政府的强力干预解决收取工程款难的问题。

三、对于长效机制建设的评价

(一) 长效机制建设概述

1. 针对三年清欠过程中发现的有关问题，部际联席会议出台了 19 个相关政策措施文件，这些文件的主要内容见表 4-1-3。

表 4-1-3

出台文件	文　号	发文机关	发文时间
1. 国务院办公厅关于切实解决建设领域拖欠工程款问题的通知	国办发【2003】94 号	国务院办公厅	2003.11.22
2. 关于在房地产开发项目中推行工程建设合同担保的若干规定(试行)	建市【2004】37 号	建设部	2004.8.6
3. 关于进一步解决建设领域拖欠工程款问题的意见	国办发【2004】78 号	国务院办公厅转发，建设部等 17 部委	2004.10.29
4. 建筑施工领域农民工工资支付管理暂行办法	劳社部发【2004】22 号	劳动和社会保障部、建设部	2004.9.6
5. 建设工程价款结算暂行办法	财建【2004】369 号	财政部、建设部	2004.10.20
6. 最高人民法院关于审理建设工程施工合同纠纷的解释	法释【2004】14 号	最高人民法院	2004.10.25
7. 建设工程质量保证金管理暂行办法	建质【2005】7 号	建设部、财政部	2005.1.12
8. 关于加强建设等行业农民工劳动合同管理的通知	劳社部发【2005】9 号	劳动和社会保障部、建设部、全国总工会	2005.4.18
9. 关于印发《工程担保合同示范文本》(试行)的通知	建市【2005】74 号	建设部	2005.5.11

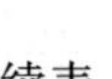

续表

出台文件	文 号	发文机关	发文时间
10. 关于进一步加强中央党政机关等建设项目管理和投资概算控制的通知	发改投资【2005】907号	国家发展和改革委员会	2005.5.25
11. 中央预算内固定资产投资补助资金财政财务管理暂行办法	财建【2005】355号	财政部	2005.7.26
12. 中央预算内固定资产投资贴息资金财政财务管理暂行办法	财建【2005】354号	财政部	2005.7.26
13. 关于建立和完善劳务分包制度发展建筑劳务企业的意见	建市【2005】131号	建设部	2005.8.5
14. 关于推进建设工程质量保险工作的意见	建质【2005】133号	建设部、中国保险监督管理委员会	2005.8.5
15. 关于预防和解决交通建设领域拖欠工程款的若干措施	交公路发【2005】352号	交通部	2005.8.10
16. 建设部关于加快推进建筑市场信用体系建设工作的意见	建市【2005】138号	建设部	2005.8.12
17. 关于进一步解决拖欠农民工工资问题的通知	劳社部发【2005】23号	劳动和社会保障部、建设部、公安部、监察部、司法部、工商行政管理总局、中国人民银行、全国总工会、中国银行业监督管理委员会	2005.9.2
18. 关于严禁政府投资项目使用带资承包方式进行建设的通知	建市【2006】6号	建设部、国家发展和改革委员会、财政部、中国人民银行	2006.1.4
19. 政府投资项目审计管理办法	审投发【2006】11号	审计署	2006.1.20

2. 统计调查、跟踪监控。为了及时了解和掌握全国拖欠工程款的实际情况，建设部十分重视统计调查制度的建立，经国家统计局批准，先后于2004年、2006年、2007年对于拖欠工程款情况进行了统计调查，并根据调查情况进行了有针对性的跟踪监控。

3. 若干意见的特点和要点。为了集中解决拖欠相关政策措施的效力，2006～2007年，建设部在已经出台的治理拖欠工程款的政策措施基础上，起草了治理拖欠工程款的若干意见，若干意见较为系统详细地规范了治理拖欠工程款的重要环节，拟由国务院发布，起草出台若干意见，提高了已出台措施的层次和效力，便于政府的执法操作。

4. 地方的长效机制建设情况。2004～2006年，各地政府和建设行政主管部门高度重视解决拖欠工程款和农民工工资工作，集中出台了一系列有针对性的管理措施。据不完全统计[1]，地方政府出台的综合性长效机制文件9个，关于劳务分包和农民工工资的文件17个，关于建筑市场、工程担保和信用体系建设的文件14个，关于项目管理的文件7个，关于工程造价的文件6个，关于还款协议公证的文件2个，关于项目审计的文件2个，其他文件5个(表4-1-4)。

表 4-1-4

文件内容	数量
综合性长效机制建设文件	9
劳务分包和农民工工资的文件	17
建筑市场、工程担保和信用体系建设的文件	14
项目管理	7
工程造价	6
关于还款协议公证的文件	2
关于项目审计	2
其他	5
总计	62

(二) 措施效果分析概要

在地方制定的相关政策措施中，重要的政策有：明确了拖欠工程款管理的政府部门和解决途径；严禁政府投资工程指使施工企业带资施工；政府在项目立项审批、施工许可和竣工验收备案时监控拖欠工程款问题；规范建筑农民工的工资支付方式方法；合同管理及备案；推行工程担保和质量保险；将企业工程款支付情况和工资支付情况作为诚信信息的重要组成

[1] 根据《部分省市解决建设领域拖欠工程款长效机制文件汇编》。

部分，并进行公示等。

分析政府在治理拖欠工程款问题方面的举措，基本上是沿着保证建设项目资金到位，在合同履行中加强细节管理，在各个许可环节监督拖欠工程款的发生发展情况的思路展开的，**与其说是建立长效机制，不如更准确地说是进一步发挥政府的行政管理作用，利用市场机制调节拖欠工程款的制度、机制还未建立起来。**

（三）已经产生明显效果的措施

在治理拖欠工程款的过程中，如下几项措施在一些地方和部门产生了比较好的执行效果：

关于政府投资工程拖欠的还款安排；

明确政府在解决拖欠工程款、农民工工资问题当中的行政责任；

工程建设项目立项和建设程序许可；

企业信用记录和曝光制度；

农民工工资支付监控制度等。

能够产生较好效果的主要原因：一是具有较强的行政强制力；二是政策具有可操作性；三是政府主管部门集中力量加强管理；四是形成了强大的舆论压力，拖欠工程款、农民工工资直接影响到单位、企业形象，造成较坏的社会影响，单位、企业比较重视。

另外，各地方也创造性地采取了一些措施。

北京：在治理拖欠工程款工作中采取了如下措施，取得了较好的效果：

赋予还款协议强制执行效力，解决还款计划落实难问题。要求建设单位与施工单位签订的还款协议必须办理强制执行效力公证。建设单位到期不能按还款协议的约定履行还款义务的，施工单位可以向有管辖权的人民法院申请强制执行，而无需经过诉讼程序。目前该市合同结清 45.12 亿元欠款中，有近 21 亿元已经办理了强制执行效力公证，确保还款计划得以落实，也大大节约了公共资源。

“提存公证”方式，建设单位和施工单位在竣工结算发生纠纷时，双方可将竣工结算价款的差额部分提存于公证机构，并签订提存协议。

待双方最终确定结算价款后，施工单位可直接向公证机构申请领取差额部分提存款，多余部分由公证机构退还建设单位。这样加快了结算速度，保护了双方权益。

实行房地产项目工程款支付担保。2006年9月印发新规定，增加了劳务分包付款保证担保和劳务分包履约保证担保等新品种。

会同金融部门加强对建设资金的监管。一是对建设资金开设专门账户，签订监管协议。银行按照监管协议审查资金使用情况，防止资金挪用。二是房地产开发项目在预售前，建设单位必须在银行设立预售资金专用账户，银行对预售资金的流向和使用情况进行实施监控。三是施工企业以工程项目为单位设立劳务费专用账户，建设单位在支付工程款时，将一定比例的工程款直接拨入专用账户。四是劳务企业设立农民工工资专用账户。施工企业支付劳务费时，将一定比例的劳务费直接拨入专用账户。

上海：上海在制度建设方面采取的主要措施有：

一、建设资金专户管理。工程项目开工前，建设单位必须设立工程建设账户。

二、加强预售资金管理。进行预售的建设项目，预售款应全额进入工程建设账户，先行用于工程建设款的支付。

三、细化工程竣工备案管理。建设工程竣工验收前，建设单位应按合同约定支付工程款，或与施工企业在工程款结算和支付方式上达成一致。建设单位办理竣工备案时，应提交按合同约定的工程款支付凭证或双方确认的工程款结算及支付方式等材料。

四、农民工工资专用账户及工资保证金。施工企业应设立建筑业外来从业者工资专用账户及工资保证金。

五、建立建设工程参与各方的诚信系统。企业的工程款和建筑业外来从业者工资支付情况信用信息，纳入全市企业信用体系，与企业征信系统连接。

天津：防止拖欠农民工工资长效机制的六项制度。

一、农民工工资“月支付，季结算”制度。制定了《天津市建筑业农民工工资支付管理办法》。各施工企业为每一名农民工办理“建筑业农民工工资卡”，工资通过银行直接打入卡内。每月支付数额不得低于天津市最低工资标准，每季度末按照实际工效工资全额支付剩余劳动报酬。天津市建委和银行建立了统计、查询、监控系统，可随时监控企业向工资卡支付情况，确保了工资发放到位。

二、农民工身份管理制度。2004年实行了建筑业农民工专用《劳动合同书》。专用劳动合同在用工期限、工资支付、社会保险等各方面都作出了专门规定，初步实现了建筑业农民工的身份化管理。今年天津市又出台了《关于加强建筑业农民工身份管理的通知》，要求各工程项目部要为每一名进场的农民工发放记工卡，工地要实行封闭管理，将记工考勤作为工资发放依据。劳务企业要建立工人用工管理档案和工资台账，向总包企业派遣劳务用工要进行登记，并委派劳务队长带队。工地项目部每月要公示农民工出勤和工资发放情况。

三、农民工工资保证金制度。所有在津施工企业均需在指定银行存入农民工工资保证金，该账户的资金只能用于支付拖欠的农民工工资，由银行对用途和支付情况负责监控。保证金数额为总承包企业100万元，其他企业30万元。

四、拖欠投诉和合同纠纷调解机制。天津市出台了《施工企业合同纠纷调解暂行办法》。建立了1个市级和21个区级农民工拖欠投诉中心和合同纠纷调解办公室。通过明确的受理程序、规范的调解方法和对调解协议落实的督办，做到了“投诉有门，快速解决，专人调解，化解纠纷”。

五、创新劳务队长管理制度。天津市制定了《天津市建筑劳务企业劳务队长管理办法(试行)》，规定经培训合格的劳务队长方可从事劳务作业的组织和管理活动，并发给《劳务队长上岗证书》。明确所有施工企业不得使用无证“包工头”，劳务费的支付和结算必须通过法人进行。

六、农民工技能培训制度。2005年天津市建委制定了《关于实施我市建筑业农民工培训规划的指导意见》，计划用三年时间使建筑业农民工持证上岗率达到75%。2005年以来陆续建立了13所农民工技能培训学校，开展建筑业农民工技能培训，全市农民工持证上岗率已达到35%。2007年要求所有总承包企业用工在200人以上的工地都要设立农民工业校。

为保证各项制度的落实，天津市建委专门设立了劳务分包有形市场。市场内设有劳务队伍备案窗口，工程项目登记窗口，劳务分包合同备案窗口，农民工工资卡办理窗口，劳务队长培训窗口，拖欠投诉窗口，农民工技能培训部，劳务纠纷调解办公室等部门，作为为农民工服务的窗口。同时，成立了天津市总工会建筑业外来务工人员工作委员会，负责指导建立各级农民工工会，目前，全市已成立300个基层农民工工会组织。

大连：大连市直六个部门联合制定下发《关于认真清理解决建设领域拖欠工程款问题的通知》。通知规定：对因建设单位违约严重拖欠工程款，不批准该建设单位开发建设新的项目，不予办理《中标通知书》和《建筑工程施工许可证》。情节严重的，吊销企业资格证书，取消其进行工程项目建设资格。对建筑施工企业之间有拖欠工程款行为的，由市建委计入不良行为档案，取消其参加承包或参与投标的资格，不办理在建工程质量监督、竣工验收备案手续，并追究工程项目经理责任。情节严重的吊销企业资格证书、取消其工程项目建设资格。同时，对恶意拖欠工程款的企业，实施联合制裁措施。三年来，大连市对895家开发企业进行了整顿，依法吊销了140家企业的资质，对90家企业提出了黄牌警告，责令限期整改。

(四) 效果不明显的措施

还有一些措施、办法效果不明显，如：

建设资金拨付以及落实情况的监管；

工程结算管理办法及其监管；

工程设计、施工变更的管理；

质量保证金保险办法；

符合工程特点的审计办法；

现有建设主体的业绩考核办法；

银行保函、履约担保等制度。

这些措施、办法效果不佳的主要原因是：

1. 建筑市场的重要交易主体——**业主的市场交易支付行为**没有相应的约束法规、制度、监管体制安排。作为应当成为社会工程规范交易楷模的政府投资工程，目前在投资决策、投资的准确性和严肃性、合理及时进行工程款支付等方面，普遍存在着严重的不规范行为。没有资金即上马，规避应有建筑市场交易监管，随意扩大工程规模，随意追加工程款项，要求垫资，拖欠等，不仅得不到批评摈弃，还会成为能力的表现和辉煌的“政绩”。社会工程业主将不规范的支付行为作为经营的一种手段，并成为一种社会认可的风气。

2. 政策缺乏可操作性。四种原因导致政策缺乏可操作性。**一是**出台政策的行政性偏强，对于政府的依赖性过大，政府监管资源难以保证政策措施的落实；**二是**政策贯彻实施所需要的机制不健全，如担保机构发育不充分，银行部门对于其把关职责的认可并未见落实；**三是**一些政策还不够具体，如相关的程序审批部门不落实，资金证明文件的具体形式不明确等；**四是**政策贯彻落实的相关责任主体没有作出明确规定。

3. 政策措施本身法律层次较低、效力有限。所发布的文件，全部是以部门发文或多部门联合发文的形式，甚至没有成为部门规章，未达到法规的最低层次，不具有法规的强制力，造成执行过程中很强的随意性。

4. 执行力不够。在政府行政管理中，一方面，由于管理资源和管理权威性的问题，长期普遍存在着对于相关法规政策的执行力不够的问题。另一方面，过多的新政策也给各级行政主管部门贯彻落实带来了落实管理与现有管理资源的矛盾，成为执行新政策面临的实际困难，在落实方面还存在着较大的差距，地区之间的监控水平参差不齐。

5. 有的政策需要一个时期才可显现效果。出台文件规定的各项措施，基本上都属于新的措施，这些措施从制定到实施，也需要一个**时间周期**。

6. 造成拖欠工程款的**深层次原因短期内难以消除**。如交易主体在市场交易中的自律文化建设、“权”大于“法”的现实状况、全社会普遍的脱离资源、建设能力水平的快速发展、致富的欲望、制度建设当中的严重的体制障碍、部门分割、脱离实际的短期即解决问题的浮躁心态等等，都是造成办法措施效果不佳的重要原因。

一些过于急躁的直接监管措施不仅不能解决问题，还会产生一些副作用，如对于担保、各类抵押金的规定，企业反映占用资金较多，资金压力较重。将拖欠农民工工资的责任不问具体情况，完全由企业，尤其是总承包企业来承担，承担责任企业感到很不公平等等。

总之，现有的政策措施存在的核心问题是：**对于政府行政手段治理拖欠的依赖性太强，政府直接监管的内容太多，政府管理的重点不够突出，依靠市场机制不够，长效机制名不符实，很多并不是解决问题的根本办法。**

四、拖欠治理难度分析

(一) 建设冲动，先天不足

一些地方政府出于加快本地区经济发展的目的，具有内在的建设冲动，常常不考虑经济能力和资金筹措可能性，政府项目盲目上马，政府的一些“钓鱼工程”、“政绩工程”、“形象工程”仍在开工和实施。建设过程中，资金不断追加情况普遍，竣工决算超出预算 50%～100%的项目并不鲜见，政府的一些重点工程资金不足的现象普遍存在。此外，为促进地方经济发展，一些地方政府对于社会项目投资建设能力缺乏考核控制，放松审批，致使相当一部分工程项目在孕育时就先天不足。

(二) 强势业主，交易不公

建筑市场交易中，承包商客观上处于交易的弱势地位，业主具有很突出的强势地位和表现，在工期、质量、价款的和约方面，不仅完全由业主来主导，而且，承包商不得不接受一些不公平的合同条件，包括拖欠工程款、垫资、低价、缩短工期等等。一些业主及房地产开发商将由施工企业垫资开发建设项目作为融资、开发经营的惯常手段，建筑市场的供大于求更加强化了业主的强势地位，很多承包商为了维持企业运转，承接后续工程，养活人员等目的，被迫接受苛刻的交易条件，甚至被迫签订阴阳合同。

(三) 供求失衡，价格下降

建筑市场，尤其是一般的工业与民用建筑市场，由于进入门坎较低，加上挂靠禁而不止，市场竞争到了白热化的程度，一个普通的工程，常常会有十几家、几十家企业同时投标，最后，价格的竞争就成为竞争的主要方面。据一些企业反映，最终的合同价款比之预算定额计算的合同价款要低20%～30%，一些应有的安全措施投入、设备投入、给员工应上的社会保险投入都从成本中压出。除了合同价格的走低，随后发生的拖欠工程款的本质也是价格降低，是源于建筑市场发承包激烈竞争的结果。

(四) 承包投机，恶意欠薪

一些施工单位本身行为不规范，采取低价中标策略，将盈利寄托于工程的高价变更，这使得一些企业在施工过程中设下很多的“套”，不断地向业主要求追加款项或者提出索赔，以此来弥补低价的问题，但由于承包商总体上的价款缺口大，风险评估不足，一旦变更索赔受阻，资金链断裂，就形成了拖欠工程款的局面，在解决的过程中维权又缺乏有效手段，转而依赖政府行政力量解决拖欠款问题。还有一些没有法律常识的包工头，取得了承包款后，少给，甚至不给工人发放，恶意卷款，形成体制外的拖欠纠纷，常常纷争、上访不断，在一些情况下，被拖欠的承包商、农民工甚至采取游行、静坐、自杀等极端方式，社会影响恶劣。加之建筑业农民工流动性大、劳动场所不固定，政府、企业的服务与管理手段跟不上实际的需要的客观情况，加剧了拖欠农民工工资问题的严重性。这些体制外纠纷又要依靠体制内的政府和企业来解决承担，给政府、业主和总包单位带来了很多的困扰。

(五) 法不健全，有法不依

我国虽然出台了《合同法》、《建筑法》、《招标投标法》、《担保法》等法律法规，但法对于建筑市场交易、支付的新情况新问题反映不够，针对性不强，条款不细，可操作性差，使得建设工程交易支付的法律制度不健全，一些支付纠纷无法可依。例如，有关政府投资工程决策制度、各类工程建设资金落实、工程价款必须包括的项目和支付标准、工程完工的条件、工程款支付的最长时限、工程资金支付担保、工程质量保证金等缺乏具体可操作性的规定。同时，现行法律还有一个严重的缺陷，即对业主行为缺乏约束，资金的源头保证机制不健全。另一方面，建筑施工企业出于今后市场活动的主动性、与业主的关系、业内声誉等因素考虑，不愿意采用打官司的办法解决支付纠纷，又造成了工程款支付有法不依的局面。加上目前社会上调解建设工程支付纠纷的中介组织和调解制度也处于空白状态，加剧了拖欠工程款的发生。

（六）诚信缺失，商风不正

应当看到，在我国，拖欠工程款不仅仅是建设领域的独有现象，商贸交易拖欠在经济领域具有普遍性。由中国企业联合会完成的《中国企业诚信状况调研报告》指出，企业经营活动受到多种失信行为的严重困扰，主要包括拖欠款、违约、侵权、虚假信息、假冒伪劣产品等。其中，拖欠款问题最为突出，500余家被调查企业中有近八成企业表示都遇到过拖欠款难题。据有关组织的不完全统计[1]，目前中国国内企业每年因为逃废债务造成的直接损失约为1800亿元，企业"三角债"金额达上万亿元，由于合同欺诈造成的损失约55亿元，由于产品质量低劣或制假售假造成的各种损失达2000亿元。在服装、零售、书店等领域都面临着拖欠款问题。这表明，我国各行业的交易支付正在受到严重的不正商风的困扰，拖欠支付成为普遍认可的经营手段，不少企业以小搏大、瞒天过海、违规、打擦边球，不仅不为社会舆论谴责，还成为被竞相推崇、提倡、仿效的"经营能力"。此外，目前我国商贸交易中，缺乏方便、有力的公平交易保证体系和工具也是客观存在的情况。商风不正，是一个需从价值观、民族文化等更深层面重建的问题，解决起来更需时间，难度更大。

相关情况：

中国企业联合会雇主工作部主任刘鹏在"二〇〇六年诚信兴商宣传月"新闻发布会上透露，中国企业每年因为信用缺失而导致的直接和间接经济损失高达六千亿元人民币，排名首位的失信现象是拖欠款。

---

[1] 据中国企业联合会2006年诚信兴商新闻发布会新闻稿。

中国企业联合会完成的《中国企业诚信状况调研报告》显示，企业正受到多种失信行为的困扰，主要包括拖欠款、违约、侵权、虚假信息、假冒伪劣产品等。其中，拖欠款问题最为突出，五百余家被调查企业中有近八成企业表示都遇到过拖欠款难题。

据中新社北京八月三十一日电 （记者 俞岚）

2005年12月，"第三极书局主供应商联谊会"在京召开，共有180余家图书以及电子音像制品出版商参加。会上，由第三极书局导入的ERP系统直指书业拖欠款项这一顽症。

第三极书局筹备组常务副组长、国林风书店现任总经理李松向出版商详细介绍了书局的筹备进度，以及书局导入ERP系统对供应商开放进销数据和引入第三方监管结算的情况。他介绍说，书局将会对每一个供应商开放端口，使供应商可以实时查询本版图书的进、销、结、存情况。同时书局将采取委托银行进行第三方监管结算的信用模式，以解决目前书业普遍存在的拖欠供应商书款的顽症。他们将与银行签订合约，依据合同约定，到结算时由银行自动划拨货款到供应商账户上，真正保证信用的实现。

李松表示说，目前国内书业普遍存在出版社回款难、书店库存不清的情况，归根结底在于缺乏科学、规范、标准的行业管理信息系统。而真正意义上的"ERP"要走到业务的前面，做到"事前、事中管理"，实现规范化和标准化，否则会导致行业数据不准、企业数据不实，甚至危害到全行业的信用度。第三极书局导入ERP也是为促进书业规范、诚信、效率经营作出探索。

据中华读书报［2005-12］ （记者 韩晓东）

最近，上海邦邦时装有限公司总经理夏建邦既欣慰又烦恼。欣慰的是今年外贸订单不错，今年公司销售可达上亿元；而烦恼的是公司去年一些应收款迟迟不到账，业务来往公司找各种理由拖欠货款，迫使公司借钱维持正常资金流转。

据每日经济新闻［2006-04-17］ （郑俊杰）

(七) 体制不顺，监管不力

1. 建筑市场管理体制不顺。建筑市场的管理由多个部门来完成，包括建设、交通、水利、铁道、信息、民航、发改、财政、司法等，部门之间管理分工还有不清楚、扯皮的问题，对于建筑市场监管的认识、方式和力度也常常不一致，为解决拖欠工程款和农民工工资问题虽然成立了部际联席会议制度，但一些根本问题的解决，如基本法律制度的建立，还是障碍重重，推进效率很低。当前，建筑市场主体复杂多样，业主有政府身份，有企业身份，还有其他组织及自然人身份；建设资金的管理更是中央、地方、社会都有涉及，筹措资金的渠道也愈益多样；建设程序环节多，涉及面广泛，面对日益复杂的建筑市场监管问题，目前的管理体制显然是难以适应的。

2. 缺乏执行力。由于监管任务繁重，监管资源短缺，监管方式落后，对实际的工程建设程序、合同履行、拖欠纠纷解决等制度落实的监管还不严格、不到位。政府主管部门更多的工作是被动扮演“消防队员”的角色，主动从容应对交易支付市场问题的管理状态远未达到，无力严格全面完成监管任务。

3. 政府投资项目决策机制不健全，政府投资项目的建设实施方式落后。目前我国的政府投资工程的决策、建设程序很不规范，随意性较强，还没有明确的国家大法作为依据，政府投资工程的违法违规现象，拖欠工程款情况还很难从根本上完全解决。

五、关于进一步治理拖欠的对策

(一) 指导思想

规范政府行为，实现科学发展。规范政府投资建设的决策、支付行为，对于社会工程严格监管，使建设规模与经济实力相协调，遏制盲目扩大固定资产投资的冲动，使工程建设真正走上科学发展的轨道，实现工程建设的又好又快。使政府的工程建设支付行为成为全社会的楷模。

健全市场机制，建立市场制约。培育包括业主、承包商、劳动者在内的理性的市场交易主体，加强合同当事人自身对于支付风险的预防和管理，发育建筑市场风险管理的专业机构和服务，建立快速、简洁、低成本的支付纠纷调解机制。

完善法律法规，提供制度保障。要使建筑市场交易支付行为有法可依，从制度上保障公平公正交易。完善建筑市场交易支付法规制度、风险管理法规制度、劳动合同法规制度，在大法的原则下，从建筑业交易支付的实际情况出发，细化相关条款，注重法规的操作性。推行合同示范文本，引导规范交易和支付行为。

多方综合治理，优化交易风气。从政治、经济、文化、社会等多个方面铲除拖欠滋生的土壤，加强综合治理，切实落实科学发展观，改变政绩观念，在全社会逐步形成诚信的价值观，形成健康正确的是非标准，形成单位与单位之间、人与人之间健康、诚信的交易风气，是遏制拖欠工程款不良行为的基础工程。

行政重点监管，遏制拖欠发展。政府在建立长效机制的同时，还应对社会的交易不公的突出问题具有高度敏感性，及时出台有效的治理对策，遏制拖欠蔓延发展。近期可以行政、法规手段并用，采取追究首长责任，违法主体社会曝光，予以相应行政处罚等手段，强力遏制社会突出的不公平交易支付行为，保持治理拖欠的高压氛围。

（二）长效机制

1. 逐步弱化政府在拖欠工程款问题上行政手段的运用，依法治理拖欠

提高企业及从业人员的法制意识和自律能力，积极引导合同当事人提高风险意识、加强合同管理、推动建筑市场主体走上依靠法律解决工程款支付问题的轨道，还原其交易支付问题上的民事法律关系，使其能够依照《中华人民共和国合同法》（以下简称《合同法》）、《中华人民共和国劳动合同法》（以下简称《劳动合同法》）、《中华人民共和国建筑法》（以下简称《建筑法》）、《中华人民共和国民法通则》、《中华人民共和国民事诉讼法》等法律法规维护自己的合法权益。

政府应当着重完善相关法律法规，制定解决拖欠工程款的政策措施，完善解决拖欠的市场机制和社会环境，而不应该是拖欠工程款所有问题的裁判者和解决者，甚至最终损失的承担者。即使使用行政手段，也应当将其用于推动当事者走法律途径解决问题，逐步弱化企业、个人在拖欠问题

上对于政府的依赖性。各级法院也应该对拖欠案件及时立案、及时审理、及时执结。

此外，企业、个人不依法维护自己的权益，在提供承包、劳务或其他服务时进行不规范交易，最终自己也应当承担相应责任，此类案例应当加以收集和宣传，以警示企业和劳务提供者的法律意识和风险意识，主动防范各类风险。

2. 完善政府投资工程的项目决策、交易支付管理

政府投资工程管理的关键是对于政府建什么，投资多少，投资追加，工程款支付等，严格走法定程序，严格依照相关规则，杜绝长官意志和随意而为。

目前我国的政府投资工程的主持单位有中央政府、地方政府相关部门；政府投资工程有集中建设的，也有分散建设的，还有相对集中建设的；集中建设的部门有政府指定的事业单位，也有社会代理机构；使用的资金主要是财政资金、财政性资金。投资的主要领域有基础设施工程、社会公益工程、政府部门工程等。无论什么情况，都要依照一套基本的规则。

决策规则的要点是，建立使用单位(或者是计划部门)提出，中介(社会化专业)组织测算，财政部门度量(是否有资金能力)，权力部门审批，财政部门集中划拨的决策体制。不建则已，建，就需资金有保证。提高建设资金决策的刚性，严格控制建设项目超概算、超规模、超标准，对于确需改变设计，提高标准，增加规模，加大投资的项目仍然需要重走标准程序。

拼盘资金也要保证完全落实。地方的配套资金不落实是造成拖欠工程款的主要原因。形成地方政府需要进行资金配套的，只有在将配套资金加以落实或者具有能够落实的严格保证手续之后，中央财政资金才予以划拨，配套资金不落实，不予以拨款的制度。严格预算审核，把好项目预算下达关。所有项目都应当符合预算规范管理的要求，具备下达预算的条件，凡不符合条件的项目，一律退回财政，重新安排调整。充分发挥财政驻各地专员办、各级投资评审等机构的作用，加强对项目资金管理使用的核查，把好项目预算执行关。

改革支付方法。支付方法的改进关键是及时足额支付。进行工程量、质量的规范验收，按程序及时支付，推行财政集中支付和政府采购制度。力求财政集中支付的程序更加科学、合理和严格，保证合同履行和工程实

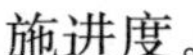

施进度。

3. 在建设程序管理中加强社会项目建设资金到位和履约支付的管控

创新资金到位监控方法，有效进行保证资金到位的管理。资金到位监控一定是企业和政府相结合的一套制度，而且企业的监控方法应居主体地位。就政府的监控而言，也需要不断地进行创新和完善。

资金到位的控制是一个很复杂的问题。目前政府规则的控制方法是工期不足一年的，到位资金原则上不得少于工程合同价的 50%；建设工期超过一年的，到位资金原则上不得少于工程合同价的 30%。企业的资金运营和支付在企业经营中是非常重要的一环，直接关系到资金运营的成本，企业运营资本的手段也十分复杂。过于简单硬化的管理措施，不符合企业运营的实际，也造成了企业执行法规政策的困难，考虑监控的必要性和经济上的可能性，建议创新监控方法，增加证明的种类，企业能够提供资金到位证明，抵押或担保，甚至承诺不拖欠工程款，发生了拖欠工程款将采取的有效措施都可以。抵押或担保可在合同中列明。审查时就审查合同中的相应内容齐备就行。

同时加强项目审批、备案过程中的资金到位管理、加强施工许可资金到位审查、加强竣工验收备案资金支付情况管理等，政府还应尽职尽责地管理到位。

4. 建立健全市场化的交易支付风险管理体系

建筑市场交易是一种特殊的交易，交易过程较长，交易内容复杂，交易标的大。市场经济发达国家无不依靠建立健全的市场机制进行交易支付的风险管理。尽管建立市场机制需要一个过程，但必须坚定不移地坚持这个方向。交易支付风险管理体系的主要内容包括：

加快企业产权制度的改革进程，落实权责统一法人地位，使企业成为真正的市场主体，明确划分交易主体的性质(政府投资和企业、社会投资)，规定其不同的交易行为规则。国有企业是被拖欠较多的所有制主体，国有企业必须健全经营责任制，落实经营责任，封闭对国有资产不负责任而使国家最终承担经济损失的一切通道，杜绝国家口袋的钱被拖欠无关系的思想意识和情况发生。

加强业主的管理和教育，使其能够科学全面地认识工程建设成本，进行全寿命周期的成本计算，不能肤浅简单地一味追求建造的低成本，使业主逐步理性化。

继续完善项目法人责任制。政府投资工程的业主应当实现常规化、相对集中、专业化，实现政(监管职责)事(具体组织工程建设的业主职责)分开，使业主确定化、行为有制约、行为可监管、责任可追究。对于其他工程的业主管理，也应当使其地位确定化、责任明确化、责任能落实并可追究，克服我国目前普遍存在的越是大的、重要的工程，项目法人越是模糊不清，责任更是无从落实的状况，以使业主的制约机制健全起来。

承包企业必须高度重视支付风险的管理，从审查发包方的能力，到延期支付的合同条款的谈判制定，到风险防范工具的使用，都要逐步走上专业化的道路。

建立健全适合建筑业特点的用工制度及相关保障体系。切实贯彻实施新的《劳动合同法》，规范建筑劳务用工制度，制定适合建设领域农民工特点的、简便易行的劳动合同示范文本。

建筑市场交易保障机制也可以称为交易辅助机制，是独立于交易双方的独立经济主体，出于自身的经济利益，通过为直接交易双方提供所需服务，使市场交易主体能够有效地规避风险，保障交易的顺利进行的市场机制，具体包括担保、保险、企业认证、信用记录等服务以及提供相关服务的组织、机构，包括担保、保险、征信、认证等企业和组织。

目前我国的建筑市场交易保障机制存在的问题：一是计划体制下的交易模式仍然延续，市场主体对于采用市场手段不主动、不积极，依赖原有政府管理体系就能够运行；二是交易主体的风险管理非常薄弱，专业性差；三是担保保险机构及其业务不够成熟、发达。针对这三方面的问题，一是要继续推进和完善建筑市场机制，转变政府职能，逐步让市场机制发挥作用；二是教育和引导市场主体用经济手段和市场方法保护自己的交易权力，规避市场风险；三是要通过引进和利用发达的市场规避风险方法的机构和做法，推进我国建设工程担保、保险、征信等事业的发展和成熟；四是在法规中规定关系公平交易的保险、担保强制性品种，将其他规避风险的担保、保险手段使用权力交给企业，同时改变当前担保走形式，不能够真正发挥保障作用的状况。

5. 建立社会化的工程建设交易纠纷调解机制

(1) 建立完善合同纠纷调解制度、机构和机制。我国亟需建立建设工程合同纠纷快速处理机制。按照国际惯例，工程建设合同出现纠纷，首先是要寻求调解，以免去繁琐的诉讼程序、较长的诉讼周期和高昂的诉讼费用。建设工程合同纠纷快速处理机制是司法程序之外的一种合同纠纷调解处理方式。模式具体的设想是：经纠纷双方同意可以委托调解，调解由有资格的律师事务所承担，由律师事务所主持，合同纠纷双方通过调解达成对双方当事人具有约束力的调解协议。在调解协议签署后，一方出现反悔，仍然可以依法申请仲裁或提起诉讼。

（2）建立社会化调解和政府监管之间的纽带。可以依法授予社会律师事务所进行合同纠纷调解的资格；政府可以将拖欠工程款的举报交由调解机构认定和处理，政府对于需要出面解决的建筑合同纠纷也可以先由调解机构提出调解方案，一方面落实监管工作，另一方面促使纠纷双方达成调解协议。

（3）完善标准合同示范文本。标准合同示范文本分为两部分内容，一部分是基本应当遵守的，另一部分是根据具体项目情况灵活确定的，关于支付的内容应当逐渐倡导使其成为交易主体必须遵守的惯例，即在现在一般规定和特殊规定两部分中，增加一般规定中有关支付的内容，并通过法规将此部分作为强制性规定的一部分。

6. 按照科学规范的市场交易规则和惯例展开交易，形成“诚实守信”的良好市场环境

我国当前同样有一些行业和企业不存在拖欠款问题，究其原因，在于他们严格按照交易规则办事，**都有一套科学合理、长期坚守的交易规则和惯例，**这些交易规则和惯例源于市场发展，用于市场交易，避免了拖欠过程对于交易的伤害，杜绝了拖欠工程款的发生。图 4-1-1 仅列举展品运输交易的支付程序示意。

改变我国建筑市场交易规则的不规范不成熟状况，一是要加快与国际惯例的接轨，按照国际规范的交易惯例展开交易。在国际上，工程建设的交易支付过程也都有一套成熟的规则和惯例，包括预付款、进度款、结算款制度，一个规范成熟的企业会自动地按照这样的规则进行交易和支付。二是在建设工程合同示范文本中，也应当将这样的交易规则和惯例作为示范程序加以倡导。三是在立法、调解支付纠纷、判处支付案件时都应当坚持这套惯例和规则。

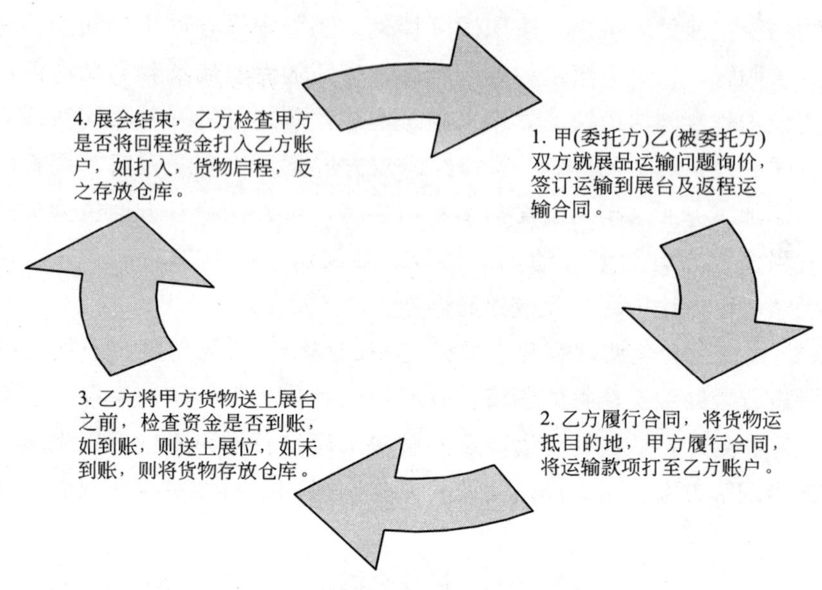

图 4-1-1　展品运输交易的支付程序

在国际咨询工程师联合会(FIDIC)编制的标准合同文本中，专门有支付一章，内容有支付的依据，额外或者附加服务的支付依据，支付的时间，延期支付将由业主按照一定的利率补偿；支付的货币，当地货币与外币转移过程的成本；业主对于成本中的任何异议可以要求其说明，但不能延期支付；服务提供商应当接受业主委托的有资格的会计事务所的审计等。

政府在建筑市场上，应当提倡诚信风气，褒奖推荐诚信主体，鼓励与诚信主体进行交易；对于市场主体之间自动建立起基于诚信的交易关系，应当加以保护，而不是破坏或阻碍这种关系的发展；政府或者相关协会应当通过建立一定的标准体系，向社会推荐诚信主体并宣传其诚信业绩，以引导社会舆论，鼓励诚信主体，优化社会风气；治理拖欠工程款应当抓住重点主体和环节建立诚信档案，如业主方应当着重建立房地产开发商的诚信记录档案，其他业主、总包、劳务分包企业应当重点监控有既往拖欠劣迹的企业；诚信记录档案应当面向社会，完全公开化，可以查阅；在符合标准的情况下可以进入记录，诚信体系的建立最终还是应当走综合的社会化的道路。对于市场交易主体逐步都应纳入诚信体系的范畴，银行和税务应当成为诚信记录的主体内容；具体地说：整合现有资源，按照统一的、涵盖市场各方主体的诚信标准，加快构建各部门信息共享的全国统一的信息管理系统；通过建立有关项目、企业和人员的数据档案，将奖惩信息统一发布，真正形成“诚实守信”的良好市场环境。

7. 尽快完善《建筑法》等法律法规

修改完善《建筑法》的基本条款，从五个方向上遏制拖欠工程款的发生发展。一是**从建设程序上**进行规范和控制，在开工和竣工时对于资金到位情况、最终支付情况进行审查把关；二是明确**建设工程合同价款规定的基本内容**；三是**明确工程款支付的强制性规定**，保护交易中弱势一方的利益；四是**对于建筑活动中工人工资支付的制度原则**作出规定；五是规定**强制性的担保、保险品种**，以防止拖欠工程款。通过法的修订，形成完整的工程款支付的法律制度体系。

《建筑法》有关控制拖欠工程款的修订设想：

1. 正确处理同相关法律的关系

正确处理《建筑法》,《合同法》法律界限之间的关系。《建筑法》与《合同法》在法律规范内容上有重复的地方。应当注意两个法律在内容上的分工。《合同法》应当着重于规定建筑工程合同一般的规定和要求；《建筑法》应当针对在合同履行过程中出现的一些更加具体的问题加以规范。例如在合同没有约定的情况下所出现问题的处理，如垫付利息的计算，合同订立双方不履行合同义务的问题等。

正确处理《建筑法》,《劳动合同法》之间的关系。《劳动合同法》应当偏重于规定一般的劳动关系；《建筑法》应当将偏重于对建筑劳动关系的特殊性作出规定，即在《劳动法》的原则之下，针对建筑工人的流动性、工资关系的多层次性、工资发放的周期和方式作出规定。

2. 具体的条文修改建议(如《建筑法》可能规定，则在《建筑法》中规定，如无可能规定，则在与建筑法配套的法规中规定)

关于合同中价款和结算的规定：建设工程合同中应当明确预付工程款、工程进度款、工程竣工价款的结算与支付方式和合同价款的调整办法及竣工结算报告审查期限，未作约定的，执行国家有关规定。

发包单位、承包单位约定的提交工程竣工验收报告和确认工程竣工结算报告的期限不得超过国家规定期限。合同中没有约定的，按照国家有关规定执行。

工程竣工验收合格后，承包单位应当及时向发包单位提交工程竣工结算报告和完整的结算资料，发包单位应当在约定的审查期限内完成审查和确认。发包单位未在约定审查期限内完成审查的，承包单位可对发包单位进行催告。发包单位在催告的合理期限内仍未履行相应义务的，视为同意工程竣工结算报告中的内容。

工程价款结算报告经双方确认之后，发包单位应当按照合同约定及时结清工程款。

发包单位不履行按期拨付施工工程进度款等合同约定义务的责任：发包单位未按照合同约定按期拨付施工工程进度款的，承包单位有权顺延工期、暂停施工并要求发包单位赔偿停工损失；致使承包单位无法施工，且在催告的合理期限内仍未履行相应义务的，承包单位有权要求解除合同，并要求发包单位赔偿因此造成的损失。

发包单位不按期支付施工工程竣工价款的责任：发包单位未按照合同约定按期支付工程竣工价款的，除按照建设工程性质不宜折价、拍卖的以外，承包单位可以与发包人协商将工程折价，或申请人民法院将该工程依法拍卖，承包单位就该工程折价或者拍卖的价款优于抵押权和其他债权受偿。

勘察设计合同的特别规定：建设工程勘察、设计发包单位与承包单位应当执行国家有关建设工程勘察费、设计费的管理规定。

发包单位未按合同约定向勘察、设计承包单位支付费用的，承包单位有权顺延工期或者终止合同，并有权要求赔偿因此造成的损失，对完成的工作成果享有留置权。

施工合同备案：建设工程的发包单位和承包单位应当按照国家有关规定将依法订立的合同送有关主管部门备案。

劳动合同管理：用人单位应当与劳务人员订立书面劳动合同，明确双方的权利义务、工资支付方式、违约责任、纠纷处理途径，依法参加社会保险。

用人单位应当按合同以货币形式向劳务人员支付工资，不得克扣或者拖欠劳务人员工资，支付周期最长不得超过三个月，工资水平不得低于当地最低工资标准。

建设工程保险：国家提倡参与建筑活动的各方主体参加建设工程保险。

施工单位应当为施工现场从事危险作业的人员办理意外伤害保险，支付保险费。保险费率实行浮动制。

房地产开发企业应当为其开发建设的住宅投保工程质量保证保险，其他建设工程按照国家有关规定投保。

注册执业人员和聘用单位应当按照国家有关规定参加注册执业人员责任保险。

8. 让市场机制在供求关系中发挥作用，使建筑业能够实现优胜劣汰

拖欠工程款是施工价格降低的变相表现，反映了建筑市场交易中供大于求，供方没有谈判砝码最终在价格上所作出的让步。供求平衡本来应当依靠市场机制的作用来完成，但是，目前建筑市场的优胜劣汰机制还不能很好地发挥作用，两个方面的原因造成价格下降，一是我国的市场准入和退出是主要针对企业的资质管理，多方面原因使得企业很难退出市场(国有企业的问题、企业的资质问题、挂靠问题等)，二是建筑产品在品质上缺乏刚性，因此在价格上是有弹性的，造成了承包商在接受承包价格上的弹性。

逐步地转变政府职能，改变对于企业市场准入清出的完全行政控制，逐步将市场准入清出交给市场，发挥市场机制作用，平衡供求关系。

对于中央、地方所属的国有、集体所有企业，长期亏损的应当准予其破产倒闭。

进一步加强对于建设工程项目的质量安全监管，对于质量、安全管理投入严重不足，达不到国家基本标准的企业，发生重大质量安全事故的企业和相应的有资格的个人，作出严肃的清出处理。

此外，对于国有企业应当进一步完善国有资产经营考核制度，督促企业提高自身管理水平，健全风险防范机制，防止拖欠工程款的发生。

(三) 近期举措

目前，由于制度体系方面的缺陷，成熟市场经济所应有的调节体系和机制不能正常地发挥作用，还由于各方经济主体在矛盾激化时习惯于主要依靠政府力量解决问题，我国政府在现实的经济生活中还发挥着特殊重要作用。在这种现实背景下，政府从市场秩序直接维持者的地位上立即退下来是不现实的，在一段时间内，政府还需要对于拖欠工程款问题保持强力监控的态势。政府对于拖欠工程款问题的监控，应当确定重点，用最少的资源发挥最大的作用。近期应当将重点集中在：

1. 建立拖欠工程款和农民工工资的正式统计调查制度，了解和掌握一手资料，监控此问题的变化情况和趋势；

2. 建立重大拖欠案件的举报报告制度，在该制度的基础上，政府可以直接查处重大的拖欠案件；

3. 特别关注弱势交易群体的利益保护，加强农民工权益的保护，同时严厉打击恶意讨薪，破坏经济、社会秩序的行为；

4. 充分发挥已经开通的诚信信息平台的作用，将严重的拖欠行为进行曝光并与信用记录制度建设相结合。

拖欠工程款，涉及我国当前历史时期的政治、经济、文化、社会等方方面面的深层次矛盾和问题，治理拖欠工程款，需要多个部门、全社会从多个方面兴利除弊，斧正规范，调整完善，理顺廓清，需要进行综合的改善和治理，需要长期、持久不懈的努力。

课题组成员名单

课题组组长：黄卫

课题组副组长：王素卿　陈淮

课题组执行负责人：刘宇昕　张鲁风　赵培亚

课题组成员：商丽萍　李德全　李俊波　于周军

赵锋　姚建　周庆国　张跃群　许瑞娟

专题二：设计、施工一体化建造方式研究报告

一、设计、施工一体化建造的含义和实现方式

(一) 设计、施工一体化建造的含义

1. 工程设计的含义。在学术上，对工程设计有多种不同的定义。但工程设计最通常的含义是指在工程开始施工之前，设计者根据已批准的设计任务书，为具体实现拟建项目的功能、技术、经济要求，做出建筑、安装、装饰装修及设备安装等所需的规划、图纸等技术文件的工作。

2. 工程施工的含义。工程施工是指工程建设实施阶段的建造活动。即依据设计图纸，在指定的地点，将图纸变成工程实物的过程。它包括基础工程施工、主体结构施工、设备、管线安装施工、装饰工程施工等。施工作业的场所称为"建筑施工现场"或叫"施工现场"，也叫工地。

3. 设计、施工一体化的含义。设计、施工一体化是指工程项目在设计、施工过程中，在施工图设计阶段，设计与施工围绕共同认可的建设目标，包括降低成本、缩短工期、便捷施工、运用新的科技成果及构配件、材料等，充分发挥各自的专业知识和经验，在设计、施工环节相互交叉，深度融合，共同致力于优化设计施工方案并加以实施的过程。实行设计、施工一体化，可以通过设计、施工的有效分工和合作，在设计、施工环节形成交叉、互动、互补，优化的工作机制，达到缩短工期、确保工程质量、降低投资、提高工程项目技术含量等目的。

(二) 设计、施工一体化建造的实现方式

1. 设计、施工一体化必须在一个项目组织下进行。设计、施工一体化必须具有相应的项目组织，这样的项目组织可以是在一个企业内，也可以由不同的企业来组织。该项目组织能够统筹协调设计、施工两个阶段甚至

多个阶段的工作。在满足有项目组织的条件下，设计、施工一体化方式，无论是在设计、施工单独承包或者设计、施工总承包的情况下，均可以实现。反过来讲，无论是设计、施工分别招标，还是统一招标，都必须通过一定的方式，才能实现设计、施工一体化的生产(图 4-2-1)。

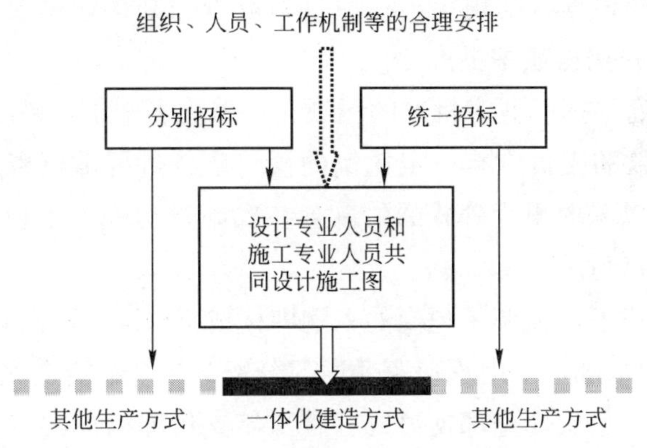

图 4-2-1　一体化建造的必要条件

在设计和施工环节统一招标的情况下，设计和施工由一家单位实行总承包，通过一个主体内部的设计和施工专业人员共同参与施工图设计，对设计、施工环节进行统一协调，实现一体化建造。需要注意的是，统一招标后，只有在设计和施工环节实现组织结构、人员安排、工作方式等的充分融合，才能实现设计、施工一体化建造。因此，设计、施工总承包，只是实现设计、施工一体化的一种条件(这个条件既不是充分条件，也不是必要条件)，通过工程总承包并不一定就能实现设计、施工一体化建造。

在设计和施工环节单独招标的情况下，设计和施工由不同单位分别承包，设计单位和施工单位通过组织结构和工作机制等的一体化合理安排，共同组织专业人员进行施工图设计，实现设计和施工环节的紧密契合。

2. 在工程总承包模式下，实现设计、施工一体化建造。在工程总承包情况下，设计、施工一体化生产的一般运作程序为[1]：

(1) 业主提出项目构想，构想包括项目的内容、投资控制规模、外形和内在的初步设想。完成项目所需土地及建设手续的审批。

(2) 承包商根据业主的项目构想，完成概念设计报业主确认。概念设

[1] 北京建工。

计应包括基本外形、主要功能、主要的装饰方式、建筑面积和基本造价。

(3) 概念设计获得业主确认后，承包商与业主签定设计施工一体化项目总承包合同(建议使用 FIDIC 的《工程设计建造总承包与交钥匙工程合同条件》简称：“橙皮书”)。

(4) 承包商根据合同规定，在项目总造价控制在业主要求范围内完成全部设计图纸并获得业主批准。

(5) 承包商根据经业主批准的图纸完成采购、施工，最终达到交钥匙。

(6) 工程款的支付应有一定比例的预付款。过程款可以采取按月付款的方式，也可以采取里程碑式的付款。在实施过程中，承包商需向业主提交履约保函和预付款保函。

在上述模式下，强调承包商的采购即构成 EPC(工程总承包)。

在 EPC 的基础上，由承包商融通部分资金或全部资金完成项目，业主在项目完成后，一次性全部支付或分若干年支付即构成融资型 EPC。融资型 EPC 的要点是要有可靠的付款保证，如可信赖的银行付款担保；对需要中长期融资的国际项目应采取中长期政治风险规避手段，如投保中国出口信用保险公司的中长期的付款信用保险。

工程总承包模式下的设计、施工一体化建造，可以分为由工程公司实施的、以设计单位为主导的、以施工单位为主导的以及项目联合体等四种形式。以工程公司为主导的形式是该工程公司具有设计、施工的全面能力，在拿到总承包项目后，在企业内部成立项目组织，通过设计、施工相互融合，共同进行方案优化。以设计单位为主导的和以施工单位为主导的工程总承包是指设计单位，也可能是施工单位中标后，再将设计或施工环节进行分包，总承包企业与专业分包企业在设计或施工环节，通过协调控制管理，组织双方共同制定设计方案、保证施工图设计的可操作性，实现设计、施工的一体化。项目联合体是由设计单位和施工单位组成联合体，进行联合招标。项目中标后，在联合体内部成立由设计、施工专业人员共同组成的项目组，进行项目方案确定、项目论证和施工图设计，实现设计、施工的一体化。联合招标一般适用于投资规模大、结构复杂、专业技术要求高的重大工程项目。

3. 施工图深化设计由施工单位来完成。设计过程包括方案设计、扩初设计和施工图设计三个阶段。方案设计尽管篇幅不大，但是具有很强的创造性，对后续设计起指导作用，在工程项目中价值较高；扩初设计是为了充分实现建筑师的构想，需要进行专业的技术计算，要求各专业工种进行技术协调，解决建筑与结构、建筑与设备、结构与设备等之间的矛盾。扩初设计使各专业技术路线得到确定，并实现系统内外的统一，是设计的关键阶段；施工图设计是进行细部详图和节点大样图设计，注重可实施性和可施工性，操作性较强。在实行设计、施工一体化过程中，采取由设计单位出方案图，专业施工承包商根据方案图和业主意图进行施工图深化设计。这种方式通常要求专业施工承包商具有相应的设计资质，在方案初步设计阶段，参加项目论证，介入施工图设计；在施工单位进行施工图深化设计时，要求设计单位共同参加。

4. 施工单位人员参与设计单位的施工图设计。设计单位在进行方案图、施工图设计时，专业设计人员与业主和施工中标单位的相关专业人员进行充分沟通，在理解和满足业主对项目的各项功能要求的前提条件下，对设计方案进行优化设计，力求方案经济、合理、安全、实用的一体化方式。这类做法主要体现在专业工程承包领域，如钢结构工程、预应力工程、深基坑工程、智能化和玻璃幕墙等工程。

二、实行设计、施工一体化建造的优点

（一）能有效提高工程建设水平

通过设计、施工一体化建造，使设计、施工等工作环节形成合理交叉，有机地融合成一个总体。通过整体统筹安排，能避免单纯设计对施工过程中施工方案、工序、安全、质量、工程环境、资源了解不深，关注不够的弊病，增强设计人员的质量意识、经济意识和服务意识，使设计方案系统优化，实现有效地对质量、成本和进度进行综合控制，大力提高工程建设水平。

设计、施工一体化工程总承包模式和传统模式质量对比　　表 4-2-1

（均值，数值大为优）

质量指标	设计、施工一体化工程总承包模式	传统模式
设施启用方便程度	7.5	5.96
召回承包商维修	7.94	7.04
操作维护费	7.67	6.88

续表

质量指标	设计、施工一体化工程总承包模式	传统模式
维护结构、顶部、结构、基础	5.71	4.95
市内空间和布置	6.15	5.19
通风、采光等	5.24	4.86
工艺设备质量	5.61	5.07

资料来源：Konchar M. and Sanvido V. (1998). Comparison of U.S. Project Delivery Systems. Journal of Construction Engineering and Management, Vol. 124, No. 6.

(二) 能有效缩短建设工期

设计、施工一体化建造，可以通过组织方式的合理安排，使设计、施工由一个项目组完成，可以合理安排设计施工工作时间，实行动态交叉，多版次设计。通过设计、施工的充分融合和深度合理交叉，能使设计方充分了解施工要求，充分考虑施工的可行性、便利性；同时，施工方也能提前介入设计阶段，使施工阶段可以提前开始，实现施工图前移，能有效缩短工程建设工期(图 4-2-2)。

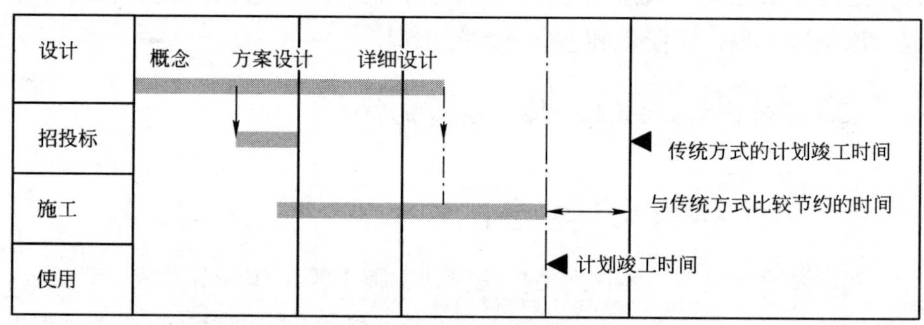

图 4-2-2　设计、施工一体化建造缩短工期

(三) 能够合理降低项目投资

设计、施工一体化，可以将设计、采购和施工组织成为一个整体，进行项目实施全过程、全方位的技术经济分析和方案的整体优化，通过设计方案对工程造价、工程进度的总体控制，减少多环节分割带来的成本、费用支出浪费，能大大降低运行成本，合理降低项目投资。根据中国石化工程建设公司的资料显示，中国石化工程建设公司采用设计、施工一体化生产方式的总承包项目，其建设工期平均比国内同类项目缩短约 30%～

40%；工程投资平均比国内同类项目减少约20%～30%。

(四) 能够综合采用最新科技成果

设计、施工一体化，拓宽了科技信息的接收渠道，并且增加了项目运用最新科技成果，包括设计、施工管理工具、新工艺、新材料、新设备、信息化产品等的可能性，能够大大提高项目的科技含量，提高项目质量和其他相关品质。

设计、施工一体化工程总承包模式和传统模式费用、工期对比　　表 4-2-2

(351个项目，中位数)

对比指标	单位	设计、施工一体化工程总承包模式	传统模式
单位费用	$\$/m^2$	861	1291
超支费用	%	2.17	4.83
工程延期	%	0	4.44
施工速度	m^2/月	485	477
整体建设速度	m^2/月	636	302
建设强度	$(\$/m^2)$/月	62	40

资料来源：Konchar M. and Sanvido V. (1998). Comparison of U.S. Project Delivery Systems. Journal of Construction Engineering and Management, Vol. 124, No. 6.

(五) 能加快与国际工程建设管理方式接轨

积极推行建设工程项目设计、施工一体化建造方式变革，是深化我国工程建设项目组织实施方式改革，提高工程建设管理水平，保证工程质量和投资效益，规范建筑市场秩序的重要措施，是加快与国际工程建设管理方式接轨的必然要求。工程项目设计、施工一体化建造，核心是通过设计和施工过程的组织集成，促进设计和施工的紧密结合，克服由于设计和施工的分离而致使投资增加、由于设计和施工的不协调而影响工程进度等的弊病。

(六) 能够实现工程建设领域专业延伸

工程建设行业的发展过程，是从单一专业类型不断向各专业领域延伸的过程。以建筑施工为例，专项分包施工企业是按项目的分部工程来划分并组织施工，施工承包企业是按建设项目的类别来划分并组织施工，工程施工总承包企业则是不受行业、专业限制，可以对工程进行施工总承包。在计划经济体制下，我国的设计和施工企业分别承担一个工程的设计和施工工作，设计单位大都以科研事业单位的身份存在。尽管在中央一级都由建设部归口管理，但是在市一级，资质管理、行业指导等大都分属不同部门分别管理。随着市场经济的不断发展，新技术的广泛应用，工程项目愈加复杂，对设计和施工的要求不断提高，要求设计和施工必须密切配合，必须通过设计、施工一体化建造，才能有效地适应工程建设领域不断向各专业延伸的要求。

三、国外设计、施工一体化出现的背景、发展过程及主要组织方式

（一）设计、施工一体化建造方式出现的背景

随着经济和社会的发展，对工程项目建设的要求越来越高。一方面是专业化施工越来越细，另一方面是各专业工程设计、施工之间联系愈来愈紧密。在20世纪80年代初，首先在英国和美国的私人投资项目中出现了工程总承包模式的设计、施工一体化建造方式。其出现的背景主要有以下几个方面：

第一，在传统模式下，业主对工程监理方在控制预算和工期方面的信心不足。

第二，在传统模式下，在工程出现质量事故后，责任方不易清楚辨别，设计单位和施工单位往往相互推诿责任，导致业主的利益得不到充分保障。

第三，在传统模式下，由于是设计基本完成后，才开始进行施工招标，这对工期紧的项目十分不利。

第四，在工程施工过程中，由于设计失误或设计配合等问题，经常发生争端，从而影响施工的正常进行，降低工作效率。

第五，在工程施工过程中，业主方由于各种原因不能及时向承包商提供施工图纸和其他文件，导致工期延长和费用增加。

在此背景下，业主希望能有一个新型建设模式，来解决这些问题，于是以设计、施工一体化为主的工程总承包模式，于20世纪80年代初在西方的工程建设实践中逐渐出现。

随着社会的发展、科技的进步，特别是电子计算机技术和管理科学中的虚拟组织、有效沟通等工具和理念在工程建设领域的广泛应用，使得分别招标模式中的设计、施工生产一体化方式成为可能，并逐渐为业主和建筑业企业所采用。

(二) 设计、施工一体化建造的发展过程

19 世纪 80 年代之前，初步形态的工程设计、施工一体化总承包模式占绝对的主导地位。以后，由于社会经济的快速发展，工程项目规模、种类、技术日益复杂，而管理方法与技术的发展相对滞后，导致设计、施工的分体，形成设计机构与施工单位分别承包工程项目建设的局面。现代工程管理者称这种模式为“传统模式”。

20 世纪 80 年代以后，随着传统模式弊端的不断涌现和现代管理方法、技术与工具的不断进步，以工程总承包模式为主的设计、施工一体化建造方式又开始逐渐复苏和发展。

如何提高工程建设项目管理水平，高效、快速、经济地完成工程项目，一直是国际实业界和理论界共同关心和研究的重要问题。国际上，尤其一些西方国家，不断在工程建设组织模式上加以创新，从传统的“设计—招投标—建造(Design-Bid-Build)”分体模式，逐步发展成为“设计—采购—施工一体化”工程总承包模式(Design-Build/EPC)、“CM”模式(Construction Management)、“管理承包”模式(Management Contracting)等多种模式并存的局面。其中，工程总承包模式设计、施工一体化方式，发展迅速，已逐渐成为国际工程建设的主要模式。据英国皇家特许测量师学位(RICS)和里丁大学(University of Reading)的研究表明，到 20 世纪 90 年代中期，工程总承包模式设计、施工一体化方式在英国建筑市场的份额已经达到 30%；美国工程总承包学会(DBIA)的研究表明，在美国，截至 2005 年，采用工程总承包模式设计、施工一体化的项目市场份额已达到 45%以上，超过传统模式。

(三) 国外总承包模式中设计、施工一体化建造的主要方式

国外工程建设总承包模式设计、施工一体化建造，可分为项目设计、施工一体化建造和项目前期策划、设计和计划、施工和运行等全寿命周期

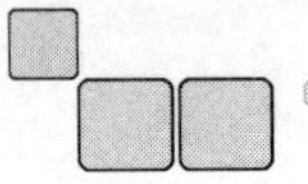

一体化建造两种不同的方式。

1. 项目设计、施工一体化建造方式。国外工程建设总承包模式中的设计、施工一体化，按承包方式不同，主要有以下三种方式：

第一种是由承包商自己承担工程项目的设计和施工并对承包工程的质量、安全、工期、造价全面负责的生产组织方式。这种方式要求总承包企业既具有设计资质，能承担工程设计任务；又具有施工资质，能完成工程施工工作。设计和施工由一个组织进行统筹和协调，实现一体化建造。随着科技的发展，社会分工日益细化，对设计和施工的要求不断提高，这种由总承包商自己负责设计和施工的生产方式正逐渐减少。

第二种是签定总承包合同后，总承包商最大限度地选择分承包商来协助完成设计或施工工程项目，通常将施工分包给分承包商。由总承包商牵头组织本单位设计人员和施工单位相关施工专业人员，共同制定设计、施工方案，实现设计、施工的一体化建造。

第三种是在项目的招标阶段，由在各自领域具有一定优势的设计机构和施工机构组成联合体，参与总承包投标。项目中标后，设计、施工单位通过形成内部合理的工作机制和人员安排，双方共同制定设计、施工方案，实现一体化建造。这种方式，在投资规模大、技术要求高、设计施工复杂的重大项目工程中，被广泛采用。

2. 项目全寿命周期一体化建造方式。建设项目全寿命期是指从建设项目开始构思到建设项目报废的全过程或时间跨度，在此期间，建设项目经历前期策划、设计和计划、施工和运行四个阶段。全寿命周期中的每一个阶段还可以进一步细分，如前期策划可以分为投资机会研究、可行性研究、项目决策等过程，建设过程可以分为方案设计、施工图设计、采购、施工、安装、试车等(图 4-2-3)。

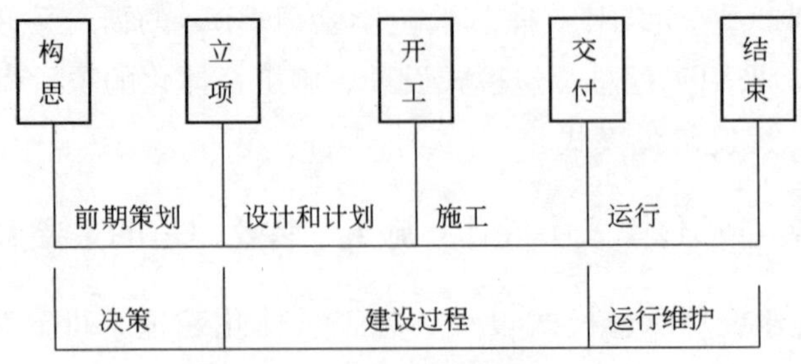

图 4-2-3　建设项目全寿命期过程

传统的设计、施工生产方式是对工程建设项目各个阶段进行相对独立的承包，且大多集中在建设过程，这种方式将项目全寿命期中相互关联的各项活动和任务作为相互分隔的过程或对象进行实施和管理，会造成管理的不连续、项目信息支离破碎、业主无法得到完整的建筑产品和完备的服务、无法实现全局最优等问题。为了解决这些问题，目前国外有的企业，在工程总承包中，开展为顾客提供高层次综合化的设计、施工一体化(项目全寿命周期一体化)服务。在全寿命周期一体化建造中，建筑企业进入项目的时间向前延伸，甚至将项目构思也纳入一体化建造范围；业务范围向后拓展，将项目的运行管理(物业管理)和维护服务任务也纳入一体化范围；提供承包后的全寿命期一体化服务。

(四) 采用虚拟建设的方式，是国外设计、施工一体化建造中出现的最新变化

1. 虚拟建设的出现。随着经济全球化进程的加快，国际上一些大型的建筑企业业务范围已拓展到世界各地，大型工程建设项目设计和施工的全球化趋势越发明显，建筑业的竞争更加激烈。大型工程项目为了能达到预定的进度、质量、投资和安全目标，越来越感觉到传统的工程项目管理模式和工具已满足不了要求，需要寻求一种新的并能适应当今剧烈竞争的国际环境的工程项目组织管理模式。同时，随着现代信息技术和通信技术的迅猛发展，信息技术和通信技术的广泛应用不但改变着建筑业整个行业的体制和机制，而且也改变着建筑产品生产的组织模式、管理思想、管理方法和管理手段。大型工程项目参与各方通常分布在世界各地，给项目的实施和协调带来了极大的困难，常常造成工程项目投资增加、进度拖延、质量得不到保证。通过信息技术和通信技术的合理应用，能将项目参与各方紧密联系起来，使项目的信息得以有效地沟通，促使项目能成功完成。正是这些外在和内在因素的影响和推动，出现了虚拟建设这种新型的工程项目管理模式。

1996年美国发明者协会提出了虚拟建设的概念，即：Virtual Construction is an approach to the design-build process incorporating electronic connectivity and upside-down management techniques。虚拟建设是将虚拟企业(或称虚拟组织)以及包括虚拟现实在内的计算机技术应用在工程项目建设中。虚拟建设是一种适应当今知识经济社会的工程项目管理新模式，运用虚拟组织原理，借助现代信息和通信技术的强大支持，采用无层级、扁平化的管理组织方式，及设计、施工一体化的生产组织和管理方法，通过基于网络的共享式项目信息系统，实现工程项目建设成本低、质量好、进度快、协调好，运用信息和知识使建筑产品增值的目的。欧美发达国家建筑企业主要通过虚拟建设增强建设项目全寿命周期中各组织间的沟通和合作，充分运用 3-D CAD、4-D CAD、VR 等计算机技术将建设项目管理的各项职能进行集成。

2. 虚拟建设的主要内容。集成的虚拟建设如图 4-2-4 所示。主要有以下几个方面的内容。

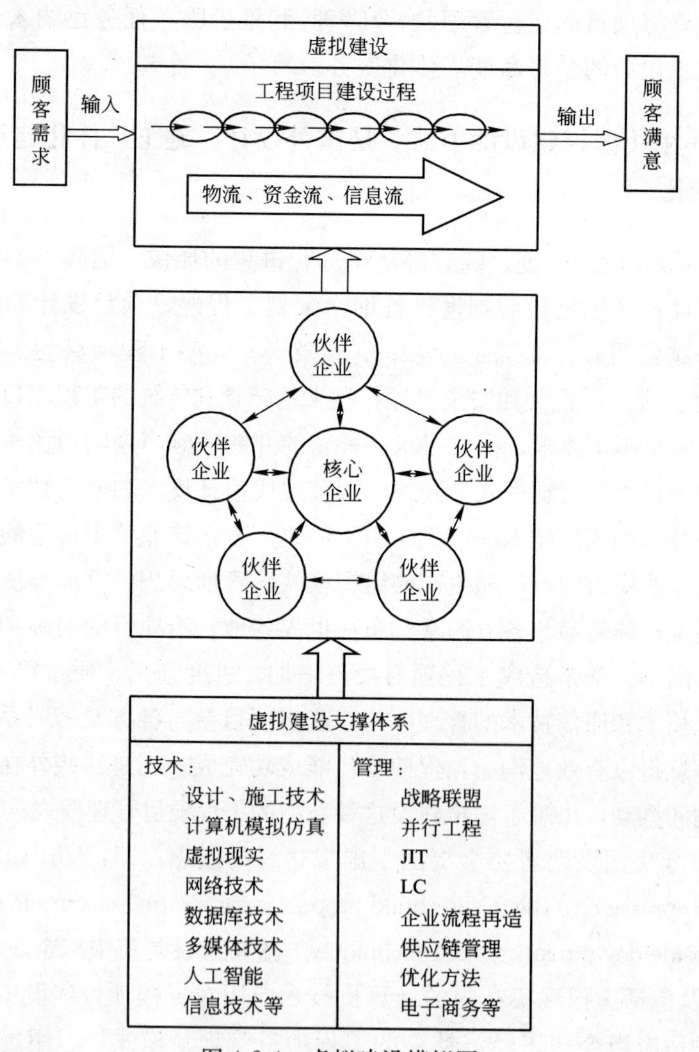

图 4-2-4　虚拟建设模拟图

第一，工程项目是虚拟建设的对象和载体，项目建设通过一系列相互关联的过程来实现，这些过程组合在一起形成一条产品供应链；同时，项目建设过程也是一个价值增值过程，因此也形成一条价值链，链上的每一环对应着实现价值增值的一项或数项能力。图中价值链上的圆圈即表示工程项目建设过程中环环相扣的过程，同时也表示实施项目所需的设计、施工等能力。

第二，由于科技进步、社会分工细化、市场竞争加剧等原因，绝大多数企业不具备项目建设所需的全部专业能力，即只是上述供应链中的一环或几环(如我国鲜有具备设计＋施工能力的企业)，如果没有供应链中上、下游企业的协作(分包商可以看作是总包商的协作单位)，根本无法完成工程项目建设的全部任务。而从市场需求看，顾客对企业能力提出了越来越高的要求，越来越多的顾客要求企业能提供形成建筑产品的全过程服务。因此，为满足顾客需求，这些企业唯有跨越组织界限，在具有不同核心能力的企业间开展合作，以“虚拟组织”形式来整合和利用外部资源，从而扩展自己满足顾客需求的能力，进行组织管理层面的虚拟建设。图中核心企业可称为头脑企业，是智力、知识密集型企业，其技术先进，管理科学，在供应链中占据核心位置；伙伴企业可称为躯干企业，处于供应链中的其他位置，但能以自己的专业特长为项目实施全过程贡献力量，是供应链中不可缺少的环节。

第三，虚拟建设成员可以组成项目联营体，也可以形成总分包关系，基于合同契约进行合作。为了取得组织管理的成功，应综合运用各种现代管理技术：如战略联盟、并行工程、企业流程再造、优化方法、供应链管理、电子商务等，并利用可视化、VR 等 IT 技术对建设项目管理的各项职能进行集成，增强建设项目全寿命周期中各组织间的沟通和合作，达到高效进行项目管理的目的。

第四，对于具体工程项目实施，应借助于计算机技术进行计算机辅助设计、建模，设计方案优化，可视化设计、施工效果，施工过程模拟，施工方案可实施性检验等，即要进行技术层面的虚拟建设。这一层面的虚拟建设建立在现代各项科学技术基础之上，如：计算机模拟仿真技术，CAD 技术，VR 技术，网络技术，数据库技术，多媒体技术，各种现代设计、施工技术，以及各种集成技术等。

虚拟建设除了微观上在计算机技术和信息技术基础上，利用 VRML、

AutoCAD、3DSMAX、PDS和PDMS等软件，系统仿真技术，三维建模理论以及用LOD算法优化虚拟系统，对建筑物或项目事先进行模拟建设，进行各种虚拟环境条件下的分析，以提前发现可能出现的问题，提前采取预防措施，以达到优化设计、节约工期、减少浪费、降低造价的目的，或者应用JavaScript语言扩展虚拟世界的动态行为，提前为顾客提供一个可以观看，可以感觉，可以视听的虚拟环境外，在组织管理模式上，主要有以下几个特点：一是通过虚拟项目管理组织，以有效完成项目为目标；二是将建筑管理知识和计算机信息技术有机结合；三是参与单位通过基于网络的项目管理软件联系在一起，最大程度地实现信息共享及数据交换；四是需要以先进的项目管理知识作为支撑；五是联盟伙伴之间实行资源、利益共享，费用、风险共担，相互合作，相互信任，自由平等。其建设项目管理流程如图4-2-5和图4-2-6所示。

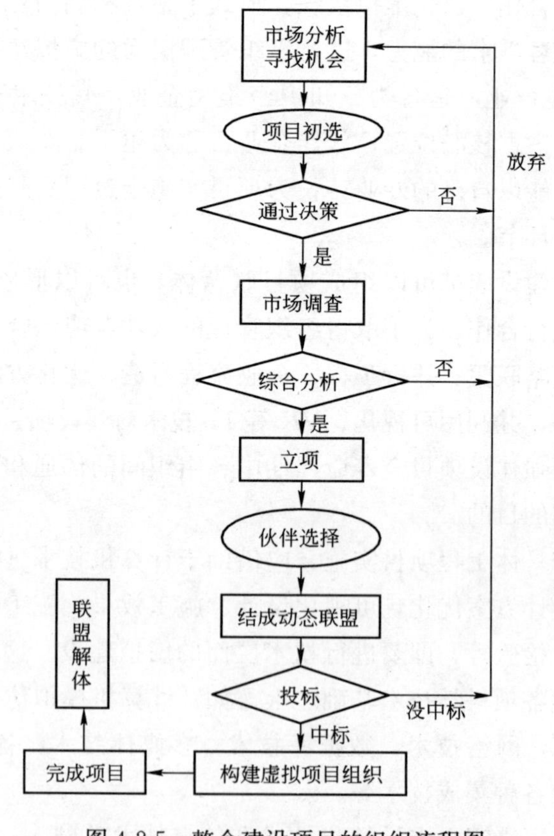

图4-2-5 整个建设项目的组织流程图

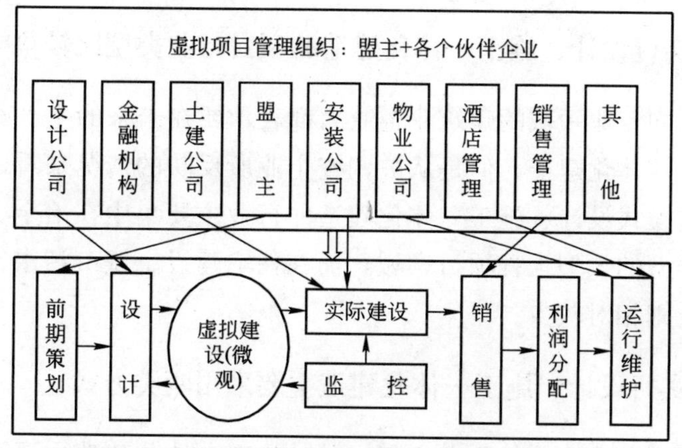

图 4-2-6 广义虚拟项目的组织管理流程图

四、我国建筑业实行设计、施工一体化建造的现状

(一) 实行设计、施工一体化建造的建筑企业总体较少

根据建设部工程质量安全监督与行业发展司2007年对建筑业企业的调查结果显示，在37家大型建筑企业(包括16家勘察设计企业和21家建筑施工企业)中，只有18家企业有设计、施工一体化建造的案例，所占比重不足50%。而且这些案例中，大部分仅仅是工程总承包设计、施工生产模式，还不是真正意义的设计、施工一体化建造方式。在设计、施工分别招标模式中，实行设计、施工一体化建造的项目几乎没有。中小型建筑企业实行设计、施工一体化建造的比重远远低于大型企业。我国实行设计、施工一体化建造的建筑企业极少。

(二) 实行设计、施工一体化建造的勘察设计企业多于建筑施工企业

调查显示，实行总承包模式设计、施工一体化建造的企业中，勘察设计企业多于建筑施工企业。在16家大型勘察设计企业中，有10家企业有设计、施工一体化建造的案例，所占比重为62.5%；而在21家大型建筑施工企业中，只有8家企业有设计、施工一体化建造的案例，所占比重不足40%。

(三) 实行设计、施工一体化建造的项目行业类型比较集中

尽管不同专业领域的建筑业企业大都表示要在未来的生产经营中实施设计、施工一体化建造，但是从被调查企业所反映的情况来看，建筑企业实行总承包模式设计、施工一体化建造的行业主要集中在冶金、化工、铁路等工业类型的大型工程项目领域，而在住宅建设、城市污水、道路等市政工程行业则相对较少。

(四) 实行设计、施工一体化建造主要采用两类方式

调查显示，我国建筑企业实行设计、施工一体化建造主要采用以下两类方式：

1. EPC 工程总承包模式的设计、施工一体化方式。这是大多数国内企业在采用设计、施工一体化建造过程中普遍采用的方式。不同的企业在实际应用这种方式的过程中，又有不同的做法。

第一种是由设计企业和施工企业联合总承包的方式。这是目前国内大型工程总承包工程普遍采用的方式。对工程初步设计以后进行招标，由设计企业和施工企业组成联合体进行施工图设计及工程施工总承包，实现设计、施工一体化建造。例如，由铁道第一勘察设计院和中铁十二工程局联合总承包的张家口至集宁新建铁路工程；由铁道第一勘察设计院和中铁二十三工程局联合总承包的郑州至西安铁路客运专线试验段；由中国铁路通信信号集团、中铁电化局、德国西门子公司组成的联合体总承包的(北)京(天)津城际铁路通信信号及牵引供电系统集成工程等。

第二种是企业签定总承包合同后，通过招标，确定分包商进行设计或施工，将工程其他部分分包出去，由设计和施工单位共同制定设计、施工方案的一体化建造方式。在这种方式中，总承包企业既可以是勘察设计企业(如天津水泥工业设计研究院有限公司承接的拉法基都江堰二线总承包建设工程)，也可以是建筑施工企业(如青岛建工集团承接的德国欧倍德公司青岛大型建材超市工程项目)。

2. 大企业内部通过项目组织进行一体化建造。设计与施工分别招标实现设计、施工一体化建造的方式，主要由既有设计能力又有施工能力的大型集团公司实现。通过充分利用集团内部的资源，在设计和施工招标前，

进行充分的合作，共同参与施工图方案的设计。一方面，设计和施工企业充分合作，在设计中标后，施工投标时会有一定的优先，通过优化施工图设计，带动施工业务的充分发展；另一方面，设计和施工环节在招投标前就进行充分合作，能最大限度地实现融合，可以大幅降低成本、提高效益。

（五）设计、施工一体化建造的典型案例

天津水泥工业设计研究院承接的拉法基都江堰二线工程建设项目

该项目属于设计单位主导的一体化建设项目。

拉法基水泥有限公司是世界第一大水泥制造商，在世界很多国家和地区建有自己的水泥生产企业，有着丰富的建厂经验。2005年，天津院在激烈竞争中，凭借着雄厚的综合实力，一举拿下拉法基都江堰二线总承包建设工程的合同。在合同的执行中，天津院作为总包商大胆尝试采用混合编制方式，即聘用施工单位项目经理担任总包商项目部的项目副经理。总包商的技术总监作为施工单位的技术顾问，双方取长补短，共同解决工程实施中出现的各种问题。比如，土建施工单位在做熟料库滑模工作时，发现施工图纸采用的是变截面方法施工的，用这种方法的好处是能够节约一些混凝土，但施工比较麻烦，施工模板的消耗较大且施工周期长。由于本项目工期较为紧张，项目部根据项目特点作了全面权衡，决定立即改为等截面施工，相关各单位果断的决定，为项目赢得了宝贵的时间。

青岛建工集团承接的德国欧倍德公司青岛大型建材超市工程项目

该项目属于施工单位主导的一体化建设项目。

项目位于青岛市辽阳西路188号的欧倍德青岛店，是德国欧倍德(OBI)公司在中国开设的第五个大型建材超市，也是OBI与青岛海尔集团公司通过合资，合作建设的第一个大型建材超市连锁店。建筑面积28000m²，工期171天，二层框架结构，工程总造价7038万元，为固定总价包干。青岛建工集团承包的工程范围从施工图设计、土建和机电工程施工、材料和设备采购、各种外协手续办理等内容全部涵盖，按照国际通用条款(FIDC)签订项目总承包施工合同。与传统的工程承包方式相比，该工程有以下几个特点：

(1) 设计方面：OBI公司仅提供设计概念及总体布局，不给出详细的

设计图纸，由中标后的总包方负责深化设计。因此，中标后青岛建工集团与中国轻工业长沙设计院签订了设计合同，委托该院根据《欧倍德工程技术规范要求》完成初步设计文件及施工图的深化设计任务。在深化设计的同时，青岛建工集团还要求专业设计人员在理解和满足业主对项目的各项功能要求的前提条件下，对设计方案进行优化设计，力求经济、合理、安全、实用。重点抓好以下几个方面的优化设计：钢筋级别、规格和型号，混凝土的强度等级，外加剂数量和种类，机电设备的选型等。通过以上优化设计，大大降低工程成本，节约了工程投资，提高了青岛建工集团公司的施工利润。对于专业工程项目，如钢结构工程，智能化工程等，青岛建工集团进行专业分包，委托专业公司负责二次设计和施工，要求他们从工期、质量和成本上对青岛建工集团负责。

(2) 材料和设备采购方面：实行总承包后，工程所有材料和设备按照中标书中规定的生产厂家，由青岛建工集团统一采购。对于大宗材料和设备，如钢筋、混凝土、空调设备、电梯、电气设备等，青岛建工集团材料处通过招投标、比价、竞争性谈判等手段直接和生产厂家签订购置合同，减少中间代理环节，真正达到降低项目成本，增加企业效益的目的。

(3) 工期进度方面：工程实行总承包后，所有参与工程建设各方，如设计单位、供货单位、专业分包单位等均与总包方签订相应合同，总包方可以准确控制工程进度情况，确保工程设计出图及时，材料设备供货及时，专业队根据进度情况准时穿插施工，工程自 2002 年 12 月开工，经历了一个多年不遇的寒冷冬季，确保了商场在 2003 年 5 月 1 日竣工开业。工期之短，创造了青岛建工集团当时新的施工纪录，大大降低了工程施工中人工、周转材料、机械方面的成本，同时给集团公司赢得很好的社会信誉。

(4) 降低成本方面：总包方在设计、材料设备采购、工程进度等方面管理得当，施工图纸得到优化设计，现场材料、机具得到最大限度的利用，减少现场作业人员窝工，施工现场各种资源得到充分利用和发挥，施工成本较以往工程项目降低了 15%，青岛建工集团也赢得了较高的效益。

青岛建工集团承接的阿尔及利亚比尔及尔 1000 套住宅项目

这是属于总承包后由施工单位与设计单位共同制定方案的设计、施工一体化项目。

(1) 项目概况。阿尔及利亚比尔及尔1000套住宅项目，根据与业主签署的合同规定，由青岛建工集团在其相关可行性方案要求下，对整个项目进行总体规划和单体设计、获得审批、全部技术性设计以及采购和施工交钥匙总承包的发包模式。

(2) 设计、施工一体化的类型。该项目属于设计、施工一体化第二种类型，即：在业主建设项目可行性方案基础上，总承包企业对项目的设计、施工直至交钥匙的一体化承包模式。

(3) 设计、施工一体化采取的方式。青岛建工集团公司阿尔及利亚项目组，在认真总结分析青岛建工集团在阿尔及利亚最初6500套住宅建设经验的基础上，采用了设计、施工一体化第二种模式，即从国内选派一名具有国家注册一级建筑师资格的设计人员，与作为具体承包项目的青岛建工集团三建项目部，共同对设计阶段进行控制管理。项目组从当地选择了一家具备设计资质的设计单位，进行了设计分包。整个设计过程，作为总承包的青岛建工集团，与设计单位进行了方案的共同制定、设计初稿的审查，共同报审报批。

(4) 控制的主要内容及取得效果。决定工程项目投资规模90%以上的因素是在设计阶段形成的，青岛建工集团本项目承包的价格前提是住宅工程居住面积单价价格形式。因此，在设计阶段，主要控制了设计的可操作性、设计各项影响投资的经济技术指标。达到了既能保证工程项目质量，又能缩短施工时间、节约投资的目的。如：将上翻梁基础形式改为板式基础形式，单体工程共需衔接时间节省15天；提高K值(居住面积与建筑面积比值)，比原6500套项目平均提高近3%，仅此一项就降低成本2%以上；在保证结构安全的前提下，控制结构工程(每平方米钢筋含量、每平方米混凝土含量)含量，相比原6500套住宅项目，节省了大量钢材和水泥，降低了工程成本。

中建八局承建的综合医院——康华医院项目

该项目的特点是施工单位介入设计阶段。

(1) 项目概况。康华医院工程位于广东东莞市区入口，是城市迎宾路东莞大道的起点，南接广深高速出口，西临汽车总站，总投资为6亿元人民币，工程总面积为32.5万m^2。该工程由东莞康华集团投资有限公司投资兴建，中国建筑第八工程局工程总承包，广东华方设计院设计，东莞鸿业监理有限公司监理。属大型综合性医院工程，包括门诊部、医技部、住院部三个主体部分和后山设能源中心等附属机构。涵盖的范围除常规的土建、装饰、钢结构、给排水、电梯、电气、通风空调、消防、人防、市政、园林绿化工程外，还必须涉及医用气体、物流传输、智能化、洁净化空调、洁净水、核防护、污水处理、厨房洗衣、燃气、放电房等工程，工程涵盖系统多，总体较为复杂，协调难度较大。

(2) 设计、施工一体化的类型。该工程属于设计、施工一体化的第二种类型。业主除了把整个工程包括土建施工、设备安装、装饰装修甚至园林绿化全部交给总包单位外，还特别邀请施工总包单位在扩大初步设计阶段，参加项目论证，介入施工图设计。

(3) 设计、施工一体化采取的方式。作为总承包方，中建八局在项目实施工程中，主动参与设计优化、进行深化设计，建立以总承包管理为中心的管理体系，加强设计、施工和专业分包等多层次交叉的控制管理，在材料、工期、资金、效率等方面，主动替业主把关。

第一，通过机制的有效性确保项目高效运行。康华医院工程实行总包决策层与专业管理层、施工作业层的两层分离，重点加强总包项目部的设计技术力量和组织协调管理力度。首先进行质量、安全、工期等整体的项目策划，摆脱过去粗放、随意、经验式的管理状态，建立以总包为中心的项目管理体系，保证了专业与专业、专业与工种、设计与施工等多层次交叉的控制，保证了与设计院的紧密对接和对各个分包队伍的直接控制管理。

第二，通过总包单位组织专业调查，实现设计、施工的紧密融合与深度交叉。通过深入调查，在仔细分析了项目在实施过程中可能遇到的各种困难后，项目部将深化设计作为前期工作的重点，在采用快速路径法施工的同时探索适合于康华医院的D-B项目管理模式，积极主动参与设计，组织技术人员进行专业调查、赴同类医院参观学习，从总包的角度为设计人员提供施工方面的建议并随后负责施工过程管理。将工程项目作为一个完整的过程来对待，并同时考虑设计和施工等因素，力求使建设工程在尽可能短的时间内、以尽可能经济的费用和满足要求的质量建成并投入使用。康华医院项目按“边完善设计、边组织施工”的工作流程进行，通过多向的信息反馈，总包提前参与专业调查，在总包与设计多接口的交流中有效地解决了施工与设计分离、双方难以及时协调、施工图纸设计深度不够与进度之间的矛盾。

第三，通过优化设计，提高项目管理效益。虽然建筑工程的实际投资主要发生在施工阶段，但节约投资的可能性却在施工前期，尤其是设计阶段决定了建设工程价值和使用价值，是对工程造价影响最大的环节。因此，总包项目部组织工程技术人员优化方案、实行限额设计降低造价的效果十分显著。在本着为业主着想的服务理念下，利用自身的经验进行基础承台优化设计、铝合金和钢结构深化设计、地下室新型防水材料的应用、地下室及首层结构清水混凝土、屋面结构层一次性找坡、场地内部土方挖填平衡等多方面的工作。以地下室地基基础设计方案为例，整个混凝土总量16000m^3。由于采用总承包管理模式，总包单位介入深化施工图设计，总包单位根据土方开挖过程中发现的实际地质状况和以往类似土质的施工经验，建议进行优化施工图设计，总承包单位发挥协调作用，优化方案在满足地基安全的前提下，合理利用了地基承载力，实际使用混凝土5000多m^3，与原方案相比，节省了1100m^3，优化比例达68.3%。

(4) 实施设计、施工一体化建造方式取得的效果。在工程实施过程中，通过设计、施工一体化的生产方式，进行优化设计和设计与施工的深度融合，取得了较好的经济效益。通过运用新型材料和新技术施工实现经济效益约300万元，为业主节约投资约600万元，其中仅基础承台优化一项，就节约成本约400余万元。

苏州金螳螂在装饰工程中以设计为主导，实现装饰业务的设计、施工一体化生产

苏州金螳螂建筑装饰股份有限公司在装饰业务中，以设计为主导，通过对设计师在收入、培训以及硬件投入等方面的支持，高起点打造设计师队伍，实现装饰业务的设计、施工一体化生产。公司建立了一套针对设计师的，基于设计、施工一体化生产的业务培训、设计质量考评、业绩考核等科学的考核体系。明确规定所有的设计师都必须到项目部进行实践，必须要有工地一线的经验才能上岗，项目经理的选用也大都从设计师中选拔，规定必须要有设计经验才能从事施工工作。在生产中，始终保证了设计、制造和施工的一体，把设计、制造和施工紧紧“捆绑”在一起，从设计出发，在施工模式中，通过探索、运用工业化、现场装配化等先进的技术手段和设备，从根本上保证了各种装饰产成品的生产品质，使每一项工程既保证了质量和工期，又达到了国家环保标准，能为客户创造更高的价值。通过加大对建筑装饰部品部件工厂化技改项目、设计研究中心项目、企业信息化建设项目的投入，使设计和施工更加紧密结合。对每个项目都实行“项目负责制”，即每个项目都通盘考虑，全面考核，一体化经营。

通过设计为主导，以设计带动施工业务的一体化生产模式，既实现了产业链的延伸，又大大提高了生产效率，真正保证了公司核心竞争力的形成和提升，产生了良好的经济和社会效益，金螳螂已连续四年被评为中国建筑装饰百强企业第一名。2006 年 11 月 20 日，公司股票在深圳证券交易所挂牌上市，成为中国建筑装饰行业第一家上市公司。截至 2006 年，公司已获得国优奖项近 40 项。首都博物馆、中国井冈山干部学院、南京奥体中心、盐城行政中心等多个项目获中国建筑领域最高奖——鲁班奖；常州香格里拉大酒店、苏州尼盛万丽大酒店、中新国际高尔夫俱乐部(幕墙)等项目获装饰领域最高奖——全国建筑工程装饰奖。

五、推行设计、施工一体化面临的主要问题

我国当前推行设计、施工一体化建造最主要的障碍在于，无市场环境、管理政策不配套、企业组织不适应，没有相应的组织模式和经验，一体化施工能力不足等几大问题。

(一) 市场不发育，业主认可程度低

1. 社会各界对设计、施工一体化的作用认识不足。

一是对设计、施工一体化的含义认识不足。我国社会各界包括政府部门、企业、社会学者等，都不同程度地对设计、施工一体化缺乏正确理解，对设计、施工一体化的真正含义认识不足。大都将设计、施工一体化混同于工程总承包。有的公司干脆就将设计、施工一体化建造等同于 EPC。还有的业主认为，实行总承包模式的设计、施工一体化建造就是简单的施工费用加管理费，总承包一体化管理型公司是“皮包”公司等。没有真正认清设计、施工一体化的实质和意义。

二是对实行设计、施工一体化建造方式的效果认识不足。调查显示，目前各市场主体对实行设计、施工一体化建造方式效果的认识还存在不足，习惯延续传统模式运作，认为没有必要搞设计、施工一体化项目管

理。设计、施工企业没有建立长期有效的伙伴合作关系，由于管理体制、文化、市场诚信、管理能力和方法等问题，我国设计、施工单位之间在工程项目中联合经营，优势互补，强强联合的情况也往往难以实现。

2. 业主认可程度低。在建筑企业推进设计、施工生产组织方式改革过程中，大多数外资项目和民营项目的业主都认同设计、施工一体化的项目生产实施方式。但我国目前许多大项目都是政府投资和公有产权主体投资，业主只是代表政府或公有企业在行使项目管理职能，不是真正意义上的业主，即投资主体和项目管理者的效益关系不紧密。不少以政府投资或国有投资为主的项目业主没有充分认识到设计、施工一体化在工程建设中所能发挥的显著效益。由于体制和制度上的问题，有些业主只看到一体化组织方式实施后，个人利益和权力受到了削弱，不愿采用一体化发包方式组织项目建设。有些业主为规避相关法律法规的限制，或者受部门利益、个人利益的驱使，在业主班子内部形成了多个利益主体，往往把整体工程肢解，进行分块、分段招标，指定承包商等，而不愿意实行设计、施工一体化管理，由一个单位对工程进行总体负责。

(二) 现行管理体制和政策不利于设计、施工一体化建造方式的推行

1. 勘察设计、施工的市场准入分割。2006 年 3 月 6 日，建设部以(建市 [2006] 40 号)文，公布了建筑智能化、消防、建筑装饰和建筑幕墙 4 个专业的设计施工一体化资质标准；2006 年 9 月 4 日，以(建办市 [2006] 68 号)文，公布了 4 个设计施工资质标准的实施办法。这些文件的出台预示着政府已经意识并在着手改变设计、施工完全分割的现行企业市场准入模式。但是，从企业市场准入的主体状况看，无论是政府政策还是现实状况，设计、施工企业基本上是分别设立的，我国建筑业现有的企业资质分割过细的管理方式，不利于设计、施工一体化方式的推行。另一方面，由于传统计划经济体制形成的行业垄断和部门分割现象，我国建筑市场存在比较严格的政策性壁垒，各行业、各系统都建立了自己的基建队伍，承包企业按照工程专业类别隶属于不同的行政主管部门，各部门政令不统一，分开进行市场准入，地方和行业保护主义严重。企业在国内进行承接设计、施工一体化总承包项目时，在许多地方会受到准入制度的限制。有的地方甚至出台政策变相抵制设计施工一体化，如不允许设计和施工由同一单位承担等。这在较

大程度上影响了我国设计、施工一体化建造方式的培育和发展。

2. 现行招投标管理方式不利于设计、施工一体化建造的发展。目前，我国大部分工程建设项目的设计、施工是分别招标的，这种分阶段招标的管理方式，使设计与施工双方缺乏有效沟通，人为地在设计与施工环节之间设立了一条鸿沟，严重遏制了设计、施工企业之间共同创新的权力和动力，阻碍了设计、施工一体化建造的发展。

3. 设计过程不同阶段的不合理取费，限制了设计、施工一体化建造方式的推广。设计过程不同阶段的特点，决定了设计过程中，方案设计和扩初设计需要长时间的思考和积累，取费应较高，施工图设计阶段尽管图纸数量较多、工作量较大，但创造性相对较少。施工图设计要求配合施工全过程，重点处理设计与施工的协调，根据施工需要不断补充出图和修改图纸，及时解决施工现场问题。施工图设计机械性较强，取费应相对较低。设计单位应专注于工程项目的方案设计、效果设计，施工单位应充分发挥施工单位现场工作经验丰富的优势，往前延伸到施工图深化设计，并与设计单位紧密配合共同进行施工图设计。但是，目前的设计取费中，施工图设计取费所占比重过高，工业项目施工图设计取费约占总设计取费的50%，民用房屋建筑项目施工图设计取费约占总设计取费的60%，因此，大部分设计单位还比较注重施工图设计。由于施工图设计阶段，通常图纸数量较多，工作量较大，加上由于近年来，我国投资持续增长，设计单位业务繁多，为了赶工期，通常采用低取费的策略。短平快的市场运作方式，造成行业低水平发展，反过来又限制整个行业取费的提高。不同设计阶段不合理的取费标准，造成设计单位不愿意将施工图深化设计环节下移到施工单位，限制了设计、施工一体化建造方式的推广。

4. 现行法规中还有一些制约设计、施工一体化建造的规定。国外的工程项目建设，一般是由总承包商承包后，再根据不同的专业需要，将相关设计、施工、监理等环节分包给相关的专业承包商。总承包商不一定完全具备设计、施工能力，其专长在于管理、沟通和协调能力，能有效地在设计、施工等各方之间，建立一套一体化的运作机制，保证工程项目按时、优质完成。而我国现行政府管理法律，在促进设计、施工一体化建造中，存在一定的缺失，包括《建筑法》、《招投标法》以及各地政府主管机构细化的规章同样制约着这种模式的发展。例如，我国法律明确规定：具有总承包能力的企业在取得总承包任务之后，工程主体结构要自己独立完成，不能分包。这一规定对大型建筑企业开展设计、施工一体化总承包管理，积累管理经验形成了制约。

5. 国家缺少鼓励政策。政府各部门对建筑企业推进设计、施工生产组织方式改革的认识不统一，对一体化项目建设管理工作的支持不力。目前的财政、金融、税收等政策，对企业开展设计、施工一体化建造没有激励作用，企业缺少开展设计、施工一体化建造的政策驱动力。

（三）企业缺少与设计、施工一体化建造相适应的内部管理体制和专业人才

1. 企业的内部管理体制不适应设计、施工一体化建造。我国国内的建筑企业(设计单位、施工单位)大都是从原有的计划分工时代转制而来，都有所长也均有其短。由于传统体制的影响，大多数建筑企业都只擅长于设计、施工环节的一个方面，而对另一环节缺乏深入的了解(例如设计企业的专业人员大都不熟悉施工现场，造成设计方案和施工过程经常脱节)。大部分建筑企业实行的是“总公司一级法人——二级法人公司——项目部”的管理模式，还没有形成真正的母子公司管控体系。调查显示，大多数施工企业还停留在以分公司模式为主的垂直组织结构上，内部组织层次设置较多，组织繁杂，没有形成与现代企业管理体制相适应的扁平化组织结构，约有三分之二的企业没有设立项目控制部、采购部、施工管理部、试运行部。企业的内部组织结构体系、技术管理体系和服务功能等，都不能适应设计、施工一体化建造所需的不同组织之间信息的合理传递、内部有效沟通和协调管理。

2. 缺少实施设计、施工一体化建造所必须的复合型、高素质管理人才。设计、施工一体化建造，不但要求设计专业人员熟悉施工专业知识、施工专业人员掌握相应的专业设计知识，而且要求专业人员具备较高的经济管理知识和项目管理知识，能就设计、施工过程中出现的问题进行有效、合理沟通，共同解决。我国建筑企业过去在同国外大型工程企业的学习过程中过多地倾向技术专业的学习而忽略了技术管理的重要性，造成在大量技术人才的团队中却找不到真正的综合管理人才。调查显示，国内企业大都缺少高素质的、具有大型工程项目管理经验，能按照国际通行项目

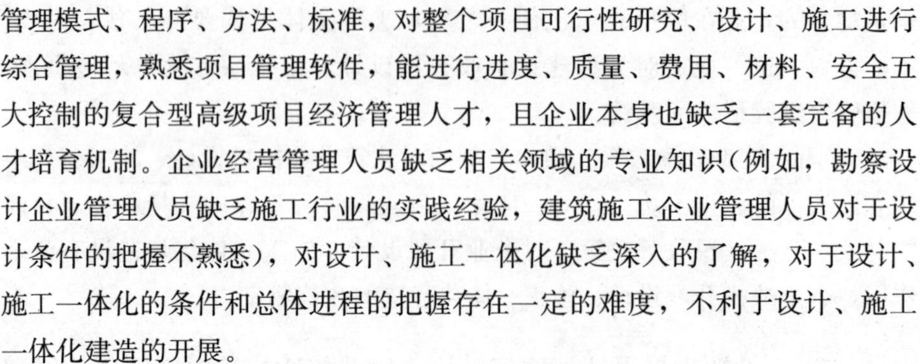

管理模式、程序、方法、标准，对整个项目可行性研究、设计、施工进行综合管理，熟悉项目管理软件，能进行进度、质量、费用、材料、安全五大控制的复合型高级项目经济管理人才，且企业本身也缺乏一套完备的人才培育机制。企业经营管理人员缺乏相关领域的专业知识(例如，勘察设计企业管理人员缺乏施工行业的实践经验，建筑施工企业管理人员对于设计条件的把握不熟悉)，对设计、施工一体化缺乏深入的了解，对于设计、施工一体化的条件和总体进程的把握存在一定的难度，不利于设计、施工一体化建造的开展。

六、促进设计、施工一体化发展的相关建议

(一) 房屋建筑工程和土木工程应当逐步做到与施工方共同进行施工图深化设计

设计、施工一体化实现的关键在于施工图设计。由设计单位和施工单位共同参与施工图设计，实现施工图方案深化设计，充分发挥施工单位实践经验丰富，能和现场施工人员有效沟通的优势，通过对设计与施工的通盘考虑，使设计更贴近于施工，更便于指导施工，使变更设计更快捷，使设计更利于降低施工成本。施工图深化设计目前遇到的最主要障碍，一是施工企业没有一定数量和能力的施工图设计人员，二是设计单位主要依靠施工图设计取得经济收入。针对这种情况，可采取的对策，一是强调和考核设计单位的方案设计能力，并调整设计取费标准，提高方案设计和扩初设计的费用水平；二是促使设计和施工单位的重组，根据主要承接工程的范围，结合不同的专业特点，对设计、施工企业的专业性质进行改造，使更多的施工企业成为具有设计、施工一体化能力的建造公司，在这个过程中，实现相关设计专业人员向施工单位的流动和重组。

(二) 工艺性较强的工业项目应当鼓励由设计单位主导的一体化建设方式

工业项目，尤其是工艺性较强的工业项目，其建设过程包括工艺设计、基础工程设计、详细工程设计、采购、工程施工等多个环节。在建设

工程中设计工作比重大且作用关键，由设计单位进行工程总承包，在工程总承包过程中直接组织施工或进行施工管理，更有利于工程建设目标的实现。我国工程建设的实践也表明，这类工程实行工程总承包的效果明显，业主易于接受，市场前景愈益看好，企业所承包的工程中实行工程总承包的比重也在不断加大。

（三）在一体化建造过程中坚持几个原则

尽管由于投资规模不同，行业类型各异，不同工程建设项目设计与施工的复杂性差异较大，但设计、施工一体化建造包含的内容大致一致。要实现设计方案与施工方案的最优组合，应主要坚持以下原则：

1. 坚持结构设计与施工组织设计一体化。基础结构设计与施工组织设计一体化主要表现在设计时，设计单位除了要做好工程本身的设计，还必须做出保证工程建设方案实施时的施工方案，使工程设计和施工组织设计相辅相成，不可分割，共同成为设计文件的组成部分。

2. 坚持设计方案和施工方案一体化。设计方案和施工方案一体化主要表现在研究基础设计方案时，既要考虑对工程结构有利，也要着重考虑其施工方案最为简单实用，使设计方案和施工方案一体化，成为最优组合。

3. 坚持方案选择和施工工期及造价一体化。由于不同设计方案和施工方案对工期和造价有较大影响，因此，设计方案的选择还应与施工工期及造价一体化考虑，即设计方案应使施工工期、主体结构费用和施工费用总体最优，综合经济效益最好。

4. 坚持设计、施工方案的确定与保护环境一体化考虑。建筑及建筑方法对周围环境的影响越来越被人们重视。对大多数工程建设项目来说，应将设计方案与施工方法与周围环境一体化考虑。

（四）培育发展有利于设计施工一体化的市场环境

1. 进行试点，制造舆论，引导业主。主管部门或者行业协会应当在不同的行业、不同的工程中选择一批工程，进行设计施工一体化建造的试点，并且注意总结其不同的方式和经验，与此同时，应当树立一批设计、施工一体化建造能力突出的企业，对于这些工程和企业要在社会上进行广泛宣传，使广大业主认识科学、先进的工程建设组织方式，愿意采用这样的方式，同时也能够找到具备这种工程能力的品牌企业。企业也可以营造自己这方面的能力，并使其成为企业核心竞争能力的组成部分，在招投标及发包工程中，宣传自己的特点，强调自己的优势，逐步为社会所接受。

2. 打破传统体制对于完整建设过程的人为分割。进一步完善相关法律、法规。通过相关的法律法规的制定和修改，打破对于完整建设全过程环节进行的人为分割，消除政府旧有管理体制和管理方式的痕迹，充分尊重市场经济条件下工程建设的客观规律，注重对企业相关设计和施工能力的考核，摒弃强行规定企业营业范围，只注重对特定业务的考核方式，逐步形成统一、科学、竞争和有序的建筑市场。

3. 政府投资工程要带头选择科学合理的建设组织方式。一是要推进政府投资工程管理组织方式改革，各地区应根据自身的管理基础、管理水平和项目性质的差异，探索最适合自己的工程建设管理方式。贯彻专业化、相对集中、责权对等和便于监督的原则，建立有利于工程建设经验积累和水平提高的机制，建立常设性事业单位作为代建机构，如建筑工务署、代建办、项目管理中心，或者企业性质的城投公司等，这些常设的建设单位解决了工程相对集中和专业化管理的问题，也便于政府相关部门对其实施监督。也可以通过招标选择工程总承包和项目管理公司，为其提供专业化服务；还可以由政府选定一些单位作为备选代建机构，再根据项目情况在这些机构中确定代建单位等。二是要求政府投资工程选择先进的工程承包、建设方式，包括工程总承包、设计、施工一体化总承包等。三是要求政府投资工程应当率先采用先进的工程建设技术、节能技术、先进材料等。

(五) 完善现行的资质管理体系

为推进设计、施工一体化建造，在资质管理制度的落实和完善方面，应当注意以下要点：

1. 能力可以分别考察，企业可是同一单位。即考虑同一法人企业既可以申请勘察、设计资质，又可以申请施工资质。对于勘察设计和施工企业要求的能力可以分别严格考察，但相应资质可以授予同一企业。

2. 鼓励工程总承包企业、工程公司的发展。目前我国资质管理制度中没有专门工程总承包企业资质，但明确了哪些企业可以进行工程总承包。

随着形势的发展，建议在资质年审、资质升级等方面，出台相应的激励政策，鼓励企业向设计、施工一体化总承包型业务类别发展。

3. 鼓励企业跨行业延伸。设计、施工一体化的实质是围绕工程建设目标，进行多环节的一体优化，发展企业的综合建设能力。目前，我国的专业承包资质共有六十多个种类，分类过细。可对一些相近的专业资质进行合并，鼓励不同行业的企业跨行业申请资质，实现跨行业业务承揽，进一步增强企业的综合能力。

(六) 改革现行的招、投标管理制度

因受长期计划经济的影响，造成社会至今仍一直认为设计、施工是互不关联，既分工又分家，习惯于设计和施工分开进行招投标。随着我国加入 WTO 的全面开放，建筑市场投资主体多元化进程加快，建议国家有关部门出台相关政策，逐步改变目前工程项目的发包模式，为工程项目设计、施工一体化建造提供市场前提条件。研究适合设计、施工一体化建造的项目招投标管理办法，明确要求凡政府投资项目和具备条件的重点项目，都必须进行施工图设计和施工一并进行招标。在个别项目上采取强制措施，大力推进设计、施工一体化建造方式。通过建立设计、施工一体化承发包市场，充分发挥设计、施工一体化优势，激励设计、施工一体化市场的成长。

(七) 制定合理的设计取费标准

根据不同的工程项目类型、不同地区的经济发展状况，制定合理的方案设计、扩初设计和施工图设计取费标准。采取设定取费下限的方式，限制行业盲目压价、无序竞争、粗制滥造，损害行业良性发展的行为。通过对工程项目不同环节收费的合理引导，鼓励设计企业将业务中心放在方案设计和扩初设计环节，由设计单位和施工单位共同进行施工图设计，将施工图深化设计下移至施工单位。发挥设计单位和施工单位各自的专业优势，充分实现设计、施工一体化建造。

(八) 大力提高企业的一体化建造能力

1. 企业要培养一体化建造能力。从施工企业来讲，需要抓住市场机会，争取工程总承包工程，锻炼企业的能力。施工企业应当加强自己的施

工图设计力量，引进人才，完善人才结构。施工企业还要根据项目实际，探索设计、施工一体化建造的管理组织、信息交流、流程安排、关键点控制、建造决策等问题，形成规范管理，积累管理经验。设计企业尤其是工程公司应当注意不断加强自己的施工组织能力，也要从人才结构上加以优化，同时要注意建立与施工企业的信息互通、交流和改进机制，加强对于施工环节的优化和控制能力。

2. 促进企业的强强联合。长期以来，我国的工程建设企业被分割为勘察设计和工程施工两个系统。尽管近年来设计企业和施工企业都力图实行设计、施工一体化，设计企业开办了一些施工企业，施工企业也积极谋求整合内部设计资源，但长期以来形成的设计企业强于设计弱于施工、施工企业强于施工弱于设计的格局仍坚如磐石，无法撼动。一些规模大、技术复杂的项目，由一家企业进行运作较为困难，必须采取联合的方式，发挥各自的优势才能完成。采取由几家企业联合进行承包的方式，鼓励设计企业与施工企业联合，通过一系列的政策措施促进企业联合进行承包，通过联合体内企业之间企业荣誉、资格等无形资产和营业额(如在数据统计方面承认营业额共享)等的共享，充分发挥各自的特长和优势，发挥设计、施工一体化优势，促进设计与施工技术的合作与发展，可以降低风险，提高工程质量和缩短工期。

3. 提高企业的内部标准化管理水平。实行设计、施工一体化建造，要求企业应具有较强的协调和整合能力，较好地掌握市场资源，并能对项目进行有效管理。只有具备较高的标准化管理水平，才能保证企业高层领导对分散的工程施工现场进行有效的监控。因此，企业必须改革现有的内部管理机制，合理调整内部组织结构，建立完善的技术标准体系、管理标准体系、编码体系和定额体系等，大力提高企业的内部标准化管理水平。

4. 加强企业信息化建设。近年来，我国许多工业产品生产企业都实施了信息化管理，大大提高了生产力水平。而建筑业企业利用信息技术提高管理水平和生产力水平的步伐明显滞后。信息化建设不仅是一场技术变革，更是一种思维更新和管理创新。设计、施工一体化十分需要信息化的支持，通过项目的信息化平台，把瞬息万变的信息传递给企业管理层，实现“在线管理”，快速反应，解决问题，降低管理成本和劳动力成本，提高经济效益。

5. 加强人力资源管理，培育高素质工程项目管理人才。通过完善人力资源管理体系，建立吸引、招聘和使用优秀人才的机制。建立企业内部培养制度，形成长期、规范的人才管理培养制度。培养一批既专长于工程技术，又掌握经济管理知识，长于运作管理和内外部沟通的复合型高素质经营管理人才。

6. 充分发挥设计师、建造师在一体化生产中的关键作用

设计师在设计、施工一体化建造中具有独特作用。设计师是企业竞争制胜的优势所在。在一般情况下，在市场上参与招投标项目时，建筑施工企业是靠技术方案，商务价格制胜，而建筑设计施工一体化的企业，方案设计往往成为第一要素，是靠符合业主心愿的建筑施工效果图和施工图方案取胜。若没有强有力的设计人员和建筑设计师参与的建筑企业，只能寄托于社会上的方案公司和效果图公司，虽能抵挡一阵子，但最终会败下阵来。可以说，谁赢得设计的第一棒，谁就能赢得和占有建筑市场。

建造师(项目经理)是设计与施工的重要结合点，可以对设计与施工进行通盘考虑，使设计更贴合于施工，而不是游离于施工；使设计更便于指导施工，而不是制约施工；使变更设计更快捷，而不是拖延施工；使设计更利于降低施工成本，而不是抬高施工成本。位于项目管理前沿的建造师，是工程项目的生产者。项目的每一个部位，每一道工序，都是设计与施工的结合点，所以，每一个建造师，都应该既懂施工技术，又会施工图设计，还要随时根据建筑及环境的变化进行变更设计。

（住房和城乡建设部政策研究中心课题组　执笔：李德全　郑翔）

专题三：中国建筑业风险管理机制研究

一、引言

目前，我国重大事故灾难和灾害事件时有发生，2003年，我国因生产事故和其他灾害损失共计达6500亿元人民币，相当于损失我国GDP的6%[1]。2008年由雪灾和汶川地震等灾害造成的损失则更为严重。对于我国各类风险事件频发的严峻形势，国务院2006年发布了《国家突发公共事件总体应急预案》，这无疑对风险应急具有重要意义。但需要认识到，应急预案只适用于灾害发生后短期内的救灾活动，要使对风险的管理从应急式处理上升到预防、应对到善后的系统化管理，还需要各行各业在落实上述预案的基础上积极探索新的风险管理理论与方法，科学地指导预防和处置各类风险事件的发生，以降低各种风险事件所造成的损失。

具体到建筑业风险，多与项目有关。有的风险事件发生在项目实施和运营过程中，如重庆綦江虹桥垮塌和吉林石化爆炸导致松花江污染事件都造成了严重的人员伤亡和财产损失。有的项目则是由于决策草率，对项目风险分析不足，先期的大量投入无法回收。还有的项目未能处理好与当地居民的利益关系，造成社会的不和谐与不稳定。如何建立中国建筑业风险管理机制，系统地提升工程项目风险管理水平，尽量避免各类风险事件的发生或降低风险发生后的损失程度，首先需要对我国建筑业风险管理现状有一个基本了解。

二、中国建筑业风险管理现状及分析

本研究对我国建筑业作了一个广泛的调研。调研范围为北京、上海、江苏、湖北、广西和黑龙江等地的建筑业主要利益关系者，包括业主、承包商、监理、设计、规划部门和管理机构等；所涉及的项目为住宅与商业建筑、道隧桥工程、工业工程、水利水电工程、大型文体公共建筑等。调研内容包括项目风险重要性、风险管理方法应用程度、组织风险管理体系、风险管理障碍、与风险分配密切相关的激励机制等，以此来揭示我国建筑业风险管理现状。所调研的数据用 SPSS 软件分析，所选用的分析方法主要包括：

- 均值分析
- 排序分析
- 关联分析

其中在关联分析中，用显著性进行检测，0.05 是显著性与否的分界。显著性系数小于 0.05 说明变量间具有显著相关性，如显著性系数小于 0.01 则说明变量间相关性更强。

（一）项目风险重要性

本研究调研了 32 种可能的项目风险的重要性，采用 5 分制计分，其中：1＝忽略不计，5＝非常重要。调研结果见表 4-3-1。

项目风险重要性 表 4-3-1

风 险	总评		业主		承包商		监理		设计		管理机构		规划	
	评分	排序	评分	排序	评分	排序	评分	排序	评分	排序	评分	排序	评分	排序
工程达不到质量目标	3.62	1	3.72	1	3.53	4	3.89	1	3.7	2	3.22	3	3.43	2
现场事故	3.6	2	3.5	3	3.8	2	3.79	2	3.5	4.5	3.22	3	2.57	20.5
安全	3.54	3	3.44	4	3.93	1	3.58	3	3.35	9	3.22	3	2.33	28
不足或不当设计	3.41	4	3.67	2	3.33	9.5	3.16	7	3.86	1	3	6	2.71	17
财务问题	3.31	5	3	11	3.73	3	3	13.5	3.45	6.5	2.89	9.5	3.25	4.5
未能发现工程缺陷	3.3	6	3.28	5	3.23	11	3.37	5	3.57	3	2.78	14	3.5	1
材料、设备的质量	3.21	7	3	11	3.37	7.5	3.26	6	3.15	13	3.11	5	2.5	23.5
不可抗力	3.21	8	2.61	19.5	3.47	5	3.42	4	2.95	22	3.33	1	3	10.5
管理方法不足	3.15	9	3.11	8.5	3.37	7.5	3	13.5	3.15	13	2.89	9.5	3	10.5
计划不充分	3.14	10	3.17	6.5	3.1	14	3	13.5	3.45	6.5	2.33	25	3.38	3
索赔与争端	3.09	11	2.47	25	3.43	6	3.05	11	3.1	17.5	2.89	9.5	3	10.5
分包商不力	3.05	12	3	11	3.07	15.5	3.11	9	2.9	24	2.44	22.5	3	10.5

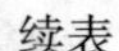

续表

风险	总评		业主		承包商		监理		设计		管理机构		规划	
	评分	排序	评分	排序	评分	排序	评分	排序	评分	排序	评分	排序	评分	排序
恶劣的自然条件	3	13	2.5	24	3.33	9.5	3	13.5	3.15	13	2.89	9.5	2.38	26
施工方法的可行性	2.98	14	2.94	14	3.07	15.5	3.11	9	3.1	17.5	2.67	17.5	2.43	25
人员缺乏技能、技术	2.97	15	3.11	8.5	2.83	23	3.11	9	3.4	8	2.33	25	3	10.5
图纸误期	2.94	16	2.95	13	3.13	12.5	2.68	20.5	3.1	19	2.78	14	2.5	23.5
技术不足	2.94	17	2.67	18	3.13	12.5	2.79	17.5	3.5	4.5	2.22	28	2.57	20.5
协调不力	2.88	18	3.17	6.5	2.87	20.5	2.63	23	3.15	13	2.22	28	2.88	14
法令法规变更	2.88	19	2.83	15.5	2.97	18.5	2.53	25	3.19	10	2.56	20.5	3.25	4.5
风险分配不当	2.86	20	2.56	21.5	3.03	17	2.74	19	2.95	22	2.33	25	3.14	6.5
汇率变化和通货膨胀	2.81	21	2.11	31	2.97	18.5	2.68	20.5	3.15	13	2.89	9.5	2.57	20.5
第三方延误	2.8	22	2.83	15.5	2.87	20.5	2.32	28.5	2.95	22	2.56	20.5	3.14	6.5
工程量变更	2.76	23	2.53	23	2.63	29.5	2.63	23	3.14	16	2.89	9.5	3	10.5
保险不充分	2.74	24	2.33	28.5	2.8	26	2.79	17.5	2.85	25	2.67	17.5	2.86	15
施工范围不明确	2.66	25	2.44	26.5	2.83	23	2.47	26	2.7	27	2.78	14	2.33	28
劳动力、材料和设备缺乏	2.65	26	2.44	26.5	2.83	23	2.89	16	2.75	26	2.22	28	2.29	30.5
文件矛盾	2.65	27	2.56	21.5	2.8	26	2.21	30	3	20	2.67	17.5	2.67	18
参加各方关系不佳	2.65	28	2.61	19.5	2.67	28	2.63	23	2.6	29	2.67	17.5	2.83	16
不同单位间施工干扰	2.57*	29	2.78	17	2.8	26	2.32	28.5	2.55	30.5	1.89	31.5	2.33	28
环境影响	2.54	30	2.22	30	2.63	29.5	2.42	27	2.62	28	2.44	22.5	2.57	20.5
入场条件不便	2.4	31	2.33	28.5	2.57	31	2.11	31	2.55	30.5	2	30	2.29	30.5
后勤问题	1.93	32	1.83	32	2.07	32	1.68	32	2.15	32	1.89	31.5	1.86	32

从调研结果可知，最重要的5种风险是“工程达不到质量目标”，“现场事故”，“安全”，“不足或不当设计”，以及“财务问题”。

为了解以上风险对项目参与各方的重要性的异同，对业主、承包商、监理、设计、管理机构、规划的风险相关性分析见表4-3-2。

项目参与方风险相关性 **表4-3-2**

	业主	承包商	监理	设计	管理机构	规划
业主	1.000					
	.					
承包商	0.642**	1.000				
	0.000	.				
监理	0.655**	0.823**	1.000			
	0.000	0.000	.			
设计	0.734**	0.699**	0.660**	1.000		
	0.000	0.000	0.000	.		
管理机构	0.348	0.709**	0.650**	0.483**	1.000	
	0.051	0.000	0.000	0.005	.	
规划	0.435*	0.298	0.295	0.476**	0.197	1.000
	0.013	0.097	0.102	0.006	0.280	.

注：* =显著性水平0.05，** =显著性水平0.01。

分析结果表明，上述风险的重要性对主要的项目参与方：业主、承包商、监理和设计具有显著的相关性，表明大多数风险是其共同风险。由于风险主要是由业主和承包商来承担，现进一步对业主和承包商承担的风险进行对比分析。对业主而言，最主要的风险是“工程达不到质量目标”，“不足或不当设计”，“现场事故”，“安全”和“未能发现工程缺陷”。对承包商而言，最主要的风险是“安全”，“现场事故”，“财务问题”，“工程达不到质量目标”和“不可抗力”。“工程达不到质量目标”，“安全”，“现场事故”都是业主和承包商的主要风险。承包商和业主之间对风险的区别主要在以下几个方面：“不足和不当设计”被业主列为第二，访谈也证实，对业主而言很多问题包括工程进度、返工、额外工程量和索赔等都来源于这个方面；承包商对该项风险的排名较低。“财务问题”被承包商列为第三，与承包商的访谈也证实竞争激烈的市场使承包商的利润偏低，财务压

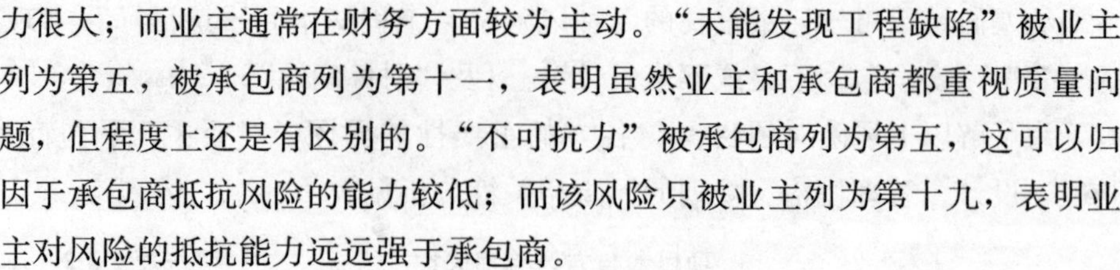

力很大；而业主通常在财务方面较为主动。“未能发现工程缺陷”被业主列为第五，被承包商列为第十一，表明虽然业主和承包商都重视质量问题，但程度上还是有区别的。“不可抗力”被承包商列为第五，这可以归因于承包商抵抗风险的能力较低；而该风险只被业主列为第十九，表明业主对风险的抵抗能力远远强于承包商。

（二）风险管理方法应用程度

受访者被问及在项目实施过程中对不同风险管理方法的应用程度，1＝从来不用，2＝很少使用，3＝有时使用，4＝经常使用，5＝一直使用，结果见表 4-3-3。

风险管理方法应用程度 **表 4-3-3**

风险管理方法	合计		业主		承包商		监理		设计		管理机构		规划	
	评分	排名	评分	排名	评分	排名	评分	排名	评分	排名	评分	排名	评分	排名
风险辨识：														
风险对照	2.73	11.5	2.74	12	2.53	13	3.11	10	2.75	11	2.75	12.5	2.2	15
集体讨论	3.40	3	3.63	3	3.37	2.5	3.68	4	3.45	1.5	3.13	8.5	2.8	9
咨询专家	2.99	9	3.26	6.5	2.6	10.5	2.95	12	3.25	6	3.13	8.5	3.6	2
风险分析：														
定性分析	3.39	4	3.68	1.5	3.13	6	3.47	5	3.4	3.5	3.25	5	3.17	5
半定量分析	2.73	11.5	2.95	10	2.53	13	2.95	12	2.6	13.5	2.75	12.5	2.6	10
定量分析	2.6	14	2.79	11	2.6	10.5	2.53	15	2.7	12	2.38	16	2	16.5
咨询专家	3.06	8	3.32	5	2.63	9	2.95	12	3.3	5	3.25	5	3	1
工程主要人员共同评估	3.64	1	3.68	1.5	3.57	1	3.79	1.5	3.45	1.5	3.88	1	3.67	3
用计算机或其他方法模拟	2.1	17	2	17	1.87	17	2.16	17	2.35	16	2.25	17	3.33	16.5
风险应对：														
风险回避	2.98	10	2.68	13.5	2.77	8	3.16	8.5	3.1	9.5	3.5	2	3	7.5
减少风险可能性	3.39	4	3.26	6.5	3.37	2.5	3.74	3	3.2	7.5	3.25	5	3.17	5
减少风险后果	3.41	2	3.37	4	3.23	4.5	3.79	1.5	3.4	3.5	3.25	5	3.17	5

续表

风险管理方法	合计		业主		承包商		监理		设计		管理机构		规划	
	评分	排名	评分	排名	评分	排名	评分	排名	评分	排名	评分	排名	评分	排名
转移风险	3.18	6	3	9	3.1	7	3.42	6	3.2	7.5	3	10.5	3	7.5
保留风险	2.4	16	2.42	16	2.5	15	2.26	16	2.25	17	2.63	14	2.5	11
风险监控：														
定期检查文件	3.15	7	3.05	8	3.23	4.5	3.26	7	3.1	9.5	3.25	5	2.33	13
定期风险状态报告	2.71	13	2.68	13.5	2.53	13	3.16	8.5	2.5	15	3	10.5	2.33	13
定期风险趋势分析报告	2.53	15	2.53	15	2.33	16	2.84	14	2.6	13.5	2.5	15	2.33	13

在风险辨识阶段，“集体讨论”最常用(评分为3.4)，其次为“咨询专家”(2.99)。在风险分析阶段，“工程主要人员共同评估”最常用(评分为3.64)，接下来为“定性分析方法”(3.39)，“咨询专家”(3.06)，“半定量分析”(2.73)，“定量分析”(2.6)，用“计算机或其他方法模拟”(2.1)使用最少。在风险应对阶段，“减少风险后果”(3.41)和“减少风险可能性”(3.39)最常用，接下来是“转移风险”(3.18)和“风险回避”(2.98)，“保留风险”(2.4)使用最少。在风险监控阶段，“定期评估文件”(3.15)最常用，接下来是“定期风险状态报告”(2.71)和“定期风险趋势分析报告”(2.53)。

在以上风险管理方法中，风险分析阶段“项目主要人员共同评估”，风险应对阶段“减少风险”，项目辨识阶段“集体讨论”最为常用，显示定性风险管理方法比定量管理办法要常用的多。总之，以上各种项目管理方法的应用程度不高，平均分为2.96，表明了我国建筑业风险管理水平有很大的提升空间。

项目参与各方风险应用程度的相关性分析结果见表4-3-4。

项目参与方风险管理方法应用相关性 **表4-3-4**

	业主	承包商	监理	设计	管理机构	规划
业主	1.000					
	.					
承包商	0.842**	1.000				

续表

	业主	承包商	监理	设计	管理机构	规划
	0.000	.				
监理	0.758**	0.893**	1.000			
	0.000	0.000	.			
设计	0.940**	0.853**	0.773**	1.000		
	0.000	0.000	0.000	.		
管理机构	0.704**	0.812**	0.774**	0.746**	1.000	
	0.002	0.000	0.000	0.001		
规划	0.726**	0.583*	0.528*	0.745**	0.752**	1.000
	0.001	0.014	0.029	0.001	0.000	

注：* =显著性水平 0.05，** =显著性水平 0.01。

对以上项目参与各方风险应用程度的相关性分析表明，所有项目参与方包括业主、承包商、监理、设计、管理机构和规划对风险管理方法的应用都相似。

(三) 组织风险管理体系

本研究调研了项目参与方是否拥有正式的组织风险管理体系，调研结果见表 4-3-5(其中：1=非正式，5=正式)。

组织风险管理体系正式性 **表 4-3-5**

评价内容	总评	业主	承包商	监理	设计	管理机构	规划
组织风险管理体系正式性	2.61	2.84	2.27	2.89	2.75	2.75	1.83

调研结果显示，所有项目参与方的组织风险管理体系都偏向于非正式，总体评分为 2.61 ，这表明目前我国建筑业企业缺乏正式的风险管理体系。

本研究进一步调研了项目参与方的组织风险管理体系的有效性，结果见表 4-3-6(其中：1=无效，5=很有效)。

组织风险管理有效性 **表 4-3-6**

评价内容	总评	业主	承包商	监理	设计	管理机构	规划
组织风险管理体系有效性	2.25	2.52	1.97	2.63	2.14	2.56	1.5

调研结果显示，所有项目参与方的组织风险管理体系的有效性评分都不高，总体得分为 2.25。这表明我国的建筑业风险管理体系的有效性还远远不够。我国建筑业未来需要系统地提高管理水平，使风险管理从非正规化向正规化转变，以更有效地管理项目风险。

(四) 风险管理障碍

本研究关于风险管理主要障碍的调研结果见表 4-3-7(其中：1=不是主要障碍，5=是主要障碍)。

风险管理障碍 **表 4-3-7**

风险管理障碍	总评		业主		承包商		监理		设计		管理机构		规划	
	排名	评分	排名	评分	排名	评分	排名	评分	排名	评分	排名	评分	排名	评分
工程参加各方缺乏共同管理风险的机制	3.88	1	3.56	5	3.93	7	3.74	6.5	4.1	1.5	3.80	2.5	4.43	1
缺乏风险管理的知识和技能	3.87	2	3.5	6	4.03	1.5	3.79	5	4	4	3.70	5.5	4.14	5
项目参加各方对风险的认识不同	3.85	3	3.67	3	3.93	7	4	2	3.9	5.5	3.80	2.5	4.29	2.5
风险控制策略执行不力	3.83	4	3.83	1	3.93	7	3.74	6.5	3.86	7	3.40	9.5	4.14	5
风险监控不力	3.82	5	3.72	2	4	3	3.84	3	3.9	5.5	3.30	11	3.71	11
缺乏正式的风险管理系统	3.81	6	3.61	4	3.87	9.5	3.37	9.5	4.05	3	3.80	2.5	4.29	2.5
缺少对更好管理风险的奖励机制	3.73	7	3.22	9	3.97	4.5	3.42	8	4.1	1.5	3.70	5.5	4.14	5
缺乏风险意识	3.71	8	3.33	7	3.77	11	4.16	1	3.71	11	3.40	9.5	4	8
用于风险分析的历史数据不够	3.69	9	3.22	9	3.87	9.5	3.80	4	3.81	8.5	3.80	2.5	3.86	10

续表

风险管理障碍	总评		业主		承包商		监理		设计		管理机构		规划	
	排名	评分	排名	评分	排名	评分	排名	评分	排名	评分	排名	评分	排名	评分
项目参加各方的风险分配不合理	3.63	10	3.22	9	4.03	1.5	3.21	11	3.81	8.5	3.50	7.5	4	8
用于对目前工程决策的信息不足	3.61	11	3.17	11	3.97	4.5	3.37	9.5	3.76	10	3.50	7.5	4	8

调研结果显示，“缺乏共同管理风险的机制”(3.88)，“缺少风险的知识和技能”(3.87)，“项目参加各方对风险的认识不同”(3.85)为居于前三位的障碍，其他的障碍依次为“风险控制策略执行不力”，“风险监控不力”，“缺乏正式的风险管理系统”，“缺少对更好管理风险的奖励机制”，“缺乏风险意识”，“用于风险分析的历史数据不够”，“项目参加各方的风险分配不合理”和“用于对目前项目决策的信息不足”，这些障碍的评分也较高(3.61～3.83)，表明这些影响风险的障碍也不可忽视。

“缺乏共同管理风险的机制”和“项目参加各方对风险的认识不同”居于前三表明很有必要加强合作管理风险的机制建设。“缺少风险的知识和技能”排名高居第二则表明组织和个人都需要提高风险管理方面的知识和技能，这也与上一节组织风险管理体系不正规、有效程度低相一致。

对以上项目参与各方风险管理障碍相关性分析结果见表 4-3-8。

风险管理障碍相关性 **表 4-3-8**

	业主	承包商	监理	设计	管理机构	规划
业主	1.000					
	.					
承包商	−0.131	1.000				
	0.702	.				
监理	0.382	−0.371	1.000			
	0.246	0.261	.			
设计	0.328	0.179	−0.177	1.000		
	0.325	0.598	0.867	.		

续表

	业主	承包商	监理	设计	管理机构	规划
管理机构	−0.123	−0.300	−0.108	0.479	1.000	
	0.719	0.370	0.751	0.136		
规划	0.323	−0.177	−0.170	0.661*	0.608*	1.000
	0.332	0.603	0.617	0.027	0.047	

注：* ＝显著性水平 0.05。

分析结果表明，除规划与设计有较强相关性外，其他项目参与方关于风险管理障碍均没有显著相关性。例如，业主将“风险控制策略执行不力”列为首位，而承包商认为“缺少风险管理的知识和技能”和“项目参加各方的风险分配不合理”为并列首位；这表明业主更加关注风险管理措施的执行力，而承包商更为关注风险管理知识和技能及合理的风险分配。以上结果表明，虽然上述风险管理障碍对各项目组织都有重要影响，但对各个组织的影响程度是有区别的。在风险管理机制中应该充分考虑各个组织的不同特点及需求。

（五）评价与激励机制

建筑业中评价与激励机制与风险分配密切相关，主要体现为奖励措施。为了解奖励机制的有效性，受访者被问及如下两个问题，1＝不同意，5＝完全同意，结果见表 4-3-9。

奖励措施评价 **表 4-3-9**

评 述	评分
奖励使工程风险分配趋于合理，因为奖励可视为一种成功实施工程的回报	3.98
奖励机制是一种有效提高工程实施效果的方法	4.17

以上评述得分较高显示，大多数受访者认为奖励使工程风险分配趋于合理，并且能够为项目各方参与提供动力，有效地提高项目实施的绩效。运用绩效评价理论平衡计分卡对三峡工程奖励机制进行案例分析，可以获得项目实施奖励措施间的相互关系，见图 4-3-1。

图 4-3-1 显示，奖励机制可分解为相互关联的 4 方面：

- 学习与创新角度：培训、质量体系和信息管理；
- 内部过程角度：协调、材料设备测试、施工计划、施工程序、事后

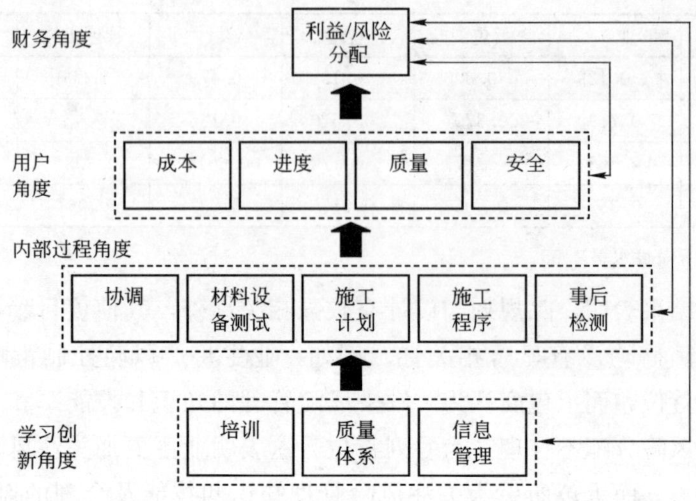

图 4-3-1　奖励机制平衡计分卡

检测；

• 用户(业主)角度：成本、进度、质量、安全；

• 财务角度：利益/风险分配。

上述平衡计分卡显示奖励机制的最大特点是把激励机制中的绩效指标衡量从结果延伸到过程，以加强企业运作和项目实施的总体控制能力，从而提高项目实施绩效。

三、建立基于伙伴关系模式的建筑业风险管理机制的必要性

上述风险管理调研结果显示了我国建筑业风险管理现状：

• 目前我国工程建筑业风险管理方法应用程度较低。

• 建筑业组织风险管理体系还不规范，远达不到有效管理工程风险的要求。

• 对 32 种工程风险的重要性调研表明，其中 28 种风险的重要性对于业主和承包商而言是相似的。以最重要的三种风险：工程质量、现场事故和安全为例，任何一种风险的发生，所有工程参与方都要承担责任，证明了项目各方合作管理风险的必要性。

• 在所调研的 11 个影响风险管理的因素中，缺乏共同管理风险的机制居于首位。

调研结果表明，提升风险管理程度已成为我国建筑行业面临的重要课题，并且需要项目参加各方合作管理其共同风险。因此，我国工程建筑行业需要建立一种旨在指导工程各方合作管理风险的机制，以提升我国工程风险的管理水平。由于工程项目实施的风险与所有参与者(业主、承包商、设计、监理、供应商等)有关，涉及众多组织，如何使这些组织间资源最优化配置是合作管理风险机制所要解决的基本问题。国资委也指出，具有上下游产业关系或具有优势互补关系的企业间，要加强产品供应、技术开发、市场开拓等方面的合作，形成战略联盟，实现资源、信息共享。鉴于伙伴关系模式能最大程度地整合建筑业资源，有助于相关组织的革新、学习和提高效率[2]，有必要建立基于伙伴关系的项目风险管理机制，充分整合项目开发相关各方资源，以有效提升我国建筑业风险管理水平。

伙伴关系应用于项目实施发源于美国，目前主要应用于北美、欧洲、澳洲等地，已有十余年历史。伙伴关系模式是："两个或多个组织间一种长期的合作关系，旨在为实现特定目标尽可能有效利用所有参与方的资源；这要求参与方改变传统关系，打破组织间壁垒，发展共同文化；参与方间的合作关系应基于信任、致力于共同目标和理解尊重各自的意愿"[3]。从建筑市场的自身特点来看，引入伙伴关系模式也有其必要性。建筑业产品的品质是由不同的组织决定，这些组织包括业主、承包商、设计、监理、供应商和运行单位等。如果各组织间缺乏合作，将导致决定项目品质的各个组织的资源难以充分整合。伙伴关系管理模式则可以通过不同层面的措施实现组织间资源的最优化配置，从而提高项目的实施结果，最终为所有组织带来利益。相对传统方式，伙伴关系模式可以减少项目造价1.76%，缩短工期约8.99%；在伙伴关系的基础上，美国、英国和澳洲的一些工程加入了激励机制，即风险共担、利益共享，这些项目实施结果显示，相对目标，实际成本降低8.1%，工期缩短6.94%[4]。关于伙伴关系的研究主要包括应用必要性、概念、过程、效果、应用障碍识别、实施要素识别、构筑理论及应用新模型等方面。模型研究代表了对伙伴关系最系统和深入的研究。国家自然科学基金项目(50539130，70671058)建立的伙伴关系模型揭示了各伙伴关系要素之间的关系及其对项目实施的作用原理，其中伙伴关系对风险管理的作用机理是研究重点之一[4~8]。该模型显示，伙伴关系结合奖励机制在很大程度上是通过促进风险管理来提升工程实施结果；并据此提出，不同的管理思想应与伙伴关系理论相结合，以最优化整合所有相关组织的资源，高效实现工程项目管理的各项目标。

四、基于伙伴关系模式的建筑业风险管理机制

根据上述最新研究理论及我国建筑业风险管理的现状与需求，基于伙伴关系的建筑业风险管理机制可以从伙伴关系平台、组织风险管理体系和建立多视角多层级考核体系以促进项目风险管理来构建，其相互关系见图 4-3-2。

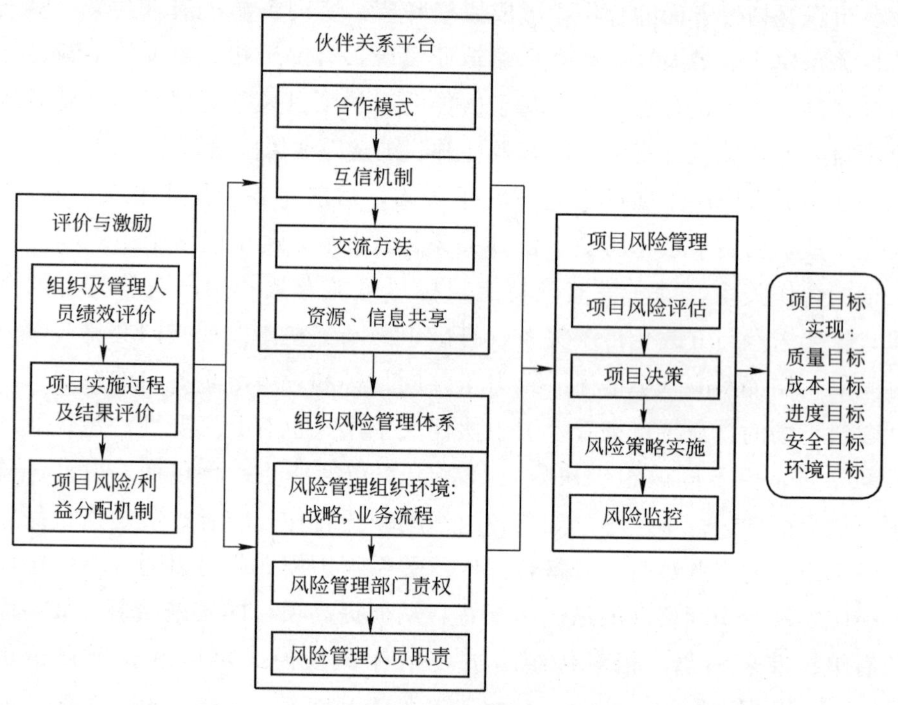

图 4-3-2　基于伙伴关系模式的建筑业风险管理机制

在基于伙伴关系模式的建筑业风险管理机制中，伙伴关系平台为组织根据风险管理责权进行项目风险管理提供资源支持，而组织间和组织内高效管理风险的动力来自伙伴关系理论双赢思想的延伸——项目利益/风险公平分配的激励制度。

（一）伙伴关系平台

伙伴关系旨在整合项目开发所有组织的资源，其中项目开发核心企业

居于中心地位，因而需建立以项目开发核心企业与咨询机构、设计、监理、承包商、供应商、中央政府、地方政府、当地居民、用户和金融机构等利益相关组织参与的多层级伙伴关系模式，这属于“利益相关人级管理模式”，是相对于“项目级管理模式”和“组织级管理模式”的组织创新。在组织研究领域，随着全球经济一体化和信息技术的迅速发展，组织存在的目的、价值、方式也需要进行相应的改变和创新：要修改组织价值的评价准则，从只关心自身利益到关注组织的社会、生态、环境价值；要拓展组织利益的相关群体，从只关心组织拥有者利益到关心所有相关者的利益[9]。在伙伴关系平台中，需包含不同要素[4][10]，这些要素可以分为两类。一类是行为要素，包括共同目标、态度、信守承诺、公平和信任，其中信任是核心。另一类是交流要素，包括开放、团队合作、有效沟通、问题处理方法和及时反馈，这 5 个要素互相关联。行为要素属于互信机制，其作用在于能促进交流要素的有效实现，因为如果各参与方能建立相互信任的关系，愿意充分地沟通，使各种信息顺畅交流，则能获得两方面的好处。一是可让信息流动加快，从而提高工程实施效率；二是可鼓励各方分享经验和对问题的看法，即增加了用于决策的数据，使决策更为科学，从而使决策价值最大化。因此，伙伴关系平台需建立项目利益相关组织之间的合作模式、互信机制和交流方法，通过综合协调和利益平衡机制实现项目管理各参与组织的资源、信息共享及整合、优化。

（二）组织风险管理体系

伙伴关系是帮助项目参与各方更快、更多地获得和处理项目信息以支持决策。在项目开发过程中，决策者所掌握的信息通常包含不确定性，依靠不完全信息决策，实质上是一个风险管理问题。风险管理所处理的是包含一定不确定性因素的事件，即如何使各种风险发生的可能性或后果减少到最低程度。决策的效率与所掌握信息的完全性有直接关系，见公式[11]：ξ(信息)＝(所掌握信息的价值)/(完全信息的价值)。美国 Arizona Department of Transportation 所采用伙伴关系模式的项目中，平均风险费用由传统模式中占工程总成本 5%降低到了 3%，即风险费用减少了 40%之多[12]。然而，利用所获得的信息，各参与方要实现决策价值最大化，前提条件是组织和个人具备相应的风险管理知识和技能，以及相应的风险管理技术环境。为此，组织风险管理体系中企业部门职责应明确风险管理具体程序。风险管理的主要步骤包括风险辨识、风险分析、风险应对和风险监控等部分，每部分程序均要设置合理，方法明确，部门和管理者都可以依据这些程序处理与己相关的风险。鉴于外部资源、信息对组织风险管理的重要性，组织风险管理体系的每个部分与伙伴关系的交流要素要直接相联，以使各组织贡献的信息能迅速进入风险管理系统。此风险管理系统将为各方搭建一个风险管理平台，促使参与者的风险意识和风险管理的知识与技能都能得到提高，从而能有效地管理项目风险。

（三）项目风险管理

在项目决策阶段，需要进行如下方面的项目风险评估：国内外市场分析，项目概念的提出与分析，项目评判标准的提出，项目功能，成本，时间，价值分析，方案，技术，项目选址，项目运营，财务可行性，资本运营及融资策略，项目组织，采购方案，社会、经济、人口影响分析，政府宏观政策及法律法规分析，环境评估，项目实施的制约条件和项目筹备要求等。在项目招投标、实施、运营阶段，需要管理如下方面的风险：政府批文，征地，承包商选定，合同管理，进度控制，成本管理，质量管理，材料设备管理，安全管理，施工现场管理，资金流管理，信息管理，项目沟通协调与问题/争端的解决，试车，培训运行员工，财务和管理文件的移交，竣工，投产运营等。

伙伴关系管理可以帮助业主/开发商在项目决策阶段如何与政府、社会、经济、人口、环境、金融机构和咨询设计机构建立和谐共赢的合作关系，充分考虑到各方面的利益，各方面也能够提供信息及其他各种资源的支持，使项目能够充分考虑各种风险，实行科学决策。在项目实施和运行阶段，开发商、承包商、设计、监理、材料设备供应商和政府，同样需要通过伙伴关系集成各种资源，共同管理各项风险，以实现各方共赢的结果。这是由于项目风险通常要由不同组织共同管理和分担，各个组织不仅要充分了解本组织的风险，也需要了解其他组织在同一风险中的作用、位置和资源配置，才能制定兼顾各方利益的合作型对策，合理地处置风险。风险管理的方式是组织价值观的体现[13]，伙伴关系可以为各个组织树立合作共赢的风险管理指导思想，有助于组织提高上述项目风险的评估、决策和风险管理活动的实施。项目风险管理需明确项目参与组织在风险评估、决策过程中的作用和角色、项目决策程序和项目实施过程中的风险管理合作对策等。

(四) 评价与激励机制

建筑业项目管理中组织间运用激励机制是伙伴关系理论的自然延伸，包含着双赢的思想。以业主与承包商之间的合同关系为例，业主与承包商之间的关系通常根据合同建立，但传统合同的内容在一定程度上所建立的是一套惩罚体系，并不能鼓励承包商按规定的时间和质量更好地完成工程。特别是在当今承包竞争激烈、承包利润普遍较低的情况下，承包商甚至期望工程有更多的变更和更多的问题发生，才有机会索赔以获得额外利益。而激励机制则为承包商提供了另一种机会，即依托工程顺利实现业主期望的目标来获得额外奖励。这种奖励可以看作业主的一种策略。从对激励机制的调研结果来看，奖励资源的支出并不会增加工程总成本，表明奖励支出可以获得更大的由于工程风险费用降低的回报。

评价与激励机制体系应包括项目开发核心组织内部成员和其他项目利益相关组织两方面。对内部成员，主要考核项目开发核心企业部门和管理者在整个项目实施过程中的绩效；对相关利益组织，主要考核项目建设中以承包商为主的利益相关组织在项目实施中的绩效。

对组织和项目实施的评价有助于达到如下目的：

- 组织的运作符合总体战略方向；
- 及时发现问题并发出早期预警；
- 组织内和组织间交流经验教训，知识共享；
- 实现组织运作和项目实施管理水平的持续提高。

此外，激励制度需体现相关利益者“利益共享、风险共担”的原则，就是使每一个相关利益者都能够从成功的项目风险管理中获取应有的利益，在成功完成项目实施目标的同时也达成自己的目标。

五、结论与建议

(1) 本研究对业主、承包商、监理、设计、管理机构和规划部门关于风险管理的调研结果显示：

- 在 17 种被调研风险管理方法中，风险分析阶段“项目主要人员共同评估”，风险应对阶段“减少风险”，风险辨识阶段“集体讨论”最为常用，显示定性风险管理方法比定量管理办法要常用的多。17种风险管理方法应用程度平均分只有2.96，表明目前我国建筑业风险管理方法应用程度还较低。

• 项目参与组织风险管理体系的总体得分为2.61，显示我国工程建设风险管理体系还很不正规；组织风险管理系统的有效性评分只有2.25，显示我国建筑业风险管理系统的规范化建设有很大提升空间。

• 在所调研的11个影响风险管理的因素中，“缺乏共同管理风险的机制”、“缺少风险的知识和技能”、“项目参加各方对风险的认识不同”居于前三位，其他风险管理障碍对各项目组织的影响也不可忽视。

• 对32种工程风险的重要性调研所获得的结果表明，项目参与方的风险具有显著相关性。以最重要的三种风险：工程质量、现场事故和安全为例，任何一种风险的发生，所有工程参与方都要承担责任；这充分显示项目参与各方合作管理风险的重要性。

• 奖励使工程风险分配趋于合理，并且能够为项目各方参与提供动力，有效地提高项目实施的绩效；这源于激励机制可将绩效指标衡量从结果延伸到过程，有利于加强企业运作和项目实施的总体控制能力。

（2）上述调研结果表明提升风险管理程度已成为我国建筑业面临的重要课题，并且需要工程项目参加各方合作管理其共同风险。对此，有必要建立基于伙伴关系模式的建筑业风险管理机制，主要内容包括：

• 搭建伙伴关系平台；
• 建立正式的组织风险管理体系；
• 建立项目实施和组织运作评价与激励机制；
• 进行项目全过程风险管理。

（3）未来研究方向应根据调研所揭示的风险管理现状和需求，在以上研究方向形成系统的理论与方法，同时需加强应用研究，使项目参与各方能通过资源、信息共享实现组织内外资源最优化配置，激励项目参与方致力于从成功的项目风险管理中获取应有的利益，最终提升整个建筑业风险管理水平，产生社会和经济效益。

（清华大学项目管理与建设技术研究所课题组：唐文哲　强茂山　陆佑楣　陈云华　彭青峰）

参考文献

[1] 陈泽伟、王超群. 科学应对突发公共事件 [J]. 瞭望，2005 年第 32 期，第 13-15页.

[2] Egan J.. Rethinking Construction [M]. London: Transportation and Regions, 1998.

[3] Construction Industry Institute. In search of Partnering excellence [M]. The U.S.: Construction Industry Development Agency. 1991.

[4] Tang Wenzhe, Duffield C. F. and Young D. M.. Partnering Mechanism in Construction: An Empirical Study on the Chinese Construction Industry [J]. Journal of Construction Engineering and Management, American Society of Civil Engineering, 2006, Vol. 132, No. 3, pp. 217-229.

[5] Tang Wenzhe, Qiang Maoshan, Duffield C. F. Young D. M., Lu Youmei. Risk management in the Chinese Construction Industry [J]. Journal of Construction Engineering and Management, American Society of Civil Engineering(ASCE), 2007, Vol. 133, No. 12, pp. 944-956.

[6] Tang Wenzhe, Qiang Maoshan, Duffield C. F., Young D. M. and Lu Youmei. Incentives in the Chinese Construction Industry [J]. Journal of Construction Engineering and Management, American Society of Civil Engineering(ASCE), 2007, Vol. 134, No. 7, pp. 457-467.

[7] 唐文哲、强茂山、陆佑楣、于增彪、陈云华、彭青峰. 基于伙伴关系的水电企业流域开发管理研究 [J]. 水力发电学报，2008 年第 3 期，第 1-5 页.

[8] 唐文哲、强茂山、陆佑楣、陈云华. 基于伙伴关系的项目风险管理研究 [J]. 水力发电学报，2006 年第 7 期，第 1-4 页.

[9] 基金委管理科学部. 管理科学"十五"优先资助流域论证报告 [M]. 北京：国家自然科学基金委员会，2001.

[10] Tang Wenzhe, Duffield C. F. and Young D. M.. Developing a matrix to explore the relationship between partnering and Total Quality Management in construction [J]. Journal of Harbin Institute of Technology. 2004, Vol. 11, No. 4, pp. 422-427.

[11] Buck J. R.. Economic risk decisions in engineering and management [M]. Iowa: Iowa State University Press, 1989.

[12] Warne T. R.. Partnering for Success [M]. New York: America Society of Civil Engineers, 1994.

[13] COSO. Enterprise risk management-Integrated framework [M]. New York: Committee of Sponsoring Organizations of the Treadway Commission, 2004.

附件　2007～2008年建筑行业最新政策法规概览

1. 2007年10月28日，全国人大常委会修订通过的《中华人民共和国节约能源法》颁布(中华人民共和国主席令第七十七号)。该法指出，节约资源是我国的基本国策。国家实施节约与开发并举、把节约放在首位的能源发展战略。对于建筑节能，该法规定，不符合建筑节能标准的建筑工程，建设主管部门不得批准开工建设；已经开工建设的，应当责令停止施工、限期改正；已经建成的，不得销售或者使用。房地产开发企业在销售房屋时，应当向购买人明示所售房屋的节能措施、保温工程保修期等信息，在房屋买卖合同、质量保证书和使用说明书中载明，并对其真实性、准确性负责。国家采取措施，对实行集中供热的建筑分步骤实行供热分户计量、按照用热量收费的制度。新建建筑或者对既有建筑进行节能改造，应当按照规定安装用热计量装置、室内温度调控装置和供热系统调控装置。国家鼓励在新建建筑和既有建筑节能改造中使用新型墙体材料等节能建筑材料和节能设备，安装和使用太阳能等可再生能源利用系统。修订后的节能法还明确了国家将在节能方面加大政策激励力度，如对生产、使用列入推广目录的需要支持的节能技术、节能产品，实行税收优惠等扶持政策，并通过财政补贴支持节能照明器具等节能产品的推广和使用；实行有利于节约能源资源的税收政策，健全能源矿产资源有偿使用制度，促进能源资源的节约及其开采利用水平的提高；运用税收等政策，鼓励先进节能技术、设备的进口，控制在生产过程中耗能高、污染重的产品的出口；政府采购监督管理部门会同有关部门制定节能产品、设备政府采购名录，应当优先列入取得节能产品认证证书的产品、设备；引导金融机构增加对节能项目的信贷支持，为符合条件的节能技术研究开发、节能产品生产以及节能技术改造等项目提供优惠贷款；实行有利于节能的价格政策，引导用能单位和个人节能。该法自2008年4月1日起施行。

2. 2007年8月31日，国务院办公厅印发《国务院办公厅关于进一步加强安全生产工作坚决遏制重特大事故的通知》(国办发明电［2007］38

号)。《通知》要求，各地区、各部门、各单位要站在全面落实科学发展观、构建社会主义和谐社会的高度，牢固树立“安全发展”理念，把做好安全生产工作作为保障人民群众生命财产安全的重要政治任务，以更加严密的管理、更加科学的方法、更加有力的措施，切实抓紧抓好。各行业主管部门要加强对本行业、领域安全生产工作的指导，组织力量深入重点地区和重点企事业单位进行督促检查。《通知》强调，进一步强化组织领导和责任落实，严密防范自然灾害引发事故灾难，全面排查治理工业等行业领域事故隐患，继续深化重点行业领域的安全专项整治，认真做好抢险救援和事故调查处理工作，大力加强宣传和舆论引导工作。

3. 2007 年 11 月 17 日，国务院办公厅印发《国务院办公厅关于加强和规范新开工项目管理的通知》(国办发［2007］64 号)。《通知》规定了各类投资项目开工建设必须符合的条件，并要求各级发展改革、城乡规划、国土资源、环境保护、建设和统计等部门要加强沟通，密切配合，明确工作程序和责任，建立新开工项目管理联动机制。对于未按程序和规定办理审批和许可手续的，要撤销有关审批和许可文件，并依法追究相关人员的责任。《通知》要求，各级发展改革、城乡规划、国土资源、环境保护、建设等部门要加快完善本部门的信息系统，并建立信息互通制度，将各自办理的项目审批、核准、备案和城乡规划、土地利用、环境影响评价等文件相互送达，同时抄送同级统计部门。部门之间要充分利用网络信息技术，逐步建立新开工项目信息共享平台，及时交换项目信息，实现资源共享。《通知》强调，各级发展改革部门应在信息互通制度的基础上，为总投资 5000 万元以上的拟建项目建立管理档案，包括项目基本情况、有关手续办理情况(文件名称和文号)等内容，定期向上级发展改革部门报送项目信息。在项目完成各项审批和许可手续后，各省级发展改革部门应将项目名称、主要建设内容和规模、各项审批和许可文件的名称和文号等情况，通过本单位的门户网站及其他方式，从 2008 年 1 月起按月向社会公告。《通知》还要求，各类投资主体要严格执行国家法律、法规、政策规定和投资建设程序。项目开工前，必须履行完各项建设程序，并自觉接受监督。对于以化整为零、提供虚假材料等不正当手段取得审批、核准或备案文件的项目，发展改革等项目审批(核准、备案)部门要依法撤销该项目的审批、核准或备案文件，并责令其停止建设。对于违反城乡规划、土地管理、环境保护、施工许可等法律法规和国家相关规定擅自开工建设的项目，一经发现，即应停止建设，并由城乡规划、国土资源、环境保护、建设部门依法予以处罚，由此造成的损失均由项目投资者承担。对于在建设过程中不遵守城乡规划、土地管理、环境保护和施工许可要求的项目，城乡规划、国土资源、环境保护、建设部门要依法予以处罚，责令其停止建设或停止生产，并追究有关单位和人员的责任。对于篡改、编造虚假数据和虚报、瞒报、拒报统计资料等行为，要依法追究有关单位和个人的责任。对于存在上述问题且情节严重、性质恶劣的项目单位和个人，除依法惩处外，还应将相关情况通过新闻媒体向社会公布。

4. 2008年1月28日，建设部发布《建筑起重机械安全监督管理规定》(建设部令第166号)。《规定》所称建筑起重机械，是指纳入特种设备目录，在房屋建筑工地和市政工程工地安装、拆卸、使用的起重机械。《规定》对建筑起重机械的租赁、安装、拆卸、使用及其监督管理作出了详细而明确的规定。《规定》要求，出租单位出租的建筑起重机械和使用单位购置、租赁、使用的建筑起重机械应当具有特种设备制造许可证、产品合格证、制造监督检验证明。属国家明令淘汰或者禁止使用的、超过安全技术标准或者制造厂家规定的使用年限的、经检验达不到安全技术标准规定的、没有完整安全技术档案的、没有齐全有效的安全保护装置的建筑起重机械不得出租、使用。从事建筑起重机械安装、拆卸活动的单位应当依法取得建设主管部门颁发的相应资质和建筑施工企业安全生产许可证，并在其资质许可范围内承揽建筑起重机械安装、拆卸工程。建筑起重机械安装完毕后，使用单位应当组织出租、安装、监理等有关单位进行验收，或者委托具有相应资质的检验检测机构进行验收。建筑起重机械经验收合格后方可投入使用，未经验收或者验收不合格的不得使用。《规定》自2008年6月1日起施行。

5. 2008年1月29日，建设部发布《中华人民共和国注册建筑师条例实施细则》(建设部令第167号)。《实施细则》对注册建筑师的考试、注册、执业、继续教育和监督管理等作出了详细而明确的规定。《实施细则》规定，注册建筑师考试分为一级注册建筑师考试和二级注册建筑师考试。注册建筑师考试实行全国统一考试，每年进行一次。注册建筑师实行注册执业管理制度。取得资格证书的人员，应当受聘于中华人民共和国境内的一个建设工程勘察、设计、施工、监理、招标代理、造价咨询、施工图审查、城乡规划编制等单位，经注册后方可从事相应的执业活动。一级注册建筑师的执业范围不受工程项目规模和工程复杂程度的限制。二级注册建筑师的执业范围只限于承担工程设计资质标准中建设项目设计规模划分表中规定的小型规模的项目。注册建筑师的执业范围不得超越其聘用单位的业务范围。《实施细则》还规定，注册建筑师在每一注册有效期内应当达到全国注册建筑师管理委员会制定的继续教育标准。继续教育作为注册建筑师逾期初始注册、延续注册、重新申请注册的条件之一。继续教育分为必修课和选修课，在每一注册有效期内各为40学时。《实施细则》自2008年3月15日起施行。

6. 2007年7月26日，建设部印发《建设工程质量监督机构和人员考核管理办法》（建质［2007］184号）。《办法》规定，建设工程质量监督机构是指受县级以上地方人民政府建设主管部门或有关部门委托，经省级人民政府建设主管部门或国务院有关部门考核认定，依据国家的法律、法规和工程建设强制性标准，对工程建设实施过程中各参建责任主体和有关单位的质量行为及工程实体质量进行监督管理的具有独立法人资格的单位。建设工程质量监督人员是指经省级人民政府建设主管部门或国务院有关部门考核认定，依法从事建设工程质量监督工作的专业技术人员。《办法》明确了建设工程质量监督机构和人员应具备的条件。《办法》还规定，省、自治区、直辖市人民政府建设主管部门对本行政区域内的监督机构和人员初次考核合格后，颁发国务院建设主管部门统一格式的监督机构考核证书和监督人员资格证书。对监督机构每三年进行一次验证考核。对监督人员每两年进行一次岗位考核，每年进行一次法律、业务知识培训，并适时组织开展相关内容的继续教育培训。考核结果分为合格、不合格。对考核不合格的监督机构，责令限期整改并由建设主管部门对其调整和充实力量。对考核不合格的监督人员，责令限期培训后，重新考核仍不合格的，应当调离监督工作岗位。属严重监督失职或存在违法行为的，应当调离监督工作岗位，并按有关规定给予相应处分。

7. 2007年7月31日，建设部印发《工程监理企业资质管理规定实施意见》（建市［2007］190号）。《意见》对工程监理企业的资质申请条件、申请材料、资质受理审查程序、资质证书、监督管理以及过渡期的有关规定等具体事项作出了详细而明确的规定。《意见》规定，新设立的企业申请工程监理企业资质，应先取得《企业法人营业执照》或《合伙企业营业执照》，办理完相应的执业人员注册手续后，方可申请资质。新设立的企业申请工程监理企业资质和已获得工程监理企业资质的企业申请增加其他专业资质，应从专业乙级、丙级资质或事务所资质开始申请，不需要提供业绩证明材料。申请房屋建筑、水利水电、公路和市政公用工程专业资质的企业，也可以直接申请专业乙级资质。具有甲级设计资质或一级及以上施工总承包资质的企业可以直接申请与主营业务相对应的专业工程类别甲级工程监理企业资质。具有甲级设计资质或一级及以上施工总承包资质的企业申请主营业务以外的专业工程类别监理企业资质的，应从专业乙级及以下资质开始申请。《意见》还明确规定，工程监理企业的注册人员、工程监理业绩(包括境外工程业绩)和技术装备等资质条件，均是以独立企业法人为审核单位。企业(集团)的母、子公司在申请资质时，各项指标不得重复计算。工程监理企业资质证书有效期为5年。注册监理工程师不得同时受聘、注册于两个及以上企业。

8. 2007年8月3日，建设部印发《关于建筑施工企业主要负责人、项目负责人和专职安全生产管理人员安全生产考核合格证书延期工作的指导意见》(建质［2007］189号)。《指导意见》要求，各地区“三类人员”安全生产考核合格证书颁发管理机关要以延期工作为契机，加强对“三类人员”的审查和继续教育培训工作，切实提高“三类人员”整体队伍素质；要结合实际，合理安排“三类人员”安全生产考核合格证书延期准备工作，做好与企业安全生产许可证延期的衔接工作。“三类人员”在安全生产考核合格证书有效期内，有下列行为之一的，安全生产考核合格证书有效期届满时，应重新考核。对于企业主要负责人，所在企业发生过较大及以上等级生产安全责任事故或两起及以上一般生产安全责任事故的；所在企业存在违法违规行为，或本人未依法认真履行安全生产管理职责，被处罚或通报批评的。对于项目负责人，承建的工程项目发生过一般及以上等级生产安全责任事故的；承建的工程项目存在违法违规行为，或本人未依法认真履行安全生产管理职责，被处罚或通报批评的。对于专职安全生产管理人员，企业安全监督机构的专职安全生产管理人员，其所在企业发生过较大及以上等级生产安全责任事故或两起及以上一般生产安全责任事故的；施工现场的专职安全生产管理人员，其所在工程项目发生过一般及以上等级生产安全责任事故的；所在企业或工程项目存在违法违规行为，或本人未依法履行安全生产管理职责，被处罚或通报批评的。此外，“三类人员”未按规定接受企业年度安全生产培训教育和建设行政主管部门继续教育的，未按规定提出延期申请的，或者有颁发管理机关认为有必要重新考核的其他行为的，也将被重新考核。对于在安全生产考核合格证书有效期内无上述行为，并接受企业年度安全生产培训教育和建设行政主管部门继续教育的“三类人员”，可不再重新考核，其证书有效期可延期3年。逾期未办理延期申请且有效期满的，“三类人员”原证书自动失效。

9. 2007年8月21日，建设部印发《建设工程勘察设计资质管理规定实施意见》（建市［2007］202号）。《意见》对建设工程勘察设计资质申请条件、申报材料、资质受理审查程序、资质证书、监督管理以及《工程设计资质标准》有关说明和过渡期有关规定等具体事项作出了详细而明确的规定。《意见》规定，工程设计综合资质涵盖所有工程设计行业、专业和专项资质。凡具有工程设计综合资质的企业不需单独申请工程设计行业、专业或专项资质证书。工程设计行业资质涵盖该行业资质标准中的全部设计类型的设计资质。凡具有工程设计某行业资质的企业不需单独申请该行业内的各专业资质证书。具备建筑工程行业或专业设计资质的企业，可承担相应范围相应等级的建筑装饰工程设计、建筑幕墙工程设计、轻型钢结构工程设计、建筑智能化系统设计、照明工程设计和消防设施工程设计等专项工程设计业务，不需单独申请以上专项工程设计资质。具有一级及以上施工总承包资质的企业可直接申请同类别或相近类别的工程设计甲级资质。具有一级及以上施工总承包资质的企业申请不同类别的工程设计资质的，应从乙级资质开始申请(不设乙级的除外)。《意见》还明确规定，企业的专业技术人员、工程业绩、技术装备等资质条件，均是以独立企业法人为审核单位。企业(集团)的母、子公司在申请资质时，各项指标不得重复计算。允许每个大专院校有一家所属勘察设计企业可以聘请本校在职教师和科研人员作为企业的主要专业技术人员，但是其人数不得大于资质标准中要求的专业技术人员总数的三分之一，且聘期不得少于2年。在职教师和科研人员作为非注册人员考核时，其职称应满足讲师/助理研究员及以上要求，从事相应专业的教学、科研和设计时间10年及以上。建设工程勘察、工程设计资质证书有效期为5年。

10. 2007年8月22日，建设部印发《关于建筑施工企业安全生产许可证有效期满延期工作的通知》(建质[2007]201号)。《通知》就全国第一批以及今后建筑施工企业安全生产许可证有效期满延期工作的相关事项进行了规定。《通知》要求，属于下列范围的建筑施工企业，安全生产许可证颁发管理机关应当重新对其安全生产条件进行审查：在安全生产许可证有效期内，发生生产安全事故且对事故发生负有责任的；在安全生产许可证有效期内，曾被暂扣过安全生产许可证的；在安全生产许可证有效期内，受到各级建设主管部门3次以上(含3次)处罚、通报批评或安全生产诚信不良记录的；未在原颁发管理机关规定时间内提出延期申请的；原颁发管理机关因其他原因认为有必要重新审查的。除此之外，在安全生产许可证有效期内，严格遵守有关安全生产的法律、法规、规章和工程建设强制性标准的建筑施工企业，经原颁发管理机关同意，可以不再对其进行审查。但此类企业仍需提交有关申请材料。《通知》明确，对预拌商品混凝土、混凝土预制构件、园林绿化等不属于建筑施工企业安全生产许可证发放范围的企业，如部分地区此前向其发放过安全生产许可证，本次延期将不再予以受理。对于已经申请领取安全生产许可证的劳务分包企业，本次应依照有关规定予其延期；对于未对劳务分包企业申领安全生产许可证作出要求的地区，应统一要求本地劳务分包企业申领安全生产许可证。

11. 2007年9月10日，建设部印发《绿色施工导则》(建质[2007]223号)。绿色施工是指工程建设中，在保证质量、安全等基本要求的前提下，通过科学管理和技术进步，最大限度地节约资源与减少对环境负面影响的施工活动，实现四节一环保(节能、节地、节水、节材和环境保护)。《导则》提出，实施绿色施工，应进行总体方案优化。在规划、设计阶段，应充分考虑绿色施工的总体要求，为绿色施工提供基础条件。应对施工策划、材料采购、现场施工、工程验收等各阶段进行控制，加强对整个施工过程的管理和监督。绿色施工总体框架由施工管理、环境保护、节材与材料资源利用、节水与水资源利用、节能与能源利用、节地与施工用地保护六个方面组成。施工方案应建立推广、限制、淘汰公布制度和管理办法。发展适合绿色施工的资源利用与环境保护技术，对落后的施工方案进行限制或淘汰，鼓励绿色施工技术的发展，推动绿色施工技术的创新。应通过试点和示范工程，总结经验，引导绿色施工的健康发展。各地应根据具体情况，制订有针对性的考核指标和统计制度，制订引导施工企业实施绿色施工的激励政策，促进绿色施工的发展。

12. 2007年9月21日，建设部印发《工程建设项目招标代理机构资格认定办法实施意见》（建市［2007］230号）。《意见》指出，甲级招标代理资格申请，应登陆建设部网站，通过建设工程资质审核专栏，填报申请数据，进行网上申报。甲级工程招标代理机构的资格审查公告在建设部网站发布；乙级和暂定级工程招标代理机构资格的公告发布由各省、自治区、直辖市人民政府建设主管部门自行确定。《意见》规定，工程招标代理机构应于资格证书有效期届满60日前，向原资格许可机关提出资格延续申请。逾期不申请资格延续的，其工程招标代理机构资格证书有效期届满后自动失效。招标代理机构在资格有效期内遵守有关法律、法规、规章、技术标准，信用档案中无《工程建设项目招标代理机构资格认定办法》第30条规定的不良行为记录，且业绩、专职人员条件满足资格条件要求的，经原资格许可机关同意，可延续相应资格证书的有效期。工程招标代理机构资格证书由国务院建设主管部门统一编码，由审批部门负责颁发，并加盖审批部门公章。国务院建设主管部门统一制定资格证书编号规则，各级别资格证书全国通用。《意见》要求，申请招标代理机构资格的企业，不得与行政机关以及有行政职能的事业单位有隶属关系或者其他利益关系。超过60岁的人员，不得视为代理机构的专职人员。《意见》还规定，工程招标代理机构的分支机构应当由设立该分支机构的工程招标代理机构负责承接工程招标代理业务，签订工程招标代理合同、出具中标通知书。分支机构不得以自己名义承接工程招标代理业务、订立工程招标代理合同。

13. 2007年10月18日，建设部印发《建筑业企业资质管理规定实施意见》（建市［2007］241号）。《意见》对资质申请、申请材料、资质受理审查程序、资质证书、监督管理、有关资质标准指标说明及过渡期有关规定等具体事项作出了详细而明确的规定。《意见》规定，依法取得工商行政管理部门颁发的《企业法人营业执照》的企业，在中华人民共和国境内从事土木工程、建筑工程、线路管道设备安装工程、装修工程的新建、扩建、改建等活动，应当申请建筑业企业资质。已取得工程设计综合资质、行业甲级资质的企业，可以直接申请一级及以下建筑业企业资质，但应满足建筑业企业资质标准要求。申请施工总承包资质的，企业完成相应规模的工程总承包业绩可以作为工程业绩申报资质。企业申请资质升级不受年限限制。企业可以申请一项或多项资质，申请多项资质的，应当选择一项作为主项资质，其余为增项资质。企业的增项资质级别不得高于主项资质级别。经原资质许可机关批准，企业的主项资质可以与增项资质互换。《意见》还规定，建筑业企业资质证书由建设部统一制定，实行全国统一编码，各级建设主管部门依法颁发的企业资质证书在全国范围内有效。资质证书有效期为5年。企业在资质证书有效期届满前60日内申请资质延续的，资质受理部门可受理其申请，但自有效期到期之日至批准延续的时间内资质证书失效。资质证书有效期届满仍未提出延续的，其资质证书自动失效。《意见》要求，一项工程业绩同时满足多项技术指标的，只能作为一项指标考核。企业申请多项资质的，工程业绩应当分别满足各项资质标准中所要求的条件。企业工程技术和经济管理人员超过60周岁的人数比例不得超过15%，技术负责人年龄限制在60周岁及以下。企业人员在两家及以上企业注册或受聘的不予认可，其证书上的单位必须与申报单位名称一致。

14. 2007年10月23日，建设部、财政部联合下发《关于加强国家机关办公建筑和大型公共建筑节能管理工作的实施意见》（建科［2007］245号）。《实施意见》提出，新建建筑要坚持遵循适用、经济，在可能条件下注意美观的原则，在建设的全过程中注重资源节约和保护环境，严格执行建筑节能强制性标准；既有建筑要加强用能管理，以制度建设为重点，运用经济、法律和行政管理手段，完善节能管理体系，培育和规范建筑节能服务体系，形成政府监管、市场引导的推进模式，建立促进节能的长效机制，稳步推进。“十一五”期间，建立健全国家机关办公建筑和大型公共建筑节能监管体系，进一步强化监督管理，确保新建建筑全面执行建筑节能强制性标准，建立和完善能效测评、用能标准、能耗统计、能源审计、能效公示、用能定额、节能服务等各项制度，促进既有高耗能国家机关办公建筑和大型公共建筑节能运行和改造。争取“十一五”期末，国家机关办公建筑和大型公共建筑总能耗下降20%，节约1100～1500万吨标准煤。《实施意见》要求，国家机关办公建筑和大型公共建筑所有权人、业主或其委托的物业管理单位要设立专门的能源管理岗位，聘任具有节能专业知识的人员，负责本单位的能源管理工作，通过规范用能行为、优化系统运行、安设调节装置、完善运行管理制度等措施，切实降低运行能耗。《实施意见》还要求，按照国务院《节能减排综合性工作方案》要求，各级人民政府在财政预算中安排一定资金，支持重点节能工程、节能新机制的推广、节能管理能力建设等。中央财政将设立专项资金，支持建立国家机关办公建筑和大型公共建筑节能管理节能监管体系，推进节能运行与节能改造。地方财政也应切实加强对国家机关办公建筑和大型公共建筑节能的支持。为与《实施意见》相配套，建设部还下发了《国家机关办公建筑和大型公共建筑节能监管体系建设实施方案》，对能耗监测、能耗统计、能源审计、能效公示和制度建设提出了明确的部署，并计划从2007年开始在大型公共建筑较为集中且具备一定工作基础的省市开展国家机关办公建筑与大型公共建筑节能监管体系建设示范。在经过示范取得经验的基础上，2008年开始扩大范围，在全国逐步推开。

15. 2007年10月23日，建设部印发《大型建筑施工总承包企业技术进步评价表(试行)》(建质［2007］244号)。《评价表》包括体制与机制、实力与建设、企业信息化、产出与效益4个大项，16个分项，40个子项，另有特殊奖励子项2项。评价表总分值为100分，分值大于等于80分，为技术进步优势企业；分值在80分与60分之间，为技术进步一般企业；分值在60分以下，为技术进步弱势企业。该《评价表》为大型建筑施工总承包企业开展技术进步水平自我评价和行业评价活动提供了统一的标准。

16. 2007年11月5日，建设部印发《建筑施工人员个人劳动保护用品使用管理暂行规定》(建质［2007］255号)。该《规定》所称个人劳动保护用品，是指在建筑施工现场，从事建筑施工活动的人员使用的安全帽、安全带以及安全(绝缘)鞋、防护眼镜、防护手套、防尘(毒)口罩等个人劳动保护用品。《规定》要求，劳动保护用品的发放和管理，坚持“谁用工，谁负责”的原则。施工作业人员所在企业(包括总承包企业、专业承包企业、劳务企业等)必须按国家规定免费发放劳动保护用品，更换已损坏或已到使用期限的劳动保护用品，不得收取或变相收取任何费用。劳动保护用品必须以实物形式发放，不得以货币或其他物品替代。《规定》指出，企业应建立完善劳动保护用品的采购、验收、保管、发放、使用、更换、报废等规章制度。同时应建立相应的管理台账，管理台账保存期限不得少于两年，以保证劳动保护用品的质量具有可追溯性。企业采购、个人使用的安全帽、安全带及其他劳动防护用品等，必须符合《安全帽》(GB 2811)、《安全带》(GB 6095)及其他劳动保护用品相关国家标准的要求。《规定》还指出，各级建设行政主管部门应将企业劳动保护用品的发放、管理情况列入建筑施工企业《安全生产许可证》条件的审查内容之一；施工现场劳动保护用品的质量情况作为认定企业是否降低安全生产条件的内容之一；施工作业人员是否正确使用劳动保护用品情况作为考核企业安全生产教育培训是否到位的依据之一。

17. 2007年11月5日，建设部印发《关于启用全国建筑市场诚信信息平台的通知》(建市函［2007］337号)。《通知》指出，建设部在部门户网站上构建了全国建筑市场诚信信息平台。平台的主要功能是：运用现代化的网络手段，采集各地诚信信息数据，发布建筑市场各方主体诚信行为记录，重点对失信行为进行曝光，并方便社会各界查询；整合表彰奖励、资质资格等方面的信息资源，为信用良好的企业和人员提供展示平台；普及和传播信用常识，及时发布行业最新的信用资讯、政策法规和工作动态，为工程建设行业提供信用信息交流平台；推动完善行政监管和社会监督相结合的诚信激励和失信惩戒机制，营造全国建筑市场诚实守信的良好环境。《通知》要求，全国建筑市场各方主体诚信行为记录信息以建设部门户网站中的“信用体系”栏目为指定公布平台。省级建设行政主管部门应通过该平台，报送本地区建筑市场各方主体的信用行为信息。各级建设行政主管部门，应逐步建立信用奖惩机制，在行政许可、市场准入、招标投标、资质管理、工程担保与保险、表彰评优等工作中，充分利用已公布的诚信行为信息，依法对守信行为给予激励，对失信行为进行惩处。《通知》还要求，各省、自治区、直辖市建设行政主管部门要在2007年12月30日以前，完成本区域内2007年全年发生的建筑市场各方主体不良行为记录信息的报送工作。2008年1月1日以后，按照不良行为信息公布制度的要求，转入常规的信息报送机制。

18. 2007年11月9日，建设部印发《关于进一步规范房屋建筑和市政工程生产安全事故报告和调查处理工作的若干意见》(建质［2007］257号)。《意见》对事故等级划分、事故报告、事故调查、事故处理、事故统计等事项作出了详细而明确的规定。《意见》将事故划分为特别重大事故、

重大事故、较大事故、一般事故。《意见》规定，事故发生后，事故现场有关人员应当立即向施工单位负责人报告；施工单位负责人接到报告后，应当于1小时内向事故发生地县级以上人民政府建设主管部门和有关部门报告。情况紧急时，事故现场有关人员可以直接向事故发生地县级以上人民政府建设主管部门和有关部门报告。实行施工总承包的建设工程，由总承包单位负责上报事故。建设主管部门接到事故报告后，应当依照相关规定上报事故情况，并通知安全生产监督管理部门、公安机关、劳动保障行政主管部门、工会和人民检察院。必要时，建设主管部门可以越级上报事故情况。建设主管部门逐级上报事故情况时，每级上报的时间不得超过2小时。《意见》要求，建设主管部门应当按照有关人民政府的授权或委托组织事故调查组对事故进行调查。核实事故项目基本情况；查明事故发生的经过、原因、人员伤亡及直接经济损失；认定事故的性质，明确事故责任单位和责任人员在事故中的责任；依照国家有关法律法规对事故的责任单位和责任人员提出处理建议；总结事故教训，提出防范和整改措施；提交事故调查报告。建设主管部门应当依照有关法律法规的规定，对因降低安全生产条件导致事故发生的施工单位给予暂扣或吊销安全生产许可证的处罚；对事故负有责任的相关单位给予罚款、停业整顿、降低资质等级或吊销资质证书的处罚。对事故发生负有责任的注册执业资格人员给予罚款、停止执业或吊销其注册执业资格证书的处罚。

19. 2007年11月19日，建设部印发《关于建筑业企业项目经理资质管理制度向建造师执业资格制度过渡有关问题的补充通知》（建办市[2007] 54号)。《通知》指出，具有统一颁发的建筑业企业一级项目经理资质证书，且未取得建造师资格证书的人员，2007年度担任大型工程施工项目经理，可申请一级建造师临时执业证书。2007年度未担任大型工程施工项目经理，年龄不超过55周岁，且符合相关文件中业绩规模、数量和专业要求的，也可申请一级建造师临时执业证书。符合条件的，由申请人通过受聘建筑业企业按照属地化原则向省、自治区、直辖市建设主管部门申报，各地审查汇总后于2007年12月31日前报建设部。2008年2月27日前，经建设部审批后，委托各省级建设主管部门向符合条件者颁发一级建造师临时执业证书。证书有效期为5年，于2013年2月27日废止。《通知》要求，取得一级建造师临时执业证书的人员，其注册、执业、变更、注销和继续教育等，按照注册建造师制度有关规定执行。取得一级建造师临时执业证书的人员，在持证有效期内通过考试取得建造师资格证书的，应当在3个月内完成专业注册，原一级建造师临时执业证书自动失效，建设部负责收回其临时执业证书和执业印章。二级建造师临时执业证书颁发工作由各省、自治区、直辖市建设主管部门参照本通知精神另行规定，并将名单报建设部备案。具有建筑业企业一级项目经理资质证书，未取得建造师资格证书且不符合颁发一级建造师临时执业证书条件的，可由省级建设主管部门根据相关规定，对符合条件者颁发二级建造师临时执业证书。具有一级项目经理资质证书的人员不能同时获取一、二级建造师临时执业证书。

20. 2007年12月5日，建设部、国家发展和改革委员会、财政部、劳动和社会保障部、国土资源部联合发布《关于改善农民工居住条件的指导意见》(建住房［2007］276号)，要求把改善农民工居住条件作为解决城市低收入家庭住房困难工作的一项重要内容，明确责任，加强指导，强化监督，积极采取各种政策措施，力争到“十一五”期末，使农民工居住条件得到逐步改善。《指导意见》指出，改善农民工居住条件，一要因地制宜，满足基本居住需要；二要循序渐进，逐步解决；三要政策扶持，用工单位负责。《指导意见》还指出，用工单位是改善农民工居住条件的责任主体。要积极主动，广开渠道，妥善安排，为招用的农民工提供符合基本卫生和安全条件的居住场所，并逐步改善其居住条件。用工单位可以采取无偿提供、廉价租赁等方式向农民工提供居住场所，具体方式可在劳动合同中予以约定。农民工自行安排居住场所的，用工单位应当给予一定的住房租金补助，并可在劳动合同中予以明确。招用农民工较多的企业，应充分利用自有职工宿舍或通过租赁、购置等方式筹集农民工住房房源。《指导意见》强调，向农民工提供的居住场所应符合住宅安全、消防标准和基本卫生要求，远离危险源和污染源。工程施工类企业向施工现场农民工提供的宿舍，应符合建筑施工现场环境与卫生标准有关规定；其他行业用工单位向农民工提供的宿舍，应符合宿舍建筑设计规范有关规定。集中建设的农民工集体宿舍和专供农民工租用的住房，要做好规划设计和建设管理，充分考虑农民工的居住需要和生活成本，坚持经济适用、合理布局、科学设计、确保质量，同时应适当配备必要的文化、体育活动等设施设备。《指导意见》要求，各地要将长期在城市就业与生活的农民工居住问题，纳入城市住房建设规划。市、县人民政府要立足当地实际，指导和督促用工单位切实负起责任，妥善安排农民工居住，多渠道提供农民工居住场所，逐步改善农民工居住条件。

21. 2008年1月29日，建设部印发《民用建筑节能工程质量监督工作导则》(建质［2008］19号)。《导则》所称民用建筑是指居住建筑和公共建筑。《导则》规定，质量监督机构应采取抽查建筑节能工程的实体质量和相关工程质量控制资料的方法，督促各方责任主体履行质量责任，确保工程质量。重点是监督检查、抽查建筑节能工程有关措施及落实情况，质量控制资料及相关产品的节能要求指标，加强事前控制，把检查各责任主体的节能工作行为放在首位。《导则》对施工前期准备阶段、施工工程的监督抽查内容作出了明确规定。《导则》还规定，监督检查发现违反规范规程的一般问题，应当下达《责令整改通知书》，并督促责任单位落实整改。监督检查时发现违反规范规程中“强制性条文”的、没有进行施工图设计文件审查的、不按审查合格的设计文件施工的、没有进行建筑节能专项备案的、建筑节能设计变更未进行复审和备案的、没有建筑节能专项施工方案的、没有做建筑节能工程施工示范样板的，应当下达《责令暂停施工通知书》，经整改复查合格后，方可复工。《导则》还对建筑节能工程竣工分部质量验收的监督、工程质量监督报告及建筑节能工程质量监督档案的内容作出了规定。

22. 2008年2月26日，建设部印发《注册建造师执业管理办法》(试行)(建市［2008］48号)。《办法》规定，注册建造师应当在其注册证书所注明的专业范围内从事建设工程施工管理活动。大中型工程施工项目负责人必须由本专业注册建造师担任。一级注册建造师可担任大、中、小型工程施工项目负责人，二级注册建造师可以承担中、小型工程施工项目负责人。一级注册建造师可在全国范围内以一级注册建造师名义执业。通过二级建造师资格考核认定，或参加全国统考取得二级建造师资格证书并经注册人员，可在全国范围内以二级注册建造师名义执业。注册建造师不得同时担任两个及以上建设工程施工项目负责人。注册建造师担任施工项目负责人期间原则上不得更换。担任建设工程施工项目负责人的注册建造师对其签署的工程管理文件承担相应责任。注册建造师签章完整的工程施工管理文件方为有效。注册建造师有权拒绝在不合格或者有弄虚作假内容的建设工程施工管理文件上签字并加盖执业印章。《办法》要求，建设工程发生质量、安全、环境事故时，担任该施工项目负责人的注册建造师应当按照有关法律法规规定的事故处理程序及时向企业报告，并保护事故现场，不得隐瞒。《办法》还规定，对注册建造师违法行为的处理结果通过中国建造师网向社会公告。国务院建设主管部门负责建立并完善全国网络信息平台，省级人民政府建设行政主管部门负责注册建造师本地执业状态信息收集、整理，通过中国建造师网向社会实时发布。注册建造师执业状态信息包括工程基本情况、良好行为、不良行为等内容。《办法》自发布之日起施行。

23. 2008年3月21日，住房和城乡建设部印发《建筑工程方案设计招标投标管理办法》（建市［2008］63号）。《办法》强调，采用国际招标的，不应人为设置条件排斥境内投标人。投标人应按照招标文件确定的内容和深度提交投标文件。《办法》规定，国家制定的设计收费标准上下浮动20%是签订建筑工程设计合同的依据。招标人不得以压低设计费、增加工作量、缩短设计周期等作为发出中标通知书的条件，也不得与中标人再订立背离合同实质性内容的其他协议。对于达到设计招标文件要求但未中标的设计方案，招标人应给予不同程度的补偿。境内外设计企业在中华人民共和国境内参加建筑工程设计招标的设计收费，应按照同等国民待遇原则，严格执行中华人民共和国的设计收费标准。招标人应保护投标人的知识产权。投标人拥有设计方案的著作权(版权)。未经投标人书面同意，招标人不得将交付的设计方案向第三方转让或用于本招标范围以外的其他建设项目。《办法》指出，各级政府部门不得干预正常的招标投标活动和无故否决依法按规定程序评出的中标方案。《办法》自2008年5月1日起施行。

24. 2008年4月18日，住房和城乡建设部印发《建筑施工特种作业人员管理规定》（建质［2008］75号）。《规定》对建筑施工特种作业人员的考核、发证、从业和监督管理作出了明确的规定。该《规定》所称建筑施工特种作业人员是指在房屋建筑和市政工程施工活动中，从事可能对本人、他人及周围设备设施的安全造成重大危害作业的人员。建筑施工特种作业包括：建筑电工、建筑架子工、建筑起重信号司索工、建筑起重机械司机、建筑起重机械安装拆卸工、高处作业吊篮安装拆卸工、经省级以上人民政府建设主管部门认定的其他特种作业。《规定》要求，建筑施工特种作业人员必须经建设主管部门考核合格，取得建筑施工特种作业人员操作资格证书，方可上岗从事相应作业。持有资格证书的人员，应当受聘于建筑施工企业或者建筑起重机械出租单位(以下简称用人单位)，方可从事相应的特种作业。用人单位对于首次取得资格证书的人员，应当在其正式上岗前安排不少于3个月的实习操作。建筑施工特种作业人员应当参加年度安全教育培训或者继续教育，每年不得少于24小时。在施工中发生危及人身安全的紧急情况时，建筑施工特种作业人员有权立即停止作业或者撤离危险区域，并向施工现场专职安全生产管理人员和项目负责人报告。资格证书有效期为两年。有效期满需要延期的，建筑施工特种作业人员应当于期满前3个月内向原考核发证机关申请办理延期复核手续。延期复核合格的，资格证书有效期延期2年。《规定》自2008年6月1日起施行。

25. 2008年5月13日，住房和城乡建设部印发《建筑施工企业安全生产管理机构设置及专职安全生产管理人员配备办法》(建质［2008］91号)。该办法所称安全生产管理机构是指建筑施工企业设置的负责安全生产管理工作的独立职能部门；专职安全生产管理人员是指经建设主管部门或者其他有关部门安全生产考核合格取得安全生产考核合格证书，并在建筑施工企业及其项目从事安全生产管理工作的专职人员。《办法》规定了建筑施工企业安全生产管理机构和专职安全生产管理人员的职责，对建筑施工总承包、专业承包、劳务分包企业及建筑施工企业的分公司、区域公司等较大的分支机构应配备的专职安全生产管理人员数量进行了规定。《办法》还规定，建筑施工企业应当实行建设工程项目专职安全生产管理人员委派制度并在建设工程项目组建安全生产领导小组。《办法》要求，安全生产许可证颁发管理机关颁发安全生产许可证时，应当审查建筑施工企业安全生产管理机构设置及其专职安全生产管理人员的配备情况。建设主管部门核发施工许可证或者核准开工报告时，应当审查该工程项目专职安全生产管理人员的配备情况。《办法》自颁发之日起实施。

26. 2008年6月30日，住房和城乡建设部印发《建筑施工企业安全生产许可证动态监管暂行办法》(建质［2008］121号)。《办法》规定，建设单位或其委托的工程招标代理机构在编制资格预审文件和招标文件时，应

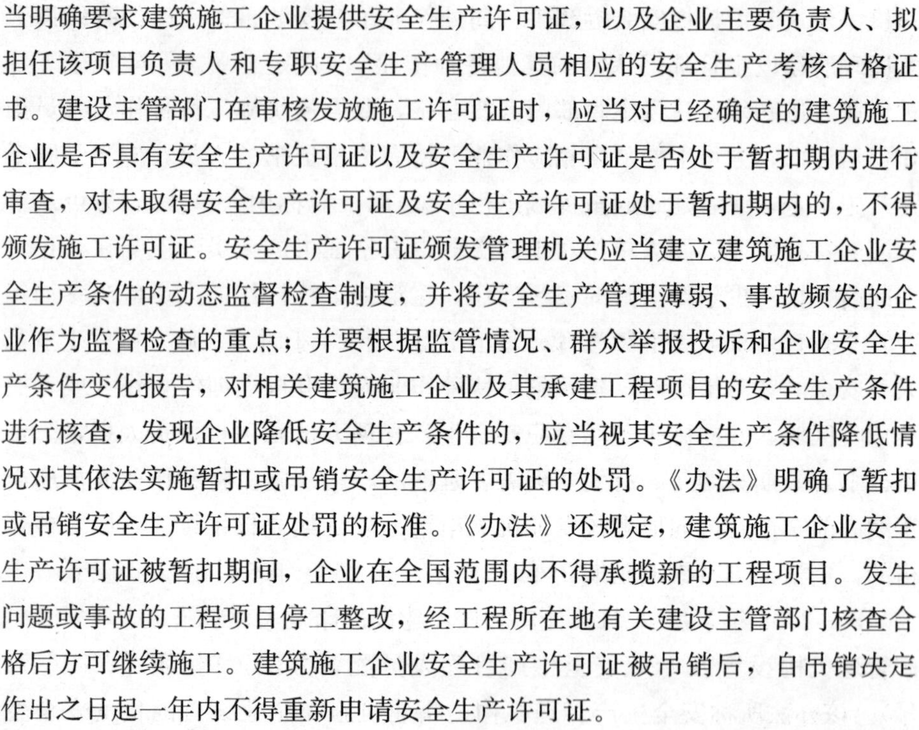

当明确要求建筑施工企业提供安全生产许可证，以及企业主要负责人、拟担任该项目负责人和专职安全生产管理人员相应的安全生产考核合格证书。建设主管部门在审核发放施工许可证时，应当对已经确定的建筑施工企业是否具有安全生产许可证以及安全生产许可证是否处于暂扣期内进行审查，对未取得安全生产许可证及安全生产许可证处于暂扣期内的，不得颁发施工许可证。安全生产许可证颁发管理机关应当建立建筑施工企业安全生产条件的动态监督检查制度，并将安全生产管理薄弱、事故频发的企业作为监督检查的重点；并要根据监管情况、群众举报投诉和企业安全生产条件变化报告，对相关建筑施工企业及其承建工程项目的安全生产条件进行核查，发现企业降低安全生产条件的，应当视其安全生产条件降低情况对其依法实施暂扣或吊销安全生产许可证的处罚。《办法》明确了暂扣或吊销安全生产许可证处罚的标准。《办法》还规定，建筑施工企业安全生产许可证被暂扣期间，企业在全国范围内不得承揽新的工程项目。发生问题或事故的工程项目停工整改，经工程所在地有关建设主管部门核查合格后方可继续施工。建筑施工企业安全生产许可证被吊销后，自吊销决定作出之日起一年内不得重新申请安全生产许可证。

（整理：许瑞娟）